# 这样选股一定大赚

## （第二版）

彭家富 编著

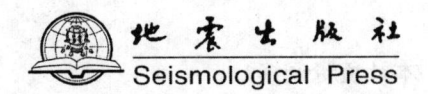

地震出版社
Seismological Press

图书在版编目（CIP）数据

这样选股一定大赚/彭家富编著. —2版. —北京：
地震出版社，2015.5
ISBN 978-7-5028-4571-1

Ⅰ.①这… Ⅱ.①彭… Ⅲ.①股票投资－基本知识
Ⅳ.①F830.91

中国版本图书馆 CIP 数据核字（2015）第 008897 号

地震版　XM3459

## 这样选股一定大赚（第二版）

彭家富　编著

责任编辑：朱　叶
责任校对：庞亚萍

出版发行：地震出版社
北京市海淀区民族大学南路9号　　　邮编：100081
发行部：68423031　68467993　　　传真：88421706
门市部：68467991　　　　　　　　传真：68467991
总编室：68462709　68423029　　　传真：68455221
证券图书事业部：68426052　68470332
E-mail：zqbj68426052@163.com

经销：全国各地新华书店
印刷：廊坊市华北石油华星印务有限公司

版（印）次：2015年5月第二版　2015年5月第一次印刷
开本：787×1092　1/16
字数：363千字
印张：17.5
书号：ISBN 978-7-5028-4571-1/F（5263）
定价：39.80元

版权所有　翻印必究
（图书出现印装问题，本社负责调换）

# 前　言

在股市实战操作中，投资的核心要点就是"选股"。股民投资于股市就是希望能买到好股票，以便能在交易中获利。但中国股市经历了十几年的发展，已经从当初仅仅只有几只股票的袖珍型市场发展为拥有2000多家上市公司的大型证券市场，上市公司数量已经发生了翻天覆地的变化。这么多的股票，林林总总，眼花缭乱，究竟哪只能给自己带来滚滚财源？哪只充满陷阱？对于每位股民来说选准了一只好的股票，就可以高枕无忧，轻松赚钱；而选错一只股票，则要饱受套牢之苦。因此，对于股民来说，选股极为重要。

纵观市场上大多数赔钱的中小散户，往往把自己的命运寄托于专家股评分析和市场传闻等等，很少自己来独立判断。到头来，不是被主力的洗盘震仓和骗线所"玩弄"，踏不上市场变化的节拍，就是被消息和所谓专家的分析误导，在底位割肉或在高位套牢。大多数投资者经常是将买入好的股票变成一种愿望，买入不良的股票却成为现实。更为可悲的是，许多人在经历了多少次血淋淋的教训后，仍未能领悟到选股操作的真谛！

因此，什么时候买股，买什么股，对于广大的投资者来说就显得尤为重要。那么，如何才能买到一只好的股票呢？其实，在股市中市场的基本信息资料以及历史沉淀下来的数据和图形分析对大部分股民都是公开的，投资者通过自己的分析和判断，并结合实战操作中自己的特点，不断地学习、印证，从而形成自己的选股方法，比被动地去接受和相信别人要可靠得多。

基于此，本书根据股市的特点和投资者的需要，总结出一系列比较实用的选股方法，为股民朋友们形成适合自己的选股方法起到了引导和参考作用。

本书从掌握选股的要点和策略、通过基本面分析选股、通过K线分析选股、通过指标分析选股、通过均线分析选股、各典型市态下如何选股、通过题材分析选股、通过板块分析选股、跟庄选股、避开风险走出选股误区等方面详细阐述了选股的策略、方法与技巧，通过深入浅出的道理和简明的图形技术分析，使广大股民朋友明白如何选择成长股，如何寻找到潜力牛股，如何抓到大黑马股。

本书还在每个章节的下面有一个选股点金，简述了一些选股方法、选股经验及选股时需要注意的事项，通过学习和领悟，股民朋友从中可找出自己的不足，也可学习和掌握新的知识和方法。

投资者在实际应用中不要局限自己一定要用某一具体的"招法"，而是应该根据市场所处的环境，采用综合分析的方法，综合应用不同的选股技巧来提高选股的准确性。股市是不断发展的，投资者学习股市投资之道也要用发展的眼光，在学习具体的选股技巧时要融会贯通、举一反三，通过不断地实践，磨练出最适合自己的投资技巧，建立起独立、完整、有效的投资选股系统。

由于时间匆促，书中难免有些失误之处，敬请广大读者给与批评指正。

编者

2011年3月

# 目 录

## 第一章 打开选股"金钥匙"
### ——掌握选股的要点和策略

常言道:"韩信点兵,多多益善。"而选股票则"宜精不宜多"。要选择精品,更要用好的价格去买入。用金子的价钱你去买金子,这不叫投资,这是叫消费。真正的投资是,你用破铜烂铁的钱买到了金子!在大盘恐慌性杀跌过程中,在市场投资气氛低谷的时候,精明的投资人士却始终能够看到潜在的价值投资机会。

一、控制风险勇于投资 …………………………………………………… (2)
二、选股要选精而熟 ……………………………………………………… (5)
三、要选择适合自己的股票 ……………………………………………… (6)
四、价值发现选股策略 …………………………………………………… (9)
五、高成长性选股策略 …………………………………………………… (10)
六、应用技术分析的选股策略 …………………………………………… (12)
七、不同周期的选股策略 ………………………………………………… (13)

## 第二章 瞄准选股"风向标"
### ——通过基本面分析选股

股票市场中的定律一般是721,即七成的人赔钱,两成的人保本,只有一成的人能够赚钱。投资者既然参与到这个市场中来,就必须具备选择股票的能力,否则你在这个市场中只能站在赔钱的行列之中。选好股就是要选择有核心竞争力的公司股票。很多投资者很会发现发掘各种各样的"白马"、"黑马",可是,他们就是持有不住,把握不稳,往往在大涨前就脱手了。

一、简单地了解证券市场 ………………………………………… (18)
二、什么是基本面选股 …………………………………………… (19)
三、宏观经济对股市的影响 ……………………………………… (20)
四、选股要看清公司所处的行业 ………………………………… (22)
五、选股要看清公司的竞争地位 ………………………………… (23)
六、看清公司高层的管理能力 …………………………………… (24)
七、看股东变化选股 ……………………………………………… (25)
八、认清控股股东的阴谋 ………………………………………… (27)
九、利用公司股本规模和分红记录选股 ………………………… (29)
十、利用企业资产负债表选股 …………………………………… (31)
十一、利用企业利润及利润分配表选股 ………………………… (33)
十二、利用企业现金流量表选股 ………………………………… (35)
十三、利用市盈率选股 …………………………………………… (36)
十四、利用市净率、市销率选股 ………………………………… (38)
十五、通过年报选白马股 ………………………………………… (40)
十六、通过中报优中选优 ………………………………………… (42)
十七、如何寻找基本分析中的有关信息 ………………………… (45)

# 第三章　掌控选股"导航仪"
## ——通过K线分析选股

　　K线会说话，它会用各种方法告诉你它要干什么，这些语言包括大阴线、大阳线、十字线等，如果你想在市场上轻松操作，K线是你必须用心去挖掘钻研的一门功课。

一、技术分析选股 ………………………………………………… (48)
二、认识K线图 …………………………………………………… (49)
三、利用单根K线选股 …………………………………………… (60)
四、利用K线组合选股 …………………………………………… (62)
五、利用周K线选股 ……………………………………………… (69)
六、利用月K线选股 ……………………………………………… (71)
七、利用K线缺口选股 …………………………………………… (72)

八、认识K线底部形态 …………………………………………………… (76)
九、利用圆弧底选股 ……………………………………………………… (78)
十、利用V形底选股 ……………………………………………………… (80)
十一、利用双底选股 ……………………………………………………… (82)
十二、利用三重底选股 …………………………………………………… (84)
十三、利用潜伏底选股 …………………………………………………… (86)
十四、利用头肩底选股 …………………………………………………… (89)

# 第四章 把握选股"透视镜"
## ——通过指标分析选股

技术指标只是一种工具，具体的操作投资者还需自己仔细考虑，而且对于技术指标的用法可谓见仁见智。技术指标只能是个参考，总的原则是，股票起跌之时，强势股不要买；未跌之时，弱势股不要卖。起涨之时，强势股抢着买；未涨之时，弱势股抢着卖。

一、认识技术指标 ………………………………………………………… (92)
二、利用技术指标的时间共振效应选股 ………………………………… (93)
三、利用成交量选股 ……………………………………………………… (95)
四、利用换手率选股 ……………………………………………………… (99)
五、利用BBI指标选股 ………………………………………………… (101)
六、利用PSY指标选股 ………………………………………………… (103)
七、利用WVAD指标选股 ……………………………………………… (105)
八、利用RSI指标选股 ………………………………………………… (107)
九、利用KDJ指标选股 ………………………………………………… (109)
十、利用KDJ钝化选股 ………………………………………………… (111)
十一、利用ROC指标选股 ……………………………………………… (113)
十二、利用BOLL指标选股 …………………………………………… (115)
十三、利用BIAS指标选股 …………………………………………… (117)
十四、利用WR指标选股 ……………………………………………… (119)
十五、利用AXES指标选股 …………………………………………… (122)

# 第五章 跟踪选股"路线图"
## ——通过均线分析选股

均线的力道要比 K 线的力道来的大。K 线适合抓转折，均线却能指出趋势，两者配合看就会较为清楚了。如何在转折和趋势之间取得调和，在转折之中不背离趋势，在趋势之中看到转折，是一种艺术化的功夫，也是我们投资者努力的目标。

一、认识移动平均线 ………………………………………………………（126）
二、葛兰威尔移动平均线八大法则 …………………………………（129）
三、利用单一移动平均线选股 …………………………………………（130）
四、利用5日和10日均线组合选股 …………………………………（134）
五、利用10日均线和20日均线组合选股 …………………………（136）
六、利用5日均线、10日均线和30日均线组合选股 ……………（137）

# 第六章 盘点选股"晴雨表"
## ——各典型市态下如何选股

在不同的市场走势中，选股的思路是完全不一样的，投资者一定要结合市场走势进行选股。牛市中选股一定要选热门股，最好是谁涨得好就买谁，不要怕追涨，要敢追涨，见涨就追。熊市中要多看，不做多，只关注大盘走势，了解盘中热点和政策转变，只选不买，为将来牛市到来选好准备中长线投资的主打股票，这种做法就是为将来寻找希望的种子。

一、选股要认清市场走势 ………………………………………………（142）
二、在牛市中如何选股 …………………………………………………（143）
三、在主升浪中如何选股 ………………………………………………（145）
四、在熊市中如何选股 …………………………………………………（148）
五、在暴跌行情中如何选股 ……………………………………………（150）
六、在反弹中如何选股 …………………………………………………（152）
七、在盘整中如何选股 …………………………………………………（153）
八、在震荡市下如何选股 ………………………………………………（155）

九、在强势调整中如何选股 ………………………………………… (158)
十、如何发现龙头股 ………………………………………………… (160)
十一、如何捕捉黑马股 ……………………………………………… (162)
十二、如何选择白马股 ……………………………………………… (164)
十三、如何选择基金重仓股 ………………………………………… (166)
十四、如何发现潜力股 ……………………………………………… (167)
十五、新股中如何选股 ……………………………………………… (168)
十六、根据股价如何选股 …………………………………………… (170)
十七、从比价中寻找机会 …………………………………………… (173)

# 第七章 开启选股"顺风耳"
## ——通过题材分析选股

跌久必涨和涨久必跌是股市中永恒的真理。题材股大多业绩差股价低，因此，对于股市中的这些死亡板块投资者完全没有理由忽视它。投资者可适量买一点，但宜少不宜多。何时买呢？这里要掌握两个原则：一是在察觉到主力在吸筹时，主力吸筹有一个过程，可能几个月，也可能是一两年。二是题材股往上突破时可以先买一点，但买进量不能太大。一般来说积弱很久的股票第一次往上突破，都以主力试盘或假突破的居多，股价第一次突破后会回落，经过一段时间蓄势之后再出现第二次、第三次往上突破，这时就可以大致确定该股要往上走了，买进后一定要把股票捂住，尽量少动。

一、无声之处响惊雷的冷门股 ……………………………………… (176)
二、如何捕捉热门股 ………………………………………………… (177)
三、如何选择蓝筹股 ………………………………………………… (179)
四、如何选择重组股 ………………………………………………… (182)
五、高送转股中如何选股 …………………………………………… (184)
六、次新股中如何选黑马 …………………………………………… (188)
七、市场热点中如何选精股 ………………………………………… (190)
八、从"第一"中寻找机会 ………………………………………… (192)
九、从死亡板块中寻找机会 ………………………………………… (193)
十、ST股中如何淘金 ……………………………………………… (196)
十一、题材股炒作中应该注意的事项 ……………………………… (199)

# 第八章 操控选股"过滤网"
## ——通过板块分析选股

在进行行业板块投资决策时，除了要关注要行业本身所处的生命周期和行业在证券市场的表现外，投资者还要特别关注国家产业政策的调整。新的利好政策的扶持，势必使具有较高成长性的行业板块如虎添翼。还有资源类板块是市场中永不寂寞的投机和投资板块。

一、行业板块分析选股 …………………………………………… (204)
二、区域板块分析选股 …………………………………………… (206)
三、小盘股板块如何选股 ………………………………………… (207)
四、金融板块的选股策略 ………………………………………… (208)
五、地产板块的选股策略 ………………………………………… (210)
六、农业板块的选股策略 ………………………………………… (213)
七、科技股板块的选股策略 ……………………………………… (215)
八、建材板块的选股策略 ………………………………………… (216)
九、有色金属板块的选股策略 …………………………………… (220)
十、钢铁板块的选股策略 ………………………………………… (223)
十一、电力板块的选股策略 ……………………………………… (225)
十二、板块联动的选股技法 ……………………………………… (226)

# 第九章 把脉选股"瞄准星"
## ——跟庄选股

主力资金和持仓变化是判断主力进出的最可靠方法，如果你从盘面上看不出来，可以借助第三方网站，网上搜一下就知道网址了，上面的实时资金流向和持仓明细已经成为炒股选股的必备工具。

一、认识庄家 ……………………………………………………… (232)
二、看看庄家如何选股 …………………………………………… (236)
三、跟庄的技巧 …………………………………………………… (238)

四、短线如何跟庄……………………………………………………（240）
五、中线如何跟庄……………………………………………………（243）
六、长线如何跟庄……………………………………………………（246）
七、如何跟踪快庄……………………………………………………（247）
八、如何在庄家的震撼声中选股……………………………………（249）
九、在庄家的"疲劳战术"中如何选股……………………………（250）
十、在庄家的"烟幕弹"中如何选股………………………………（253）

# 第十章　启动选股"避雷针"
## ——避开风险走出选股误区

在股票操作中，知识不是力量。知识只有通过非常艰苦和痛苦的训练转化为实战操作水平才是力量！在达到这个层次之前，自以为是的知识和经验是你成为井底之蛙的守护恶神，它可以阻止你任何思想上的更新和进步，使你永远成为亏损的投资者，并不断重复下去。要避开风险走出选股误区，你就要开启选股"避雷针"。

一、不为股评专家遮望眼……………………………………………（256）
二、如何发现企业存在的各种重大问题……………………………（258）
三、如何识破主力的阴谋……………………………………………（260）
四、如何控制选股风险………………………………………………（265）
五、如何走出个人选股误区…………………………………………（267）

# 第一章
## 打开选股"金钥匙"
### ——掌握选股的要点和策略

> 常言道:"韩信点兵,多多益善。"而选股票则"宜精不宜多"。要选择精品,更要用好的价格去买入。用金子的价钱你去买金子,这不叫投资,这是叫消费。真正的投资是,你用破铜烂铁的钱买到了金子!在大盘恐慌性杀跌过程中,在市场投资气氛低谷的时候,精明的投资人士却始终能够看到潜在的价值投资机会。

# 一、控制风险勇于投资

常言道：股市有风险，入市需谨慎。股市巨大的赚钱效应让更多的投资者蜂拥而入，但是股市毕竟是个高风险、高收益的投资市场。可以说，股市中风险无处不在、无时不在，而且也没有任何方法能完全回避。

股票投资风险按照是否可以分散，可分为系统性风险和非系统性风险两大类。系统性风险是指某种因素会给市场上所有证券带来损失的可能性，如政策风险、市场风险、利率风险和购买力风险等具有比较宏观影响的风险，这类风险，投资者不能通过购买多种特征的股票来分散。非系统性风险是指某些因素对单个证券造成损失的可能性，属于微观层面上的风险，如上市公司摘牌风险、流动性风险、财务风险、信用风险、经营管理风险等，投资者可以通过制订证券投资组合将这种风险分散或转移。

作为投资者，应该随时具有风险意识并尽可能地将风险降至最低程度，而买入股票时机的把握是控制风险的第一步，也是重要的一步。在选股时不仅要关注市场行情的时刻变化，更应该注意风险的悄无声息的突然袭击。

在投资中看到风险，为了规避风险，就应主动学习一些风险控制方法，为了使股票投资的收益尽可能达到最大化，特总结了股票投资的六大基本方法：

## 1. 相同资金买入法

这是一种摊低股票购买成本的投资方法。采用这种方法时，其关键是投资者不要理会股票价格的波动，在一定时期固定投入相同数量的资金。经过一段时间后，高价股与低价股就会互相搭配，使股票的购买成本维持在市场的平均水平。

## 2. 分散风险法

是指投资者采用固定比例的投资组合，以减少股票投资风险的一种投资方法。这里的投资组合一般分为两个部分，一部分是保护性的，主要是由价格不易波动、收益较为稳定的债券和存款等构成。另一部分是风险性的，主要是由价格变动频繁、收益变动较大的股票构成。两部分的比例是事先确定的，并且一经确定，就不再变动，采用固定的比例。但在确定比例之前，可以根据投资者的目标，变动每一部分在投资总额中的比例。如果投资者的目标偏重于价值增长，那么投资组合中风险性部分的比例就可大些。如果投资者的目标偏重于价值保值，那么投资组合中保护性部分的比例可大些。

### 3. 投资组合法

是指投资者采用的投资组合的比例随股票价格涨跌而变化的一种投资方法。它的基础是一只股票的预期价格走势线。投资者可根据股票价格在预期价格走势上的变化，确定股票的买卖，从而使投资组合的比例发生变化。当股票价格高于预期价格，就卖出股票买进其他股票；反之，则买入股票并相应卖出其他股票。在使用可变比例法预期价格走势至关重要，它的走势方向和走势幅度直接决定了投资组合中两部分的比例以及比例的变动幅度。

### 4. 追涨买入法

是指投资者随着某种股票价格的上涨，分段逐步买进某种股票的投资方法。股票价格的波动很快，并且幅度较大，其预测是非常困难的。因此，股民不能将所有的资金一次投资，而是要根据股票的上涨情况，将资金分段逐步投入市场。这样一旦预测失误，股票价格出现下跌，也可以立即停止投入，减少风险。

### 5. 越跌越买买入法

是指投资者随着某种股票的价格下跌，分段逐步买进该种股票的投资策略。前提是该股股价达到自己认定的价值区域。由于股票的下跌是相对的，所以投资者在买入时不能贸然大量买入，而应根据股票价格下跌的情况分段逐步买入。这种方法比较适用于那些市场价格高于其内在价值的股票。如果股票的市场价格低于其内在价值，对于长线股民来说，可以一次完成投资，不必分段买入。

### 6. 止盈法

是指在股市投资中，只要投资者的收益达到预期的获利目标时，就立即卖出的投资方法。股票不存在绝对的高价与绝对的低价。所以，在股票投资过程中务必要坚持自己的预期目标，即"止盈"的标准。因为在股票投资活动中，一般投资者很难达到最低价买进、最高价卖出的要求，只要达到了预期获利目标，就应该立即出手，不要过于贪心。

例如：金钼股份（601958）在2010年11月2日和11月3日两个交易日连续放量收出阴线，走势变坏，而且该股前期的连续涨停让投资者获利丰厚，如果过于贪心，舍不得离场，虽说其后有个短暂冲高，可随之而来的下跌很容易让贪心者由赢利转为亏损甚至于套牢。如图1－1所示。

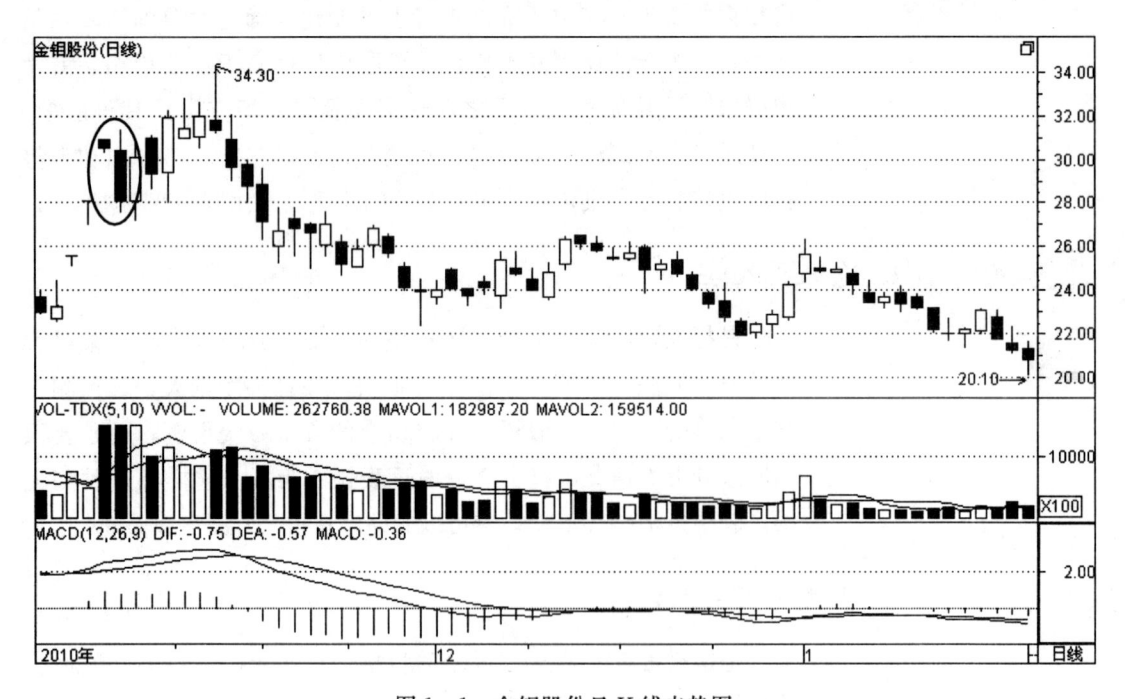

图1－1 金钼股份日K线走势图

### 选股点金

股票投资风险具有明显的两重性，即它的存在是客观的、绝对的又是主观的、相对的，它既是不可完全避免的，又是可以控制的。

## 二、选股要选精而熟

### 1. 选股要选精

常言道:"韩信点兵,多多益善。"而选股票则"宜精不宜多"。

散户投资者,资金数量有限,持有三五只股票就足够了。股票选得多,不仅分散资金,这只股赚点儿,那只股赔点儿,最后落个白忙活,降低资金的使用效率,还无法仔细研究个股质地情况,而在突然利空袭来时,也往往无暇撤退。

常有股评人士谆谆告诫新入市的投资人:"鸡蛋不要放在一个篮子里",但不放在一个篮子里并非是要你放太多个篮子里。

有一位散户投资者,一次同时买进了 12 只股票。持股不久的一天,这位股民发现大盘走势不妙,而且,断定第二天还有继续深跌的可能,于是决定在当日收盘前,将手中的股票全部清仓。

决心下了,卖股票时却遇到了麻烦。因手中股票太多,顾了这只,顾不了那只,搞得手忙脚乱、顾此失彼。这一乱不要紧,这位股民竟然忙中出错:有一只股票卖单在电脑上却敲成了买单,只好第二天割肉出局。

从上面那位股民的教训中,我们一定要谨记:买股票时,与其贪多买入一些不成材的小树,不如精选良苗,培育一两棵参天大树。

### 2. 选股要选熟

股市上有句经典名言:"不清楚不做"。初入股市的人却往往忽视了这一点。见市场上什么热起来便去追什么,殊不知,选股要坚决选熟不选生!这是一条铁定的炒股纪律,这条股谚是许多人用血和泪的教训和代价总结出来的,谁忘记了它,谁就会遭到市场的无情惩罚。但是,即使如此,许多人还是十分健忘,好了伤疤忘了痛。

从这条股谚引申出来的操作思路是——

在决定介入某个个股之前，一定要问一问自己是否熟悉它！不熟悉的坚决不买入！

切忌盲目入市，更不能盲目追风！

例如：股神巴菲特有一个习惯，就是选择熟悉的股票，对于不熟悉的股票从来不选。不熟悉的公司即便是被人说得天花乱坠，巴菲特也从不感兴趣，更不会去投资它，买它的股票。由于坚持不熟的股票不做的习惯，所以他永远只买一些传统行业的股票，而不去碰那些高科技股。2000年初，网络股高潮的时候，巴菲特却没有购买。那时大家一致认为他已经落后了，但是现在回头一看，网络泡沫埋葬的是一批疯狂的投机家，巴菲特再一次展现了其稳健的投资大师风采，成为最大的赢家。

**选股点金**

选股的主要方法就是选择精品、选择熟悉的个股。意思就是在选股时要选择把握性大的股票。选择精品个股，就要进行多家比较，在比较中找准股市的变化规律。要选择各类股票中具有代表性的热门股。股民通过分析公司情况、观察股市行情便可获得这种变化规律。

# 三、要选择适合自己的股票

每个人的情况各异，购买股票自然会有不同的选择。股票投资者根据股票的风险和回报特点，经常把股票划分为不同类型。投资者可以根据自己的经济状况和风险承受能力选择适合自己类型的股票，只有这样才能提高胜算，减少失误。

股票的类型有很多种，各种股票又有各自的特点和对策。常见的股票有以下几种：

## 1. 价值型的股票

这类股票收益成长率往往已达到极点，公司经营完善、资金雄厚，过去几年公司业绩和赢利状态都表现很好，预计未来几年内仍然可以维持现有的增长率，无论是在社会上、国际上都有良好的信用，可称得上是同业股票中第一流的股票。这类股票一般比较适合中庸型的投资人。如：贵州茅台（600519）公司是国内白酒行业的标志性企业，称雄于中国极品酒市场。如图1－2所示。

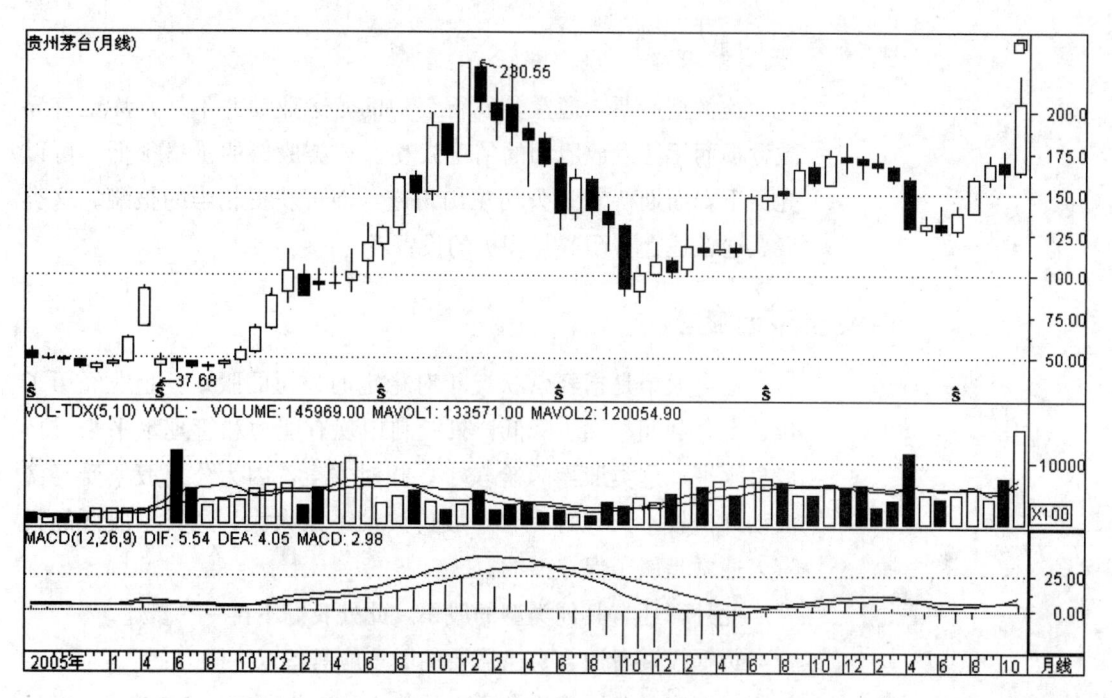

图1－2 贵州茅台月K线走势图

## 2. 高成长性的股票

这类股票通常是蒙受了时代的恩惠，而可以从现在一直预见至未来，都能获得很高利润的股票。这类股票一般属于具有发展潜力的公司。选择这类股票的关键在于对公司的独到判断，较适合积极的投资者。

## 3. 具有投机性的股票

这类股票可能有好股，也可能有问题股。由于其中有内行的投资家进行干预，所以短期内股价会有很大的变动。这类股票有两种表现形式。一种是指经营状况不佳的公司的股票，根本不能依据本益比来测定它的合理价值,因为这类公司的经营业绩不佳,甚至没有股息可派,其价格变动完全取决于供求,估计波动大,具有很高的投机性。另外一种是平时很少有人买卖的股票,由于股权过于集中在董事手中,或者公司经营业绩差等原因,这种冷门股可能会由于预料之外的原因而导致冷门变热、股价大涨,因而具有很强的投机性。这类股票较适合内行人来投资。

4. 绩差型的股票

这类型股票,通常其发行公司的营运业绩并不好,甚至有导致亏损而无法发放股利的情况发生。这类股票的价格很低,可以先买下,而期待它日公司东山再起,即可获得相当的报酬。这类股票通常适合有耐心且积极的投资者。

5. 安全型的股票

这类股票是指经营状况相对稳定的公司的股票。企业经历了成长期,利润率逐步降低,只能利用现有能力和管理水平来维持股息水平。这类股票风险较小,相对安全,因为公司股票受经济波动冲击较小,管理完善,股价波动不致太大。这类型股票的投资人通常是属于保守型的。

此外,还有其他类型的股票,此处我们不再一一赘述。

选择投资者适合自己需要的股票应具备以下能力:

(1) 应具备了解投资环境的能力。因为国家经济方针、政策、实施措施以及经济变化的周期性,都将影响股市的变化。投资者对投资环境的敏感性,了解、掌握信息量的多少等,都影响投资者买卖股票的类型与时机。

(2) 应具备获取公司信息的能力。股份公司经营管理、财务状况等信息,都影响着投资者对公司发展的预测。而获取信息的多少及理解程度,将左右着投资者的投资决策。

(3) 应具备资金管理能力。因为投资者的资金规模制约着投资领域和选择股票性质的能力。

(4) 应具备的投资常识与投资经验。投资常识和投资经验,直接制约着投资者操作能力,如发出股票买卖指令的技巧、运用转账的技巧等,都必须有相当的知识与经验灵活运用,达到趋利避害的目的。

### 选股点金

炒股，重要的是先确定适合自己的投资计划，制胜的关键在于在适当的时候买卖正确的股票。在了解了股票类型的划分之后，投资者可根据自己的经济实力和风险承受能力选择适合自己的股票。

## 四、价值发现选股策略

所谓价值发现，就是探寻并确定股票的价值，而这里的价值，完全是潜在的和未知的，是必须通过种种不同的方法加以挖掘并且在未来某一时期为市场所认可的价值，或者说，就是通过调查、研究、分析等方式，找出股票市场价格所没有充分或完全反映出的潜在价值。因此，价值发现在国外也被称为"逆向投资"。

价值发现是华尔街最传统的投资方法，近年也被我国投资者所认同。价值发现所遵循的原理是最经典的市场价值规律，即价格围绕价值波动。价值发现就是研究投资工具的价值，通过价格的运动来发现并实现投资工具的价值的过程。

价值发现方法的基本思路，是运用市盈率、市净率等一些基本指标来发现被低估的个股。由于该方法要求投资人具有相当的专业知识，所以非专业投资者使用时会有一定的难度。该方法的理论基础是价格总会向价值回归。

利用价值发现的方法选股时应该依照以下选择方法和标准：

（1）公司最近一年的净资产收益率必须大于15％。

（2）公司目前的股票价格低于过去一年中最高价和最低价的中间价。

（3）将符合上述条件的个股根据其市盈率从小到大排序，取市盈率最小的五只个股。

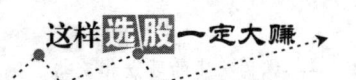

**选股点金**

> 股市的最大魅力就在于价值的发现。而价值无非来自两个方面：一是投资价值，二是投机价值。在股市里最重要的就是要睁大眼睛去寻找那些价值被低估的股票，而后还要看是否有主力资金对它感兴趣。要炒好股，不仅要善于发现有潜力的股票，还要潜心研究主力操盘的多种技巧，卖个好价钱，才是赢家。

# 五、高成长性选股策略

所谓高成长股，是指迅速发展的公司所发行的具有高回报、高成长性的股票。股票的高成长性主要表现在：公司业绩呈高速增长趋势，公司具备了较强的股本扩张能力。上市公司的成长性越好，其股价上涨的可能性也就越大。对于高成长股的投资，投资者可本着以下思路进行：

## 1. 怎么样选择高成长性股票

（1）选择属于成长型的企业。也就是说要选择朝阳行业，避免夕阳行业。判断一个公司是否是成长型公司，一般从公司的经营战略、公司规模变动特征、公司扩张潜力等方面进行分析。如：金风科技（002202）公司是中国成立最早、自主研发能力最强的风电设备研发及制造企业之一。2010年入选"年度全球最具创新力企业50强"。如图1—3所示。

（2）选择总股本较小的公司。公司的股本越小，其成长的期望也就越大。因为股本达到一定规模的公司，要维持一个迅速扩张的速度是很困难的，对于那些总股本只要几千万的公司而言，股本扩张相对容易得多。

（3）选择过去一两年成长性好的股票。高成长的公司，其赢利的增长速度会大大高于其他公司，一般是其他公司的1.5倍以上。

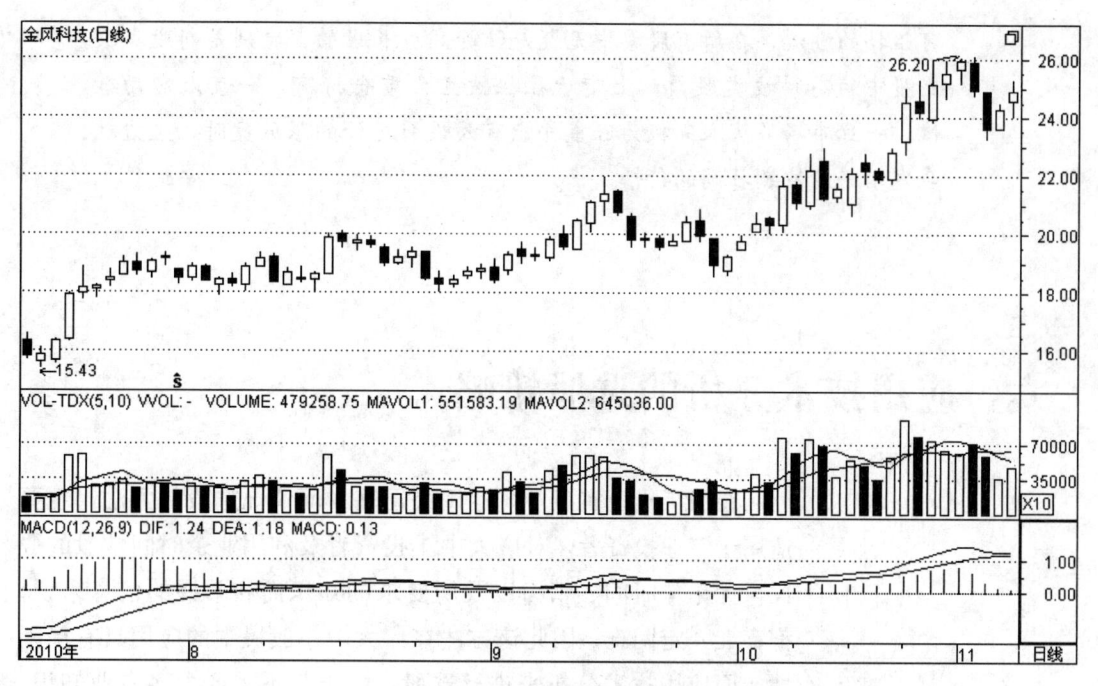

图 1-3　金风科技日 K 线走势图

（4）针对高科技股，要了解高科技企业所从事的技术、行业等，否则很容易被炒作题材所蒙蔽，导致选股失败，甚至被深度套牢。

## 2. 高成长性股票的买卖时机

成长股的价格与公司的经营状况存在着密切的联系，所以当经济形势发生变化时，其波动幅度往往会更大。在熊市阶段，成长股的跌幅会更大，而在牛市，其涨幅会大于其他股票甚至成为股市的领头羊。投资者在操作中应注意在牛市的初级阶段买进高成长股，而当股市狂热蔓延时，应卖出持有的股票。由于成长股的波动幅度大，所以对成长股的投资比较适合风险偏好型的投资者。

### 选股点金

选择高成长股的方法是关注公司未来利润的高增长，而市盈率等传统价值判断标准则显得不那么重要了。采用这一价值取向选股，人们最倾向的是高科技股。高科技产业作为新经济的代表，其发展趋势是不可阻挡的潮流，在所有股票中无疑是最具高成长性的，特别是新股和次新股中的高科技类股票，上市后往往被主力重仓持有，一直未发动行情，一旦市场多头人气极为旺盛并能有效吸引场外的跟风盘时，主力就会发动一波波澜壮阔的行情。

## 六、应用技术分析的选股策略

在股市投资实战中，运用公司基本面情况选股的方法，主要适用于专业投资者，对广大中小投资者及利用业余时间炒股的股民，无论从时间、精力以及所要求的知识面和掌握的信息来说，都存在一定困难，因此该方法在广大中小股民中的应用具有局限性。而应用技术分析来进行选股，由于其不需要太多专业知识，可以应用数学和逻辑的方法，探索出一些典型的变化规律。直接反映股市所处的状态，考虑问题比较直接，与市场联系紧密，且由于价格、成交量、时空等技术数据、技术分析手段的获得相对容易以及电脑、钱龙软件、大智慧等技术分析工具的普及，使得该方法的应用日渐普遍。技术分析方法为我们的操作行为提供指导方向。一般是将选股与买入有机地结合起来，选股过程也是确定买入时机的过程。

技术分析，是依据一定的数理统计方法，运用一些复杂的计算公式，来判断股价走势的量化的分析方法。技术分析法属于统计学范畴，是不能预测行情的。技术分析是基于三大假设的：①市场行为涵盖一切信息。②价格沿趋势变动。③历史会重演。在上述假设前提下，以技术分析方法进行选股，一般不必过多关注公司的经营、财务状况等基本面情况，而是运用技术分析理论或技术分析指标，通过对图表的分析来进行选股。另外，该方法的基础是股票的价格波动性，即不管股票的价值是多少，技术分析所反映的东西大多是从行情报表中直接看不到的。因为股票价格总是存在周期性的波动，技术分析选股就是从中寻找超跌个股，捕捉获利机会。

技术分析选股，详细情况我们将在以后章节作详细论述。

### 选股点金

要记住，如今市场上被膜拜的技术，很多都有滞后性和不确定性，甚至有些可以伪造，比如说成交量等。

## 七、不同周期的选股策略

长线、中线和短线的具体划分是没有明确界限的。一般来说，一个月以下的周期称为短线，一个月到几个月之间成为中线，更长时间成为长线。长线、中线、短线投资技巧结合不同的投资者的不同投资，它们之间有很多不同的投资策略。

### 1. 如何进行长线选股

很多投资人都非常崇尚"长线是金"的格言。长线投资者将有丰厚的回报，这几乎是被世界上所有证券市场验证了的铁律。投资大师沃伦·巴菲特对于股票投资的基本态度，"如果你没有持有一种股票 10 年的准备，那么连 10 分钟都不要持有这种股票"。但是，长线投资不像人们所想象的那样只是一味地买进后持有，这中间还存在着一定的操作技巧。由于中国市场是一个新兴的市场，现在股市上作长线投资的并不多。主要是前几年管理层鼓励投资者对股市进行长线投资，而当时泡沫成分太多，根本不适合进行长线投资，让一部分长线投资者损失惨重。长线选股首要选择好一个最佳的介入点。如果你是在风头浪尖上买的股票，在茫茫的下跌途中，你所处的境况应称为"套牢"，而不是长线投资。因此说，在合理的价位进行投资，是长线操作的关键性因素。其次是注意选股。长线投资是看重股票的成长性，预期未来收益增长。

如果你选择的公司正处于势力下降时期，那么你介入的股份就也随之呈降落状态，即使你介入时是相对的低位，其未来的涨升空间也会是十分有限的，所以在考虑长线选股时就应该考虑以下问题：

（1）要选择扩张能力强的股票。我国经济正处在高速发展的阶段，产业也在作大的调整。一些企业是行业内的龙头，发展潜力大，扩张能力强，发展速度呈几何级数。这样的股票的相对稳定性和风险性都比较小，并且不会很容易被套住。如军工类股票，因为这类股票是具有政府、高科技等背景，并且财务能力强。中船股份（600072）因为我国大力发展海军，同时我国的船舶配套设备制造能力和市场开拓具有很大的发展空间，于是注定了中船股份具有很大的发展空间。如图1—4所示。

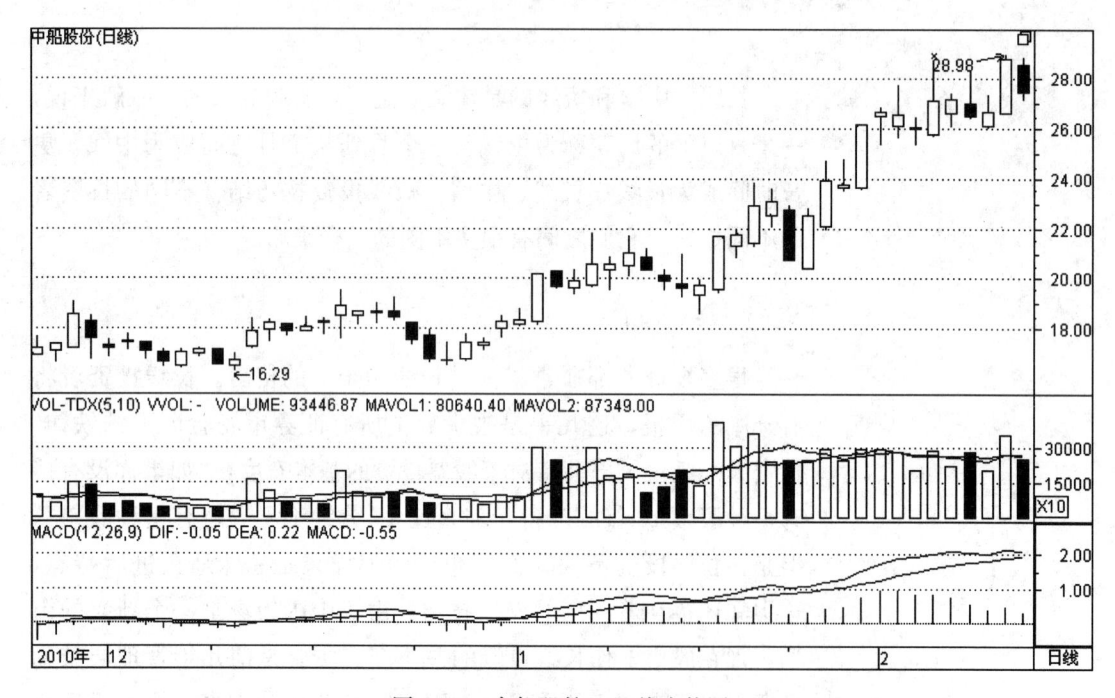

图1—4　中船股份日K线走势图

（2）要选择土地储备丰富的股票。有的上市公司是以国家土地低价折股入资的，如果地理位置好，在经济环境好转时，这些土地的增值最快，公司可以在房地产、商业方面有较好的发展措施，可以产生巨额的收益，遇到通货膨胀，有了土地资源，也可以适当回避其影响。

（3）要选择配股价较高的股票。近年，大部分上市公司经过了几轮配股，有的配股价很高，刚开始对投资者来说是不利的，但对于后来的投资者来说，由于配股价高，可以使公司潜力加大。

（4）要选择券商包销配股的股票。有的上市公司在实施配股时恰恰遇上股市行情不好，则配股认购不足，被承销商"吃不了兜着走"。由于这些券商持有大量的股票，在股市向好时，这些股票就可能跑在大市的前面。

## 2. 如何进行中短线选股

相对于长线选股来说，中短线选股的独有特点决定了中短线操作极具挑战性，对投资者是否敏感、决策是否果断有很高的要求。

中短线选股的基本原则是要求被选股票（或股票组合）能够在相对较短的一段时期内（比如1周到3个月）具有较高的涨幅预期，而对这一特定时期之后的远期股价趋势特征并不注重。因此，这就决定了中短线选股必须重视以及追求投机性价差收益的特点，这与长线选股注重股票质地和追求稳健的投资收益有明显区别。

根据以往的经验并结合目前我国股市特点，认为中短线选股应参照如下基本原则，具体叙述如下：

（1）时刻关注股情变化，培养超前意识和敏感性，积极追随市场热点。不少投资者机械地固守"长线是金"的教条而排斥积极追随热点并不断换股的股市操作手法，失去了许多机会来发掘自己的优势，最终消极地固守着以前的长线而扼腕痛惜。在当今变幻莫测的市场之下，追随市场热点是投资者赖以战胜大盘并取得理想投资收益的途径之一。因此，投资者如果能够按照股市热点的轮换规律把握住市场机会，就能获得相当可观的投资回报。

（2）重点抓强势板块中的龙头股，一般是以介入强势股为主。强势板块中的龙头股，事实上在某一热点板块走强的过程中，往往上涨时冲锋陷阵在先，回调时走势抗跌，能够起到稳定军心的作用。龙头股通常有大资金介入背景，有实质性题材或业绩提升为依托。通常情况下，龙头股可以从成交量和相对涨幅的分析中遴选。

（3）时刻掌握年报和中报的事实进程，牢牢抓住突然出现的机遇，因为上市公司公告蕴藏一定的个股机会。投资者在决定是否根据相关信息买卖某一股票之前，必须结合相关股票最近一段时期的走势分析，因为不少个股的股价已经提前反映了公开公布

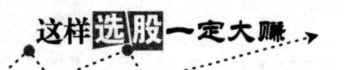

的利好信息，这时就要相当谨慎。

（4）熟练运用各种技术分析工具以帮助优化买卖时机，其中乖离率指标是判断中短线走势的妙招。

（5）避开高风险的"地雷"股。由于我国股市的市场发育、市场监管体系尚不成熟，上市公司发布虚假信息、机构大户操纵行为普遍，经常有股票突然"变脸"并引发股价大幅下跌，这些因素加大了投资者的选股风险。因此，认真衡量介入点和风险性的大小，仔细分析个股潜在的风险因素成为选股过程中最为重要的一环。可见，要避开高风险股票不仅不能盲目跟庄，而且也不能仅看股票以往的业绩选股。

（6）坚持中低价、小盘、小市值股优先选择的原则。从今年市场的总体表现看，中低价、小盘、小市值股板块整体走势较强，并不断有黑马从这一板块跃出。还要避免由于除权、除息之后产生的低价股票，很多这类股票给投资者一种迷惑。在市场整体市盈率维持在较高水平使得股市整体投资价值有限的情况下，选股的首要标准是与股本规模、价位、流通市值相关的"股性"的活跃程度相对应。这类小盘低价股往往为那些专门物色重组对象的战略投资者所注目，使得该板块获利机会大大增加。不少中小投资者在选股时具有很强的"风险厌恶"倾向，偏爱低价国企大盘股，这与中小投资者凭惯性思维判断这类股票业绩稳定、风险小、具有投资价值的认识有关。事实上，目前我国股市具有投资价值（价值被低估）的股票寥寥无几。反而是一些小市值股票因股性活跃而受到机构的普遍青睐，孕育着较多的中短线机会。

## 选股点金

投资者在决定是否根据相关信息买卖某一股票之前，必须结合相关股票最近一段时期的走势分析，因为不少个股的股价已经提前反映了公开公布的利好信息，这时候就要相当谨慎了。

# 第二章
## 瞄准选股"风向标"
### ——通过基本面分析选股

股票市场中的定律一般是721，即七成的人赔钱，两成的人保本，只有一成的人能够赚钱。投资者既然参与到这个市场中来，就必须具备选择股票的能力，否则你在这个市场中只能站在赔钱的行列之中。选好股就是要选择有核心竞争力的公司股票。很多投资者很会发现发掘各种各样的"白马"、"黑马"，可是，他们就是持有不住，把握不稳，往往在大涨前就脱手了。

# 一、简单地了解证券市场

证券市场是证券发行和交易的场所。从广义上讲,证券市场是指一切以证券为对象的交易关系的总和。从经济学的角度,可以将证券市场定义为:通过自由竞争的方式,根据供需关系来决定有价证券价格的一种交易机制。在发达的市场经济中,证券市场是完整的市场体系的重要组成部分,它不仅反映和调节货币资金的运动,而且对整个经济的运行具有重要影响。狭义地理解,可认为是资本证券交易的场所。

证券市场具有的功能:

(1) 它是联系资金供应者与资金需求者的桥梁。

(2) 证券市场是企业筹集社会资金的另一渠道。

证券市场具有的特征:

(1) 证券市场是价值直接交换的场所。

(2) 证券市场是财产权利直接交换的场所。

(3) 证券市场是风险直接交换的场所。

证券市场的参与者:

(1) 证券发行人。

(2) 证券公司。

(3) 机构投资者。

(4) 个人投资者。

## 选股点金

股票市场中的定律一般是721,即七成的人赔钱,两成的人保本,只有一成的人能够赚钱。投资者既然参与到这个市场中来,就必须具备选择和操作股票的能力,否则你在这个市场中只能站在赔钱的行列之中。

## 二、什么是基本面选股

基本面包括了公司的经营状况、财务状况以及未来的成长性评估,另外对公司的经营有影响的还要看国家对公司所处行业的政策,国家对整个经济运行的宏观调控政策,从更宏观的角度看,全球的政治经济格局也会影响到基本面。

基本面分析是指对宏观经济面、公司主营业务所处行业、公司业务同行业竞争水平和公司内部管理水平包括对管理层的考察等诸多方面的分析,数据在这里充当了最大的分析依据,但往往不能以数据来做最终的投资决策,如果数据可以解决问题,那计算机早就代替人脑完成基本面分析,事实上除了数据还要包括许许多多无法以数据来衡量的东西。

基本面选股是运用基本面分析的方法,通过对基本面因素的综合分析之后得出远期的结论,从而在股市低迷时挖掘出潜力品种,低价买入。

散户投资者进入股市,虽然买的是股票,但实质上买的是公司价值,这个道理全世界的投资者都懂得。公司价值是由当前价值和潜在价值构成的。从基本面角度出发,就是对公司资产和成长性方面的评估。利用公司基本面的选股方法也就是利用上市公司的一些基本情况来选股,如该公司所属行业、经营业绩、公司成长性、公司管理等等。基本面是股价最基本的基础分析方法,所以是进行股票投资决策的最基本工具。

基本面选股正确的投资方法是:要买价值,不应买价格。因为价值是真实、理性的,其抗跌性较强;而价格可能是虚化的,也可能是人为抬高或主力做出来的,故其风险很大。散户投资者不应盲目追随股价趋买价格的变化,因为基本面因素影响股价的长期变动,而股价短期内则会受主力资金影响。

总之,在基本面选股过程中,我们的首要目的就是抓住其价值,认真分析宏观经济、行业前景和企业的经营状况。作为一位投资者,应该保持冷静,分析公司的基本面,确定该股票是否还值得长期持有，更要认清控股者的阴谋。

**选股点金**

运用基本面分析是通过对上市公司的各种因素进行综合分析之后得出远期的结论，从而在股市低迷时挖掘出潜力品种，低价买入。前提是你对自己的分析要有信心，买入之后不被短期内的市场悲观情绪影响，回避股价短期内的波动。

# 三、宏观经济对股市的影响

在证券投资中，宏观经济分析是很重要的环节，只有把握住宏观经济发展的方向，才能把握证券市场的总体变动趋势，做出正确的投资决策。

宏观经济形势的发展直接影响着股市的进度，这是股市变化的重大宏观指数。宏观经济形势分析和宏观经济运行因受各种因素的影响，常常呈现周期性变化。经济周期是由经济运行内在矛盾引发的经济波动，是一种不以人们意志为转移的客观规律。经济周期一般经历上升期、高涨期、下降期和停滞期四个阶段。由于股市是经济的"晴雨表"，它会随着经济周期性波动而变化，因此，当经济处于经济周期的不同阶段时股市就会表现出相应的变化。在分析宏观经济形势对股市的影响时，还要注意两者之间变化的前后时间关系。

由于股市是人们对今后经济形势的预期的理念综合，这种预期较全面地"吸收"了经济发展过程中反映出来的有关信息，这种预期自然也会引起股票价格的变化，因此，股市对经济周期波动的反映总是超前的。另外，宏观经济形势对股市的影响程度还受股市发育程度的制约。一般而言，股市越成熟，经济波动对其影响就越大；反之，影响则越小。起初，股市的变化并不反映经济形势的变化，这主要是由于投机气氛太浓，股市被少数资金大户所操纵，被人为地推向巅峰或谷底。

例如：开始于2007年的金融危机，从2007年下半年开始对我国产生影响，我国经济增长速度放缓趋势明显，反映在股市中，上证指数从2007年下半年开始一路下挫，跌幅巨大，投资者损失惨重。如图2-1所示。

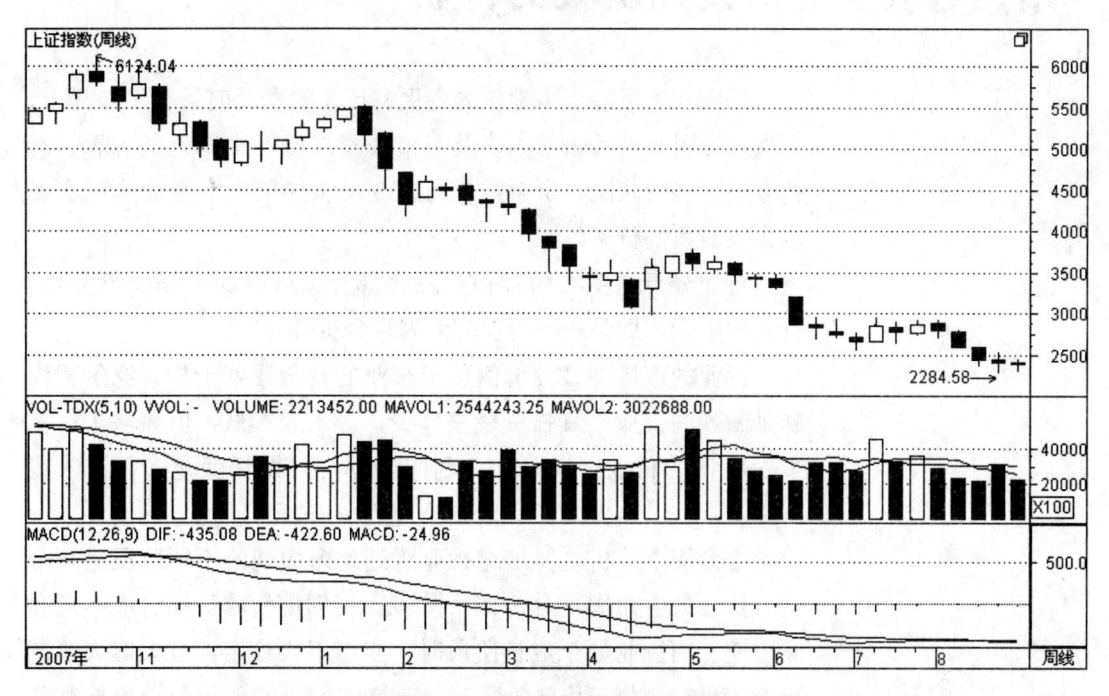

图2-1 上证指数周K线走势图

## 选股点金

分析宏观经济形势对股市的影响，首先就得对宏观经济的运行状态进行分析，而完成这一任务就要分析各种经济指标。反映宏观经济发展状况的指标主要有：经济增长率、固定资产投资规模及其发展速度、失业率、物价水平、进出口额等。在这些指标中，有些指标的升降对股市涨跌有正面影响，有些指标的升降对股市涨跌有负面影响。

所以，在股市与宏观经济的分析中，我们不仅要认清宏观经济的发展对股市的发展趋势的影响规律，还要看出这种影响如何体现在股市中，比如股市初期的变化并不反映经济形势的变化和完成各种经济指标来体现宏观经济形势对股市的影响等等。

## 四、选股要看清公司所处的行业

行业在国民经济中地位的变更、行业的发展前景和发展潜力、新兴行业引来的冲击等，以及上市公司在行业中所处的位置、经营业绩、经营状况、资金组合的改变及领导层人事变动等都会影响相关股票的价格。

行业分析的主要内容包括三大部分：行业的市场类型分析、行业的生命周期分析、行业变动因素分析等。

行业的市场类型分析侧重于行业的竞争程度分析，竞争程度越是激烈的行业，其投资壁垒越少，进入成本低，但风险大；竞争程度低的行业，风险小，利润丰厚，但投资壁垒多，进入成本高。

生命周期分析主要是对行业所处生命周期的不同阶段进行分析，行业的生命周期分为四个阶段：初创期、成长期、成熟期和衰退期。当行业处于成长阶段时，股市不太稳定，有大起大落的可能；当行业处于成熟阶段时，涉足该行业的公司股票价格往往会处于稳中有升的状态；当行业处于衰退期时，股票价格会下跌。

行业变动因素分析主要是指政府有关产业政策变动分析和相关行业发展变化分析。由于我国幅员辽阔，各地经济形势的发展与当地的实际情况密切相关，不同的区域就会呈现不同的经济发展势头。所以，对这些股票的分析一定要结合当地的经济形势进行。

### 选股点金

上市公司所处的行业，在一定程度上会影响后市股票的炒作力度。因此，股票背后的行业背景，投资者在决定选股时不可不察。

## 五、选股要看清公司的竞争地位

上市公司的经营管理水平和能力是决定股票素质和股票价格的重要因素。上市公司的经营状况好,股票的价格就看涨。反之,如果上市公司的经营差,股票的价格就看跌。投资者投资于那些管理水平好的公司要比投资于其他公司更有机会获利,风险也相对小一些。

一个公司竞争能力的强弱,与其获利能力的大小具有密切关系。公司竞争能力,一般是通过规模优势、产品品质好、经营效率高、技术经常革新、熟谙市场情况、注意产品需求动态,推销技巧高明等等条件而获得的。因此,投资者对投资公司在同行中的竞争地位,不能不细加分析,以备投资选择。

一个公司在同业中的竞争地位强弱评定的标准有以下三个方面:

### 1. 年销售额或年收入额

公司年销售额的大小,是衡量一个公司在同行业中相对竞争地位高低的一个重要依据,用公司销售额占全行业销售额度的比重来表示,更能反映这种情况。在同行业的激烈竞争中,占总销售较大比重的公司,一定是竞争能力强大的公司,公司的赢利主要来自销售收入,收入越大,利润越多,所以投资者首先应该选择的是行业中领先的公司。

### 2. 销售额或收入额的增长

投资者理想的投资对象,不只是限于有名的大公司,而是那些既有相当规模,其销售额又迅速增长的公司,对投资者来说,可能迅速增长比规模宏大更为重要。因为增长的销售额带来增长的利润额,由此使公司的股价不断提高,股息不断增加,达到投资者进行股票投资的预期利益。

### 3. 销售额的确定性

在正常情况下，稳定的销售收入伴之而来的是比较稳定的赢利，如果销售收入时多时少变动太大，既对公司的经营管理带来很大的不利，也对付给股东的股息、红利的有无、高低不确定，因此投资者在选择中应充分注意公司的稳定增长。

**选股点金**

在商品经济中，各公司都要在市场竞争的风浪中图生存、谋发展，彼此进行竞争。其中有一些公司，凭着本身的规模大和实力强，竞争能力优异，利用收买兼并及其他手段，形成在市场上的优越地位。在优胜劣汰这一市场经济规律的支配下，无竞争优势的企业，注定要随着时间的推移逐渐萎缩乃至于消亡，只有确立了竞争优势，并且不断地通过技术更新、开发新产品等各种措施来保持这种优势，公司才能长期存在，这样公司的股票才具有长期投资价值。

# 六、看清公司高层的管理能力

上市公司对各种资源进行计划、组织、实施和控制以达到其既定目标，公司董事长和公司高层领导班子的能力十分重要。这是广大投资者应着重关注的一个方面。

### 1. 公司领导层是否有竞争意识

公司的高级管理层只有具备了强烈的竞争意识，才能永不满足、锐意进取，积极推动公司迈向长足发展。管理层是否富于竞争意识，关键是看管理层群体是否充满活力，是否有一种强烈的从事经营管理工作的欲望，群体中每个人是否有影响他人的欲望，是否有与下属人员共同努力取得成果的欲望。

### 2. 公司高层是否有较高专业能力

股民所关注的专业能力是公司管理层的整体专业能力，而不是一两个人，而且管理层的知识结构要合理，专业、销售、财务等各方面都不能偏废。随着企业业务和赢利模式逐步成型，专业化的管理流程需要稳定的组织和管理能力，但企业和行业的未来是不确定的，当企业面对变动的环境时，特别需要的是拥有专业能力的领导者。

### 3. 公司高层是否有较强的沟通协调能力

领导的艺术恰恰在于沟通协调，融洽的关系是协同作战的前提条件。当面临挑战时，他们也不会因为惧怕而踌躇不前。他们会用热情和乐观上进的情绪，深深感染着周围的每一个人。这种沟通不仅仅局限于公司内部，也包括公司外部的各种集体顾客、供应商、政府部门、社团的沟通等。

**选股点金**

买股票冲着高层一点也不为过，股谚甚至有云："选股要选董事长"，此话不无道理。一个公司的成败，公司领导人要负70%的责任。

# 七、看股东变化选股

大股东的更换通常意味着公司经营范围、方式的改变，特别是在中国现有的市场条件下，大股东的更迭往往成为市场炒作的导火索。尤其是当主力知道散户投资者会关注股东变化情况来了解市场动向时，更会采用使用多个账户，制造股东人数增加、筹码分散的假象，以此来掩护主力悄悄建仓。因此，我们必须学会用"魔高一尺，道高一丈"的办法来对付市场主力，这样选股才可能立于不败之地。

这个"魔高一尺，道高一丈"的办法是悉心观察个股的前十名股东持股情况，看看里面有什么变化，有什么文章可做。因为是前十名，他们的资料就比较难以隐蔽，投资者完全可以从中发现主力的动向。

上市公司的年报、中报、配股或增发后的股份变动公告均会公布前十大股东的持股情况，有少数公司在发生股权转让时也会公布新的十大股东持股情况，并且从很多证券公司提供的网上股票交易软件上也可以查到公司股东的情况，一般用快捷键"F10"。

我国有不少公司除了前几名，或者第一名大股东所持的股票是非流通股外，其余均为流通股股东，计算这些流通股股东的持股合计数量占总流通盘的比例等，也可以让我们大致推测筹码的集中程度。一般来说，前十大股东所占的流通股比率呈显著增加趋势，说明筹码在迅速集中，演变成强主力股的可能性就很大，将来这类股票涨幅就比较可观。

例如：2010年第三季度的大牛股联环药业（600513），联环药业第二季度股东户数减少1169户，而在第三季度上涨200%以上。如图2-2所示。

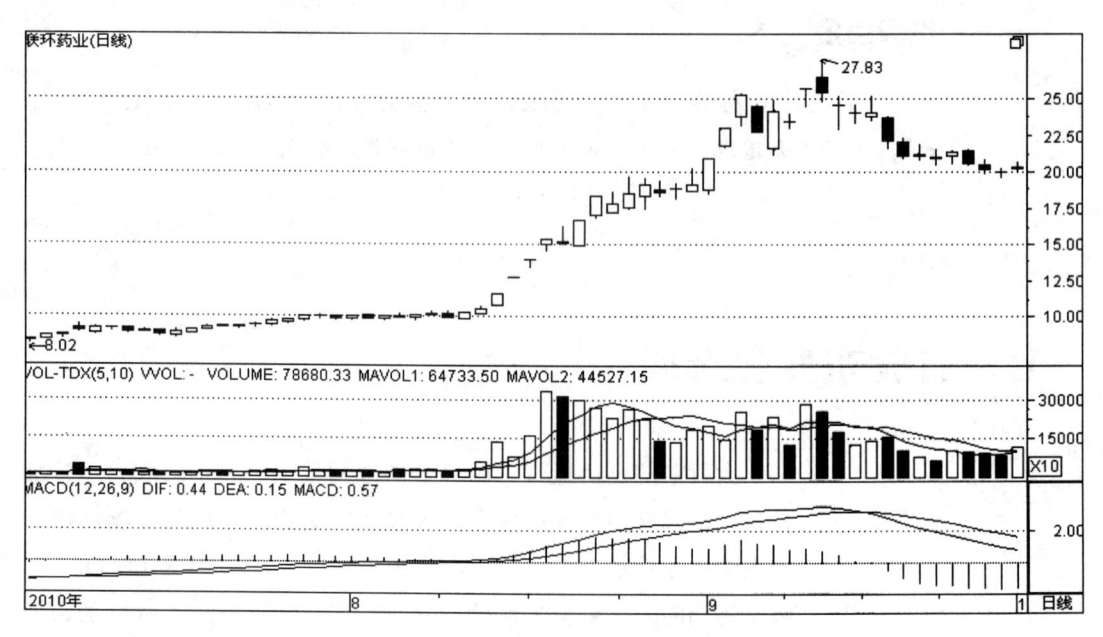

图2-2 联环药业日K线走势图

### 选股点金

一个上市公司前十名股东的变化情况是我们观察某股票是否有市场主流资金感兴趣的非常重要的指标，同时，它也是主流资金难于完全掩饰的指标。

## 八、认清控股股东的阴谋

根据《公司法》第二百一十七条（二）的规定：控股股东，是指其出资额占有限责任公司资本总额 50% 以上或者其持有的股份占股份有限公司股本总额 50% 以上的股东；出资额或者持有股份的比例虽然不足 50%，但依其出资额或者持有的股份所享有的表决权已足以对股东会、股东大会的决议产生重大影响的股东。

大多数上市公司之所以陷入困境，连续多年处于亏损，是因为控股股东对上市公司的疯狂掠夺，肆意侵犯上市公司的合法权益，最终使中小投资者的利益也受到损伤。控股股东惯用的阴谋诡计主要有分红派现、圈钱等，初涉股市的投资者很容易被这些股东的灰暗伎俩套住。控股股东掏空上市公司的黑招主要有以下方面：

### 1. 不公平的关联交易

从侵犯上市公司利益的各种手法来看，大多是通过关联交易来达到目的。关联交易一般是指母公司（控股股东）与上市公司（子公司）之间发生的资金往来、费用分担、业务来往和资产购销等活动。关联交易之所以深受大股东的喜欢，是因为这种操作可以避开外人的眼光，以部分权益的损失便可换取百分之百的收益。关联交易事实上成了大股东占用上市公司资源的一个主要的黑色途径。

### 2. 强逼上市公司担保

大股东想方设法榨取上市公司的有价值的资源，利用上市公司为自己牟私利，不放过任何一次机会，全然不管流通股股东的利益。

除了直接占用上市公司的资金，跟上市公司进行关联交易外，大股东还经常强行让上市公司为其担保，向银行贷款。

如果按照正常的商业规则来进行的话，担保也没什么可以非议的。可是上市公司与大股东之间的这种担保，是一种地位不对等的担保，这种担保是否能保障上市公司的利益就很令人生疑。

### 3. 强行占用上市公司的资源

大股东缺钱时，会将贪婪的目光投向上市公司，在他们的眼里，上市公司就是一个取之不尽的宝藏。上市公司刚刚上了市，或者刚配完了股，手头得到了一笔巨大的现金，这正是大股东所渴望的。他们眼红得很，死死盯住这些钱不放。于是就开始想歪招，利用手中的控股权把上市公司账号里的现金强行占用。

### 4. 质押股权贷款

股权贷款和股票贷款，是获得现金的两种绝佳途径。大股东似乎对上市公司的持续经营毫不关心，对企业管理毫不关心。只是对现金有着一种特别的爱好，如饥似渴地想尽方法去获得现金，也不管自己能不能驾驭如此大规模的资金，也不管自己投资的项目的赢利前景如何。只要有机会获得现金，就决不会放弃。即使潜在的风险特别得大，他们也不在乎。

### 5. 现金变成了货物

大股东准备归还上市公司的资金时，会在归还问题上又玩儿许多新花招。大股东经常拿一些东西来抵债，而且这些货物的价格却由大股东单方面来确定，也不管你要不要这种资产，也不管这种资产是否是垃圾资产。除了资产的价值是否等值，还存在资产是不是符合上市公司的战略发展方向的问题。

因此，在选股过程中，要认真瞄准上市公司的即时情况，深入掌握他们的内部情况，识透控股股东的阴谋，以防被套住。

**选股点金**

对于中国上市公司的非流通股东来说，其最大的利益就是现金收入，别无他途。投资者一定要认真定量定性分析大股东背景、实力、态度和地位等等。

成也关联交易，败也关联交易；成也大股东，败也大股东。关联交易是决定上市公司前途命运的主要因素。就现状而言，频繁的关联交易不是什么好事。

一般而言，如果交易双方是相对独立的交易主体，那么他们之间的交易价格一般较易以相对公允的价格成交。但关联交易不同，其背后是同一个"老板"，交易价格很容易被人操纵和扭曲，从而失去了公允性。

# 九、利用公司股本规模和分红记录选股

所谓股本就是按照面值计算的股本金。股本规模是指公司的总股本，国有股本规模与股本发行规模之和，又称股本总规模。国有股本规模是指根据企业重组模式以发起方式设立的股份有限公司的资产按其效益情况及某些上市要求折算成上市公司的股份数额；股本发行规模则是指上市公司向公众投资者发行的股份数额。上市公司与其他公司比较，最显著的特点就是将上市公司的全部资本划分为等额股份，股东以其所认购股份对公司承担有限责任，股份是很重要的指标。股票的面值与股份总数的乘积为股本，股本应等于公司的注册资本，所以，股本也是很重要的指标。

股本规模的大小直接关系着股东的利益，因此，股本规模是股东关心的一个非常重要的因素，也是选股时所考虑的重要指标。业绩增长是选股的一个重要依据，而分红记录又是业绩增长的直接显示，所以，分红记录是投资者选股时必须考虑的。

分红记录在考察一家公司的过程中往往可以起到"信号灯"的作用。公司当期派现的多少是检验公司赢利真实性、分析公司是否关心股东权益的最好方法，公司派现的多少是公司当期经营业绩的最好反映，同时也是公司经营管理层对公司未来发展信心的体现。统计显示，具有稳定分红记录的公司往往是绩优公司，所以从分红的角度选择上市公司是一种切实可行的选股方法。

例如：天马股份（002122）2008年以总股本29700万股为基数，每10股派1元（含税，税后0.9元）转增10股，2009年以总股本59400万股为基数，每10股派0.5元（含税，税后0.45元）转增10股。由于该股连续的分红，导致对该股2010年的预期看好，所以该股在 2010 年年底至 2011 年 3 月初，走势相当强劲。如图 2-3 所示。

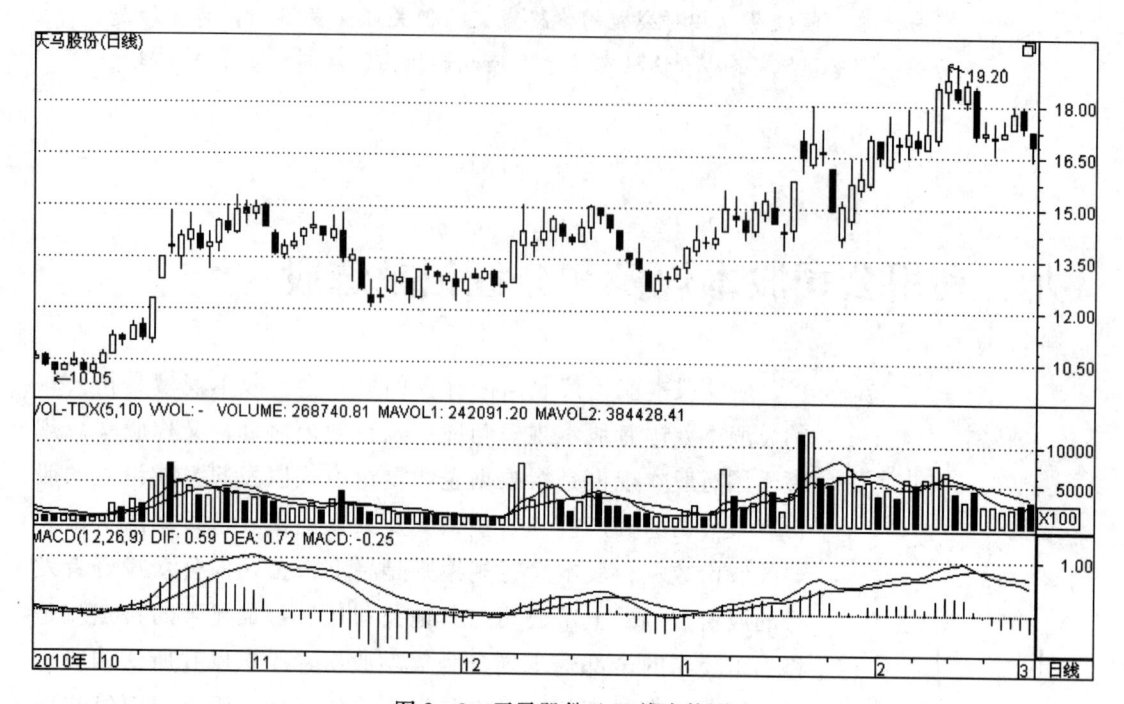

图 2-3 天马股份日 K 线走势图

### 选股点金

一般情况下，股市现象有以下几项规律：

（1）股本规模越小，送配能力就越强，因而投资价值就越高。

（2）流通股数越小，越容易被主力所控制，股价波动幅度相对较大，机会就越大。

（3）黑马自古多出自小盘股。

（4）小盘股成长性较高。

另外，在分析股本规模时，还要了解流通股所占总股本的比例。一般地，此比例越高，就越好，即投资价值越高。

## 十、利用企业资产负债表选股

资产负债表是上市公司最主要的综合财务报表之一，是资产和负债的平衡表。最详尽的资产负债表按规定发表在每半年公布一次的公司年度财务报告书中（上半年度公布的财务报告仅以上半年度的财务资料为限），它以比较资产负债表的形式出现，同时列出本半年度及前两年度的财务资料，以便于投资者进行比较分析。作为非职业股票投资者，可能没有时间也没有必要对资产负债表的每一栏投入大量的精力去研究，但其中有几个项目非加以特别注意不可。

1. 流动资产

流动资产是指现金及预期能在一年内或者超过一年的一个经营周期内变现或者运用的资产。流动资产包括五个部分：货币资金、短期投资、应收款项、存货、待摊费用等。一个公司的流动资产高，说明该公司的支付能力与变现能力相当不错。

2. 长期投资

长期投资是指将资金投入不可能或不准备在一年内变现的资产，包括股权投资、债权投资。公司进行长期投资不是公司利用正常经营中暂时闲置的资金以谋求一定投资收益，也不是作为调节工具在面临营运资金需要时成为随时补充的资金来源，而是公司在财务上合理调度和筹划资金，参与并控制其他公司经营决策，实现某些经营目的的重要手段。公司长期投资的增加，表明公司的成长前景看好。

3. 固定资产

固定资产是指使用期限较长、单位价值较高，并在使用过程中保持其实物形态基本不变的资产项目。资产负债表所列的各项固定资产数字，仅表示在持续经营的条件下，各固定资产尚未折旧、折耗的金额并预期于未来各期间陆续收回，因此，我们应该特别注意，折旧、折耗是否合理将直接影响到资产负债表、利润表和其他各种报表的准确性。很明显，少提折旧就会增加当期利润，而多提折旧则会减少当期利润。有些公司常常就此对股民埋下伏笔。

### 4. 无形资产

无形资产主要是指上市公司长期使用而无实物形态的资产，如商标权、著作权、土地使用权、非专利技术、商誉、专利权等。对商誉及其他无确指的无形资产一般不予列账，除非商誉是购入或合并时形成的。取得无形资产后，应登记入账并在规定期限内摊销完毕。

### 5. 长期负债

指偿还期在一年以上的债务。如果比较下来负债数额在逐年减少，不言而喻，减少债务总是值得高兴的。如果长期负债甚至少于公司的可流动现金的总数，则意味着公司的财务地位非常坚固，因为在这种情况下，无论发生什么事，公司也绝对没有破产之虞。

### 6. 股东权益

指股东对公司资产净值的权利，包括股本、资本公积、盈余公积、法定公益金、未分配利润等。股东权益的逐年增长，意味着公司实力的增长，股东地位的稳固，当然是值得欢迎的事情。

总之，仅从资产负债表来看，如果资产和股东权益在逐年增长，负债在逐年减少，那么就可以认为公司的财务地位是稳固的，只要价格合适，就值得为其投资。

### 选股点金

在选择股票的过程中，资产负债表是一个比较重要的因素。但有一点请投资者注意：资产负债表只是反映公司在一定日期的全部资产、负债和股东权益，对于这一日期之前和之后的财产状况无法提示。

# 十一、利用企业利润及利润分配表选股

利润表是反映上市公司在一定会计期间经营成果的报表，它反映的主要内容是上市公司在一个会计期间内的各种收入和成本费用以及通过配比计算出来的本报告期的各种会计利润，包括主营业务利润、营业利润、利润总额和净利润。不同的利润名称向投资者传递着不同的财务会计信息。我国上市公司的利润表及利润分配表示按照各项收入、费用以及构成利润的各个项目分类分项列示。

利润分配表是反映上市公司对报告期内实现的净利润和以往未分配的利润的分配或对亏损的弥补情况，从表中可了解利润分配的构成以及年末未分配利润的具体数额。

一般而言，投资者在分析完资产负债表后，紧接着要进行的就是利润及利润分配表的分析，通过对赢利结构分析公司的赢利状况、赢利水平、赢利的持续性和稳定性，然后结合资产负债表，最终对公司赢利能力做出全面评价。

## 1. 收支结构分析

仔细观察利润表，就会发现收入分为很多种类，如主营业务收入、营业外收入等等，支出也分为若干类，如主营业务成本、财务费用、管理费用等等。而利润的形成就是收入及支出水平以及对利润形成的影响。

## 2. 赢利结构分析

上市公司的利润主要由主营业务利润、其他业务利润、投资收益和营业外收支差额构成。

主营业务利润是公司利润的主要来源。主营业务利润所占比例的稳定表现了公司赢利的稳定性与连续性。由于公司主营业务的波动性比其他业务小，主营业务利润的稳定性较其他业务利润等的稳定性也强。主营业务利润占的比重大，公司的赢利结构的

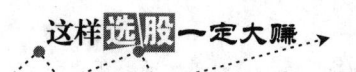

安全性就大，如果公司的利润大部分来源于营业外收入或其他业务利润、投资收益，尽管该公司的利润水平很高，但其赢利的稳定性较差，投资者容易预测其利润会发生较大波动。

### 3. 赢利结构及赢利的内在品质

分析赢利结构是为了对公司的赢利水平、赢利稳定性和持续性做出评价。一般来说，公司的利润总额可以揭示公司当期赢利的总规模，但是它不能表明这一赢利的形成过程，即无法揭示赢利的内在品质。公司赢利的内在品质就是指赢利的趋高性、可靠性、稳定性和持久性，只有通过赢利结构分析，才能得出这方面的信息。

赢利水平可用利润总额来反映，有时也可用利润率来反映，它与赢利结构存在着内在联系。公司不同的业务有不同的赢利水平，一般情况下主营业务是形成公司利润的主要因素，它对公司赢利水平的高低起决定作用。公司一定时期越是扩展其主营业务，主营业务利润占总利润比重越高，公司赢利水平也会越高。此外公司收入水平高而相应的成本费用水平较低的业务，在总收入中所占比重越大，公司的赢利水平也会越高。

在考虑公司赢利水平时，也要将赢利的稳定性充分考虑进去，赢利的稳定性表明公司的赢利风险。如果公司赢利水平高，但缺乏稳定，这并非好事，也许预示着公司股票价格在不远的将来将会下跌。

除了考虑赢利的稳定性外，我们还应考虑赢利的持续性。赢利的持续性是指从长期来看，赢利水平能保持目前变动的趋势，它强调赢利的总发展趋势而非赢利的波动性。一般而言，公司的长久性业务比重越大，公司赢利水平持续下去的可能性越强。

### 选股点金

利润表中会列出营业费用、管理费用、财务费，这三费可以考察公司的内部管理能力。可把三费的同比变化与净利润增长率加以对比，如三费的增幅高于净利润的增幅则说明管理不到位。

## 十二、利用企业现金流量表选股

现金流量表是综合反映企业一定会计期间内现金来源和运用及其增减变动情况的报表。这里的"现金"通常包括货币资金和现金等价物。货币资金包括库存现金、银行存款和其他货币资金等随时用于支付的存款和现金。其他货币资金包括外埠存款、银行汇票存款、银行本票存款和在途货币资金等。

现金流量表有如下作用：首先，反映企业的现金流量，评价企业未来产生现金净流量的能力。其次，评价企业偿还债务、支付投资利润的能力，谨慎判断企业财务状况。再次，分析净收益与现金流量间的差异，并解释差异产生的原因。最后，通过对现金投资与融资、非现金投资与融资的分析，全面了解企业财务状况。

密切关注企业的现金流量表是为了及时、清楚地了解该企业的发展情况。如果现金流量大，那么资金周转能力强，公司利润大，股票价格的收益则有所保障；反之，公司前景不景气，仅有微薄利润，投资者的股票价格则会贬值。

### 选股点金

许多投资者对现金流量表抱有很大的期望，认为"经营现金流量净额"可以提供比"净利润"更加真实的经营成果信息，或者它不太容易受到上市公司的操纵等等。事实上，这些观点是比较片面的，主要原因有以下几点。

（1）现金流量表的编制基础是现金制，即只记录当期现金收支情况，而不理会这些现金流动是否归属于当期损益。因此，企业的当期业绩与"经营现金流量净额"没有必然联系，更谈不上投资、筹资活动所引起的突发性现金变动了。另外，在权责发生制下，企业的利润表可以正常反映当期赊销、赊购事项的影响，而现金流量表则是排斥商业信用交易的。不稳定的商业回款及偿款事项使得"经营现金流量净额"比

"净利润"数据可能出现更大的波动性。

（2）现金流量表只是一种"时点"报表，一种"货币资金"项目的分析性报表。因此，其缺陷与资产负债表很相似。显而易见，特定试点的"货币资金"余额是可以操纵的。

（3）编制方法也存在着不少问题。

# 十三、利用市盈率选股

市盈率是股票价格与企业每股税后利润的比率，根据市盈率来选股，也是一种最普通的选股法。市盈率是一个综合性指标，长线投资者可从中看出股票投资的翻本期，短线投资者则可从中观察到股票价格的高低。

一般来说，应该选择市盈率较低的股票。但究竟市盈率处在何种水平算低，何种水平算高，世界上至今都没有一个绝对的标准。西方一些国家股市平均市盈率经常保持在 15 倍左右，中国上市公司的股票的市盈率通常在 30～50 倍左右范围内波动，一般来说，5～20 倍左右是低风险区，50 倍左右是高风险区。考虑到行业特征差异等因素，市盈率的理想取值范围也没有一个统一标准。

从投资价值的角度分析，假如我们把一年期的银行存款利率作为无风险收益率，那么在股市中高于这一收益率的收益水平就是我们可以接受的。

低于这一市盈率水平的股票，就可以认为价值被低估、具备了投资价值。例如，我们以一年期银行存款利率为 3.78％所对应的市盈率 26.5 倍，作为判断股票投资价值的标准，低于这一市盈率水平的股票，就可以认为价值被低估、具备了投资价值。然而如果仅从这一角度去考虑问题，我们必然要犯错误，因为市盈率受一些因素的影响巨大。

首先，市盈率水平与公司所处行业密切相关。例如，生物医药行业作为高成长行业，其市场定位一直很高，动辄 50～60 倍的市盈率并不鲜见。1997 年的大牛股深科技，作为电子信息行业的龙头股，市盈率曾高达 70 倍。而曾极度不被人看好的钢铁板块个股，市盈率常常在10倍左右徘徊。

其次，市盈率还受股本大小和股价高低的影响。一般说，股本越小的股票越受青睐，其市场定位和市盈率越高。

此外，公司高成长与否，对市盈率有重大影响。俗话说，对于长线投资者，买股票就是买公司的未来，一个对未来有良好预期的个股，其股价自然就高。公司未来前景越好，成长性越高，市盈率水平就越高。

那么如何衡量这一因素呢？我们在此引入动态市盈率的概念，从市盈率的公式可以看出，市盈率是股价与每股收益的比值，每股收益的变化，使市盈率向相反方向变化，由每股收益的不同，我们可以计算出3种市盈率，即市盈率Ⅰ，市盈率Ⅱ，市盈率Ⅲ。

市盈率Ⅰ＝考察期股价/上年度每股收益

市盈率Ⅱ＝考察期股价/中期每股收益×2

市盈率Ⅲ＝考察期股价/预期本年度每股收益

市盈率Ⅰ是基于假设企业考察期每股收益与上年每股收益相同，而上年每股收益实际上不能真实地反映企业当前的实际经营情况和获利能力，因此该市盈率不能真实地反映实际市盈率水平，其作用也就大打折扣。例如一只市盈率Ⅰ为100倍的股票，若其利润增长1倍，则实际市盈率就降到50了，反之，一只市盈率Ⅰ仅20倍的股票，若其赢利能力大幅滑坡，则其市盈率就大大提高了。中期业绩公布后，许多人用市盈率Ⅱ来选择股票，缺陷也是明显的，公司上半年的收益不等于全年的收益，有时还差距很大。由于企业的未来每股收益较难预测，不确定因素太多，市盈率Ⅲ很可能与实际情况有很大出入，但是无论如何，它是人们经过综合分析公司的情况得出的结论，具有很大参考价值。

三种市盈率虽然各有不足，毕竟是投资的重要依据，我们将三种市盈率结合起来考虑问题就会更加全面。

## 选股点金

市盈率受多种因素影响，因此要辩证地看待市盈率，而且应该把市盈率和成长性结合起来考虑。在成长性类似的企业中，应选择市盈率低的股票，若一个企业成长性良好，即使市盈率高些也还是可以介入。

# 十四、利用市净率、市销率选股

## 1. 市净率选股

因创立资产组合理论而获得1990年诺贝尔经济学奖的美国著名财务金融学家哈里·马科维茨教授,在其资产组合选择理论中认为:"股票净值是股市投资最可靠的指标,投资者更应注意股价与每股净值的关系(市净率=股价/每股净值),而不是人们通常所使用的股价与每股税后利润的关系(市盈率=股价/每股税后利润)"。

由上面一段话,我们可以推出市净率,其计算公式为:

$$市净率 = \frac{股票时价}{每股净值}$$

股票净值即资本公积金、资本公益金、法定公积金、任意公积金、未分配盈余等项目的合计,它代表全体股东共同享有的权益,即净资产,每股净值也即每股净资产。净资产的多少是由上市公司经营状况决定的。上市公司的经营业绩好,其资产增值也快。利用市净率来衡量股票发展前景越来越为广大投资者认同。

市净率可以看成是表达投资活动安全性的指标,在其他条件相同的情况下,市净率越小,表明该股票越安全,投资者应该马上买入;市净率越大,表明股票的投资价值越高,投资者宜马上卖出。

另外,投资者也可通过计算全部上市公司平均市净率,对各个不同时期的平均市净率进行比较,从而判断现在的股价是处于较高水平还是较低水平,以决定买进该股票还是卖出该股票。因而说市净率是投资决策的好帮手。

以市净率来选股,体现的投资价值比较合理。但是要注意的一点是,市净率低于1的股票不一定会马上反弹上升,也不一定跌到净资产以下就会止跌。因为能跌到净资产以下肯定有其内在的原因,所以,如此选股的目光必须是投资的长远目光,不能急功近利。

例如：南京高科（600064）2008年11月6日，股价为8.30元，每股净资产为12.67，市净率为65.5%，股价严重背离其内在价值，所以投资价值凸显。当时买入，明显具备极高的投资价值。并且分析该公司对产业结构进行了调整，在努力扩张市政基础设施建设的同时，确立了医药、地产、水务三个产业作为公司着力培养的支柱产业。公司的实质控制人是南京市国资委，具有政府背景，在市政基础设施建设与公用事业中具有相对的垄断性质。综合分析投资风险很低，可以大胆吸入筹码。虽然后来两周股价都不理想，有回调的现象，但是价值投资思想还是成立的。操作只是技术上的问题，只要战略准确，战术可以灵活多变。如图2-4所示。

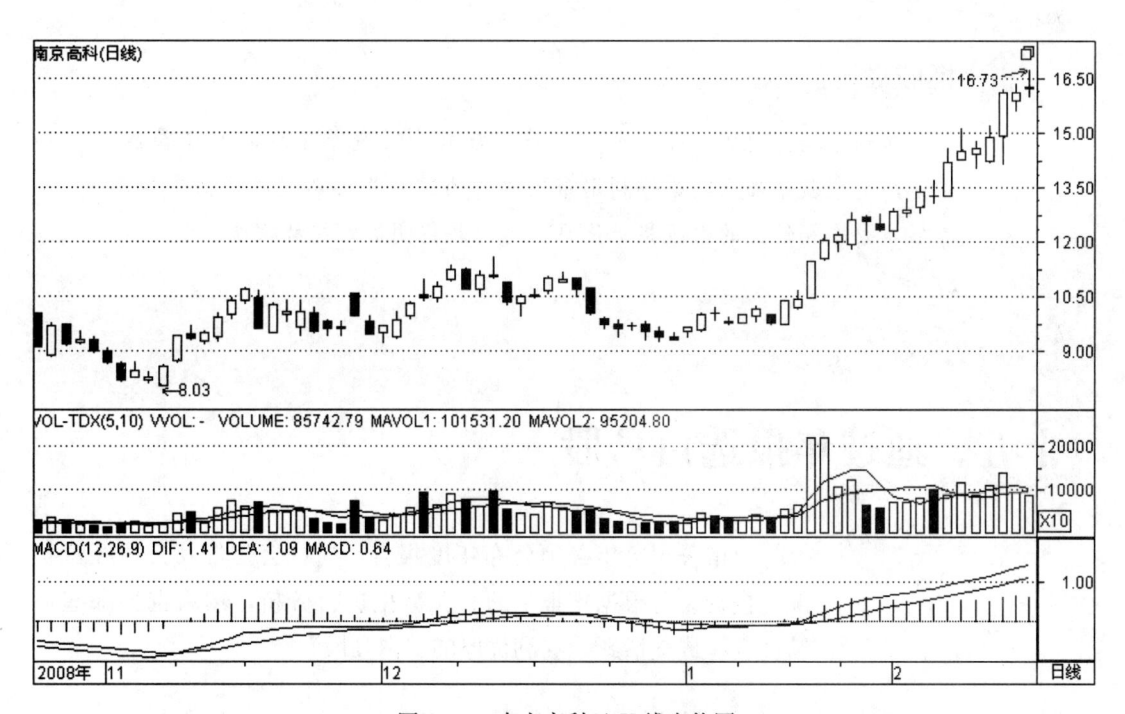

图2-4 南京高科日K线走势图

市净率低于1的情况一般只在大股灾中才出现，或者公司基本面出现问题的时候，所以接近1其实也算是一个比较合理的选择。

## 2. 市销率选股

$$市销率 = \frac{总市值}{主营业务收入}$$

总市值＝当前股价×总股本

市销率的基本运用方法是，市销率越低，说明该公司股票目前的投资价值越大。

利用市销率的方法选中了备选股票后，不等于这些股票都值得买，它离最终确定其为投资目标还有一段距离。投资者还要考察备选股票的其他情况，如公司是否具备从困境中走出的可能，可能性有多大？公司采取了什么新的措施？行业出现了什么新的转折等等。

**选股点金**

市销率指标同市盈率指标一样能够反映中国股票市场的部分特性。但是历史检验结果表明单一利用市销率作为选股指标不完善。低市销率和低市盈率相结合的选股指标体系，可以获得明显的超额收益。

# 十五、通过年报选白马股

上市公司每年必须公布年度报告，向社会公告其公司经营状况，投资者可根据年报中的有关数据进行分析，然后选择那些业绩优良、成交活跃、红利优厚的"白马股"。

## 1. 每股收益分析

一般来说，投资者应注意年报中的每股收益、每股净资产、净资产收益率、主营收入、纯利润、分配预案等主要数据，并与其上年相比较，看其是增加了还是减少了，并分析其增减的原因所在。

## 2. 净资产收益率分析

除了每股收益外，净资产收益率也应受投资者关注。净资产收益率是反映上市公司赢利的重要指标。一般而言，净资产收益率至少能达到10％以上，市盈率低于20倍，财务状况良好的"白马"，由于优异的业绩对股价构成有力的支撑，所以，非常适合于稳健的投资者进行中长线的投资。

## 3. 总资产收益率分析

总资产收益率是企业利润总额与其总资产的比率。总资产利润率高，说明该公司全部资产的运营效率高，反之则低。

年报中总资产利润率的变化，可以帮助投资者把握上市公司的资产运营趋势及方向，准确地评价该公司资产运行的质量水平。

## 4. 利润构成分析

在利润总额中，主营利润所占的比重不同，对企业前景的评估也应有所不同。主营利润比重较高的上市公司，赢利一般较为稳定，利润的升降趋势较易通过纵向比较做出较为准确的判断。也就是说，主营突出的企业其利润大起大落的概率较小。相反，若主营利润比重小，总利润由非主业的收益构成，则不确定性增加，企业的前景难以预测。所以，选择主营收入和主营利润稳定增长的上市公司，其风险性要小得多，受益也比较稳定。

对非主营利润作具体分析，特别是投资收益较易鱼目混珠。股权转让收入、委托资金管理收益、期货国债收益等，很多是一次性的。如果占其利润总额较大，投资者应该从年报中学着找答案，区分收益的性质。如果未见有详细注释的，投资者宜慎重。另外，补贴收入所得税返还、拖欠税款豁免、出让技术等其他非主营利润，有很多是一次性收入。

### 选股点金

利用年报选股，绝不能忽略"或有事项"。所谓或有事项，是并没有成为事实，但又有可能成为事实的事，是一种潜在的可能发生的事项。需要在年报中披露的"或有事项"包括：未决诉讼、未决索赔、税务纠纷、债务担保等。其间有资产增加的可能，也有负债发生的因素。曾有一些上市公司在年报或中报里披露的或有事项，最终成为事实，因而投资者不能轻视它。例如，债务担保是所有上市公司的或有事项中出现频率最多且最普通的一种。如债务人的到期债务不能偿还或者债务人破产，承担债务担保的上市公司必定受到牵连。又如抵押贷款，即上市公司以其资产为抵押，向银行借贷，这也是上市公司一种常见的或有事项。但抵押贷款届时不能产生效益，其风险也是不言而喻的。其他如未决诉讼和未决索赔，一旦成为现实，对上市公司的影响也会波及到投资者身上。

# 十六、通过中报优中选优

中报就是每年七八月份公司公布的本公司上半年的财务报表。其中，最重要的数据就是公司的业绩。但是有些公司在正式公布业绩之前会有业绩的一个预报，所以有预报的公司的股票在业绩出来时不会因为业绩的好坏产生大的波动。但如果没有预报，那么可能会产生一定的影响，而且中报对股价的影响很大。

中报公布前股票走势行情，有以下三种：

（1）股价一直长时间在上升通道中运行，股价大幅涨升，有的甚至翻番，该股一般业绩优秀，一定有长线主力入驻。待优良的业绩公布后，通常伴有高送配消息。复牌后，会放出巨大的成交量，主力借利好出货。

（2）股价在报表公布前，一直做窄幅盘整，但是于一天温和放量，股价稳步推高。该股通常业绩不错，但无长线主力炒作。业绩公布后复牌，成交量放大为短线出货。

（3）报表公布前，股价一直在下降通道中，业绩报表在所有报表截止日期前几天还迟迟不露面，但股价却于某一天突然放量。这通常是被套主力反多为空，制造成交量放大的陷阱，这种陷阱是最值得投资者防范的。

投资者要挖掘中报的三大亮点机会：

## 1. 股本扩张亮点

中报期间,有部分公司将实施高比例送转股,因为高比例送转股可以降低上市公司的股价,打开个股的炒作空间,所以,这类个股中常常会诞生超级黑马。在选择有潜在扩张能力的上市公司时,有四种衡量标准:

(1)上市公司股本小。总股本一般小于15000万股,流通股本一般小于6000万股。

(2)公司上市时间不长。一般是上市时间不足两年,尚未实施二次融资的上市公司。

(3)上一会计年度未进行过高比例送转的上市公司。

(4)有充足的资本公积金和滚存的未分配利润,这是实施高送转方案的物质基础。

## 2. 次新股的低定位亮点

部分在股市调整时上市的次新股没有受到主流资金的关注,股价定位偏低,由于这类次新股上市时间不长、业绩优秀、成长

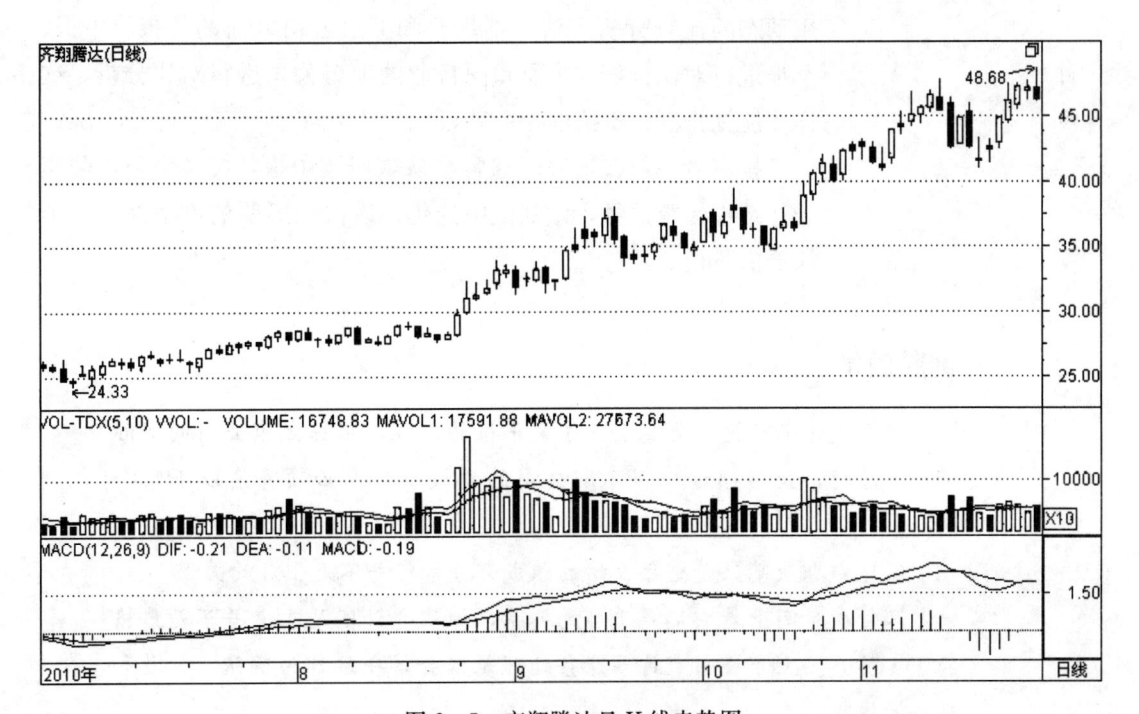

图2—5 齐翔腾达日K线走势图

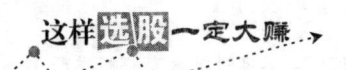

性强，上挡没有套牢盘和成交密集区，上升阻力小，拥有实施高比例送转等丰富的后继题材等优点。一旦公布良好的中报，将很容易成为主流资金介入的契机。

例如：齐翔腾达（002408）于 2010 年 5 月 18 日上市，正好赶上大盘大幅下跌，股价下跌自然不可避免。公司是国内规模最大的甲乙酮生产企业，一直专注于对原料碳四进行深度加工转化成高附加值精细化工产品的研发、生产和销售。公司公布 2010 年中报后，每股收益达 0.65 元，其后该股一路上扬，直至翻倍。如图 2—5 所示。

### 3. 上市公司的业绩亮点

在中报披露期间，投资者常常以上市公司的每股收益作为评价个股优劣的标准，这是比较片面的。每股收益的多少只是衡量公司业绩的一个方面。此外，还要参与其他多项指标，其中，包括市盈率、净资产收益率、现金流量表等。投资者要分析公司的利润构成，识别上市公司业绩增长是真正来源于主营业务收入的增加，还是来自于偶然性收入。除了看这些静态的数据，还要采用动态的比较分析方法，不仅要和上市公司以前的年报、中报、季报进行对比分析，也要和同行业的上市公司进行对比分析，这样才能挖掘真正价值的投资亮点。

投资者一般在选股时通常会认真研读中报，在各个公司公布的业绩中慎重选择，做到优中选优，以保证股票的价格处于一个较低的价位。

### 选股点金

对于投资者来说，要想真正了解中报的内涵，根据上市公司的实际情况去选股，就要通过中报了解公司的发展状况，必须弄清以下几个问题：

（1）中期业绩只是全年业绩的组成部分，但并不是 1/2 的关系。

尽管从时间上看它们是 1/2 的关系，但从会计实质上看并不是严格的 1/2 关系。上市公司有许多账务处理是以会计年度作为确认、计量和报告的依据。

（2）销售的季节性对前后半年业绩的影响。

许多公司的生产、销售有季节性，如果经营业绩在上半年，则上半年的业绩会超过下半年。反之，下半年会超过上半年。此外，公司一般喜欢将设备检修放在营业淡季进行，这使得淡季和旺季之间的业绩相差更大。

(3) 宏观经济对微观经济的影响有滞后性。

尽管股票市场会对宏观经济立即或提前做出反应，但宏观经济对上市公司业绩的影响却有滞后性，不同行业的上市公司滞后的程度也不尽相同。

(4) 中期报告的阶段性和生产经营的连续性。

中期报告的阶段性决定了它与上年同期业绩最具可比性，但却容易使人忽略生产的连续性。由于今年上半年与去年下半年在时间上是连续的，所以我们在与去年同期进行比较的同时，还应该和去年下半年的业绩进行比较，看其显露出的发展趋势。

# 十七、如何寻找基本分析中的有关信息

享誉全美的头号职业基金经理——彼得·林奇曾告诫投资人："永远不要投资于你不了解其财务状况的公司。买股票最大的损失来自于那些财务状况不佳的公司，如果不研究任何公司，你在股市成功的机会，就如同打牌赌博时，不看自己的牌而打赢的机会一样。"由此可见基本面是如何的重要。

基本面上的信息主要包括公司的行业、财务状况、经营状况、地区情况、市场的前景、国家相关政策、国外对国内市场的影响等等，一般来说，上市公司都会通过公告方式把这些资料对外公开的，有一些是要你自己在相关的部门或者机构去查询还有分析。通常情况下，我们可以到交易所和上市公司网站上找到这些资料，也可以到各个大的财经网站上面找。例如巨潮资讯、和讯、新浪财经等网站。同时一些证券公司的交易软件中也可以查到公司的这些信息，一般用快捷操作键"F10"。

在基本面分析信息中要注意以下几点：

(1) 不要过度依赖数据，对数据的理解不要教条化。

(2) 多采用单位化的分析方法。

(3) 勤看报表，开卷有益。

(4) 随时跟踪分析报告。

(5) 进行适当的分类并组合投资也是非常重要的。

当然了，进入股市，从基本面起步，会看基本面，这只是第一步。同时再学一些股票技术面的知识，比如从看日线、周线等入手，以后你会发现有很多值得学习的东西，当然你的收获也会越来越多。

## 选股点金

对于获取的信息一定要加以分析，因为证券市场运作的要素是上市公司、资金和信息，资金不对称是不可避免的，资金必然是趋利的，这无可厚非。而信息不对称则充分揭示了市场的畸形程度和一般投资者将要付出的代价，在这种不对称的夹击下，投资者首先要学会自我保护的方法，建立高度的风险意识。所以当我们从报纸、电视、网络上看到某上市公司有什么利好公告或投资价值分析报告时，请注意这有可能是主力在和你摊牌，他要准备出货了，而不是请你一起来发财的。

# 第三章
## 掌控选股"导航仪"
### ——通过K线分析选股

> K线会说话，它会用各种方法告诉你它要干什么，这些语言包括大阴线、大阳线、十字线等，如果你想在市场上轻松操作，K线是你必须用心去挖掘钻研的一门功课。

# 一、技术分析选股

所谓选股的技术分析，是相对于基本分析而言的。正如上一部分所述，基本分析法着重于对一般经济情况以及各个公司的经营管理状况、行业动态等因素进行分析，以此来研究股票的价值，衡量股价的高低，通过这个标准来衡量股票的选择。而技术分析则是透过图表或技术指标的记录，研究市场过去及现在的行为反应，以推测未来价格的变动趋势。其依据的技术指标的主要内容是由股价、成交量或涨跌指数等数据计算而得的，我们也由此可知——技术分析只关心证券市场本身的变化，而不考虑会对其产生某种影响的经济方面、政治方面等各种外部的因素。

技术分析选股首先是以三大假设为前提条件：

（1）市场行为涵盖一切信息。任何一个因素对股票市场的影响最终都必然体现在股票价格的变动上。

（2）证券价格沿价格趋势移动。股票价格的变动是按一定规律进行的，股票价格有保持原来方向的惯性。

（3）历史会重演。股票市场中进行具体买卖的是人，是由人决定最终的操作行为。人不是机器，他必然要受到人类心理学中某些理论的制约。

选股的技术分析主要是预测短期内股价涨跌的趋势，通过基本分析我们可以了解应选择何种股票，而技术分析则让我们把握具体购买的时机。在时间上，技术分析法注重短期分析，在预测旧趋势结束和新趋势开始方面优于基本分析法，但在预测较长期趋势方面则不如后者。大多数成功的股票投资者都是把两种分析方法结合起来加以运用，他们用基本分析法估计较长期趋势，而用技术分析法判断短期走势和确定买卖的时机。

选股技术分析和基本分析都认为股价是由供求关系所决定的。基本分析主要是根据对影响供需关系种种因素的分析来预测股价走势，而技术分析则是根据股价本身的变化来预测股价走势。技术分析的基本观点是：所有股票的实际供需量及其背后起引导作用的种种因素，包括股票市场上每个人对未来的希望、担心、恐惧等等，都集中反映在股票的价格和交易量上。

由于股票价格总是周期性地波动，也就会有超买或超卖的机会。因为从心理学的角度来看，人总是趋向过度反应，不论是看好还是看坏，都会反应过度，从而使股价在短期内上下波动，偏高或偏低。技术分析选股并不需要了解价格波动的原因，而只是选出今后一段时间可能上扬的股票。因此，它具有很大的局限性：

（1）不考虑公司的内在价值，即只看表面不看实质，只适用于短期选股，对中长期选股作用不大。

（2）技术分析选股主要是依据技术指标和形态行事，而市场中的主力由于资金实力强，往往为达到自己的目的而有意做出图形，欺骗中小投资者，因此单纯看图形作决定容易上当受骗。

### 选股点金

在股市投资实战中，运用公司基本情况选股的方法，主要适用于专业投资者，对于广大中小投资者及利用业余时间炒股的股民来说，无论从时间、精力以及所要求的知识面和掌握的信息来说，都存在一定困难，而技术分析选股由于不需要太多的专业知识，考虑问题比较直接，与市场联系紧密，且由于价格、成交量等技术数据、技术分析手段的获得相对容易，再加上电脑、钱龙软件、大智慧等技术分析工具的普及，使得该方法的应用日渐普遍。

## 二、认识K线图

K线图是18世纪日本商人本间宗久创立的用于记录米市交易行情的一种方法，以此来判断当时日本本地（今酒田市）和首都江户（今东京市）的米价涨落，效果甚好。因简单易懂，实用有效，后被引入证券市场。K线图后来流传到新加坡、中国的香港和台湾地区等地，引入我国后成K线。经过300多年的发展，已经广泛应用于股票、期货、外汇、期权等证券市场。

K线图又称蜡烛线或阴阳线，是目前普遍使用的图形，K线图细腻地表现了交易过程中每天交易时间单位（日、周、月、季和年等）内开盘价、收盘价、最高价与最低价的关系，可以判断买卖双方的强弱程度，以作为进场交易的参考。

K线的结构分为实体、上影线和下影线三部分，如图3-1所示。

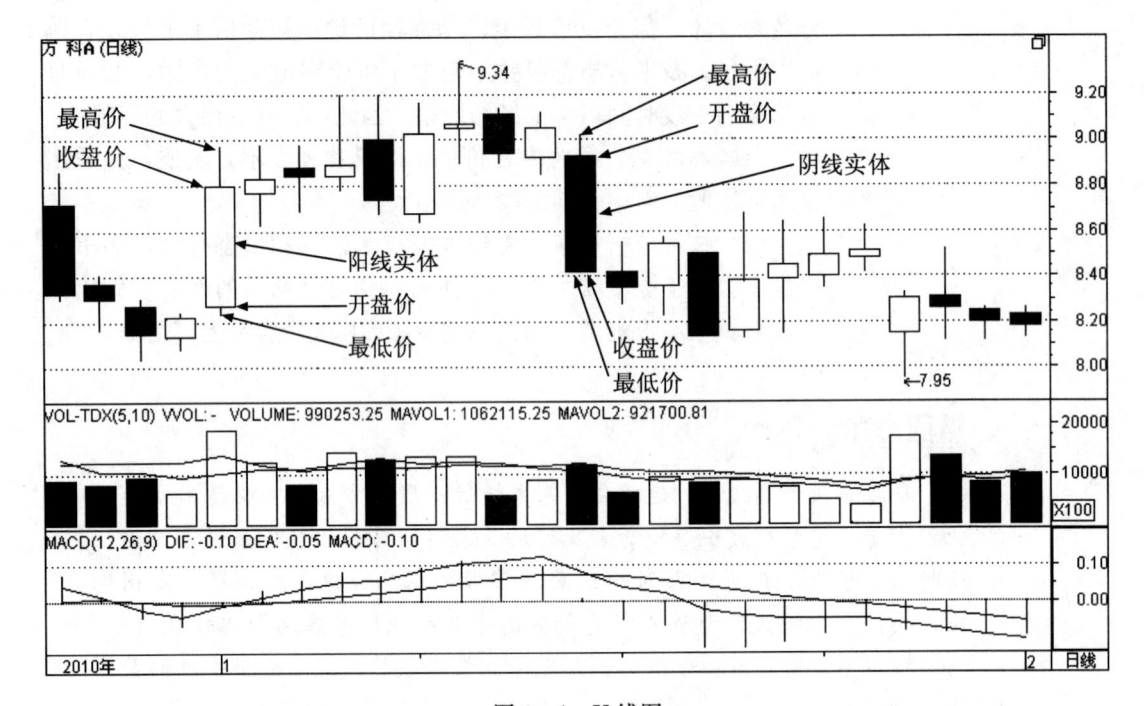

图3-1 K线图

实体部分表示一定时期（一日、一周、一月、一年等）的开盘价和收盘价，上影线的上端顶点表示同一时期的最高价，下影线的下端顶点表示最低价，以一定时期开盘价与收盘价的关系，又将K线分为红线与绿线两种，红线代表收盘价高于开盘价用白色表示，称为阳线；绿线代表收盘价低于开盘价，用黑色表示，称为阴线。

K线主要有以下四种：

### 1. 阳线

开盘价低于收盘价，称为阳线，表示买方的力量较强，将价格拉高至较高的价位收盘。依阳线实体和影线的长短，又可分为以下几种：

（1）小阳线。

小阳线是阳线实体较短，且带有短上下影线的K线，其上下价位波动有限，表示买方力量强于卖方，然而双方力量对比并不悬殊。小阳线位置如果在股价上升趋势的高价位区，表明买方力量已开始削弱，如果在股价连续下跌的低价位区，表明多方已开始积聚力量；如果在盘整局面中，表明双方力量大体相当，但多方略强。小阳线的技术含义是：在股价运行的各个阶段都有可能出现，K线实体很小，可略带上下影线，说明行情不明朗，多空双方势均力敌，行情有待进一步观察。如图3－2所示。

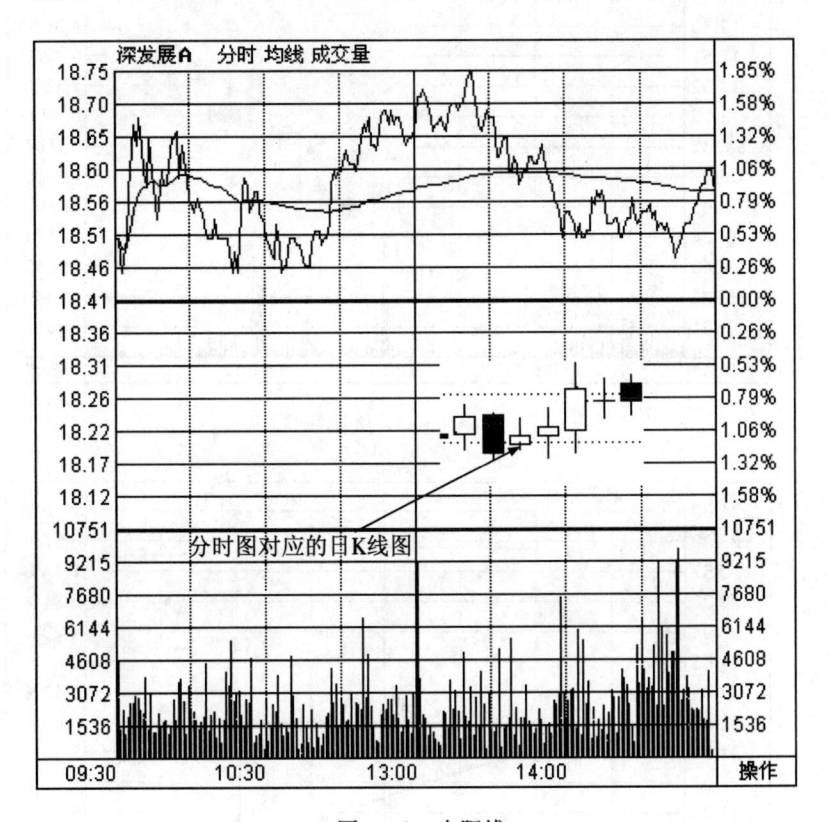

图3－2 小阳线

（2）大阳线。

大阳线是没有上影线和下影线的长红实体，这是买方势头强劲的最佳体现，实体越长，表明买方力量越强。大阳线出现在低价位区，特别是股价在低位区盘旋已久而出现长红线，表明买方爆发出极强的力量，如有大成交量配合，可看作是买入信号。大阳线出现在高价位区，此时的大阳线可能表示人气更旺，股价将向上突破盘整局面。如图3－3所示。

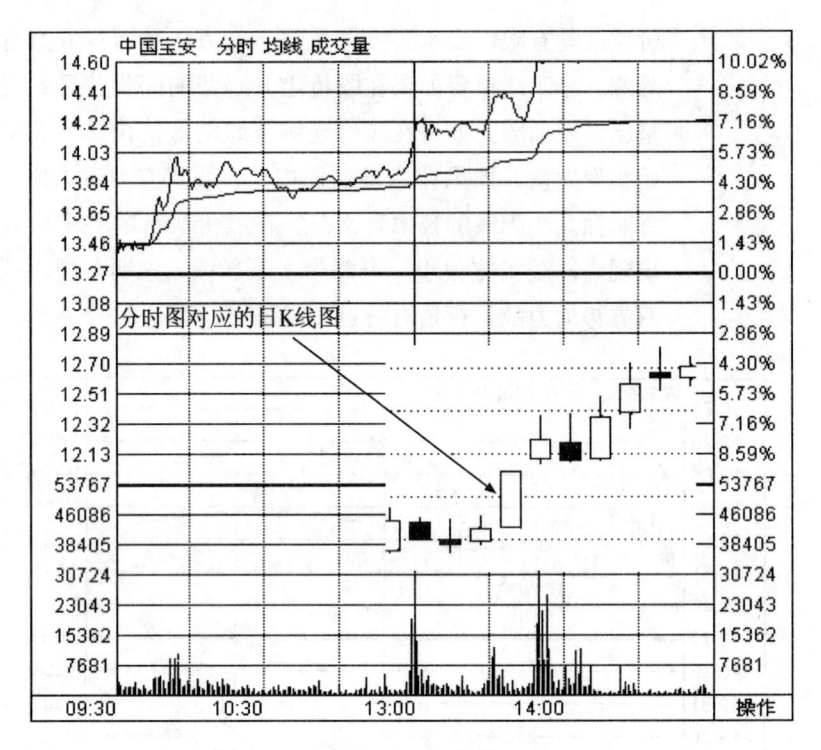

图 3-3 大阳线

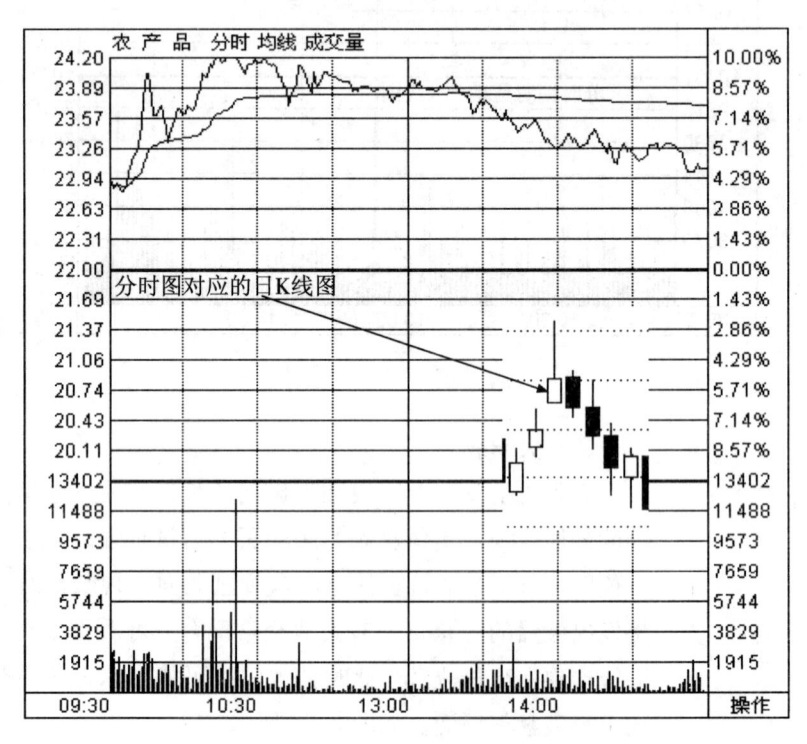

图 3-4 上影阳线

(3) 上影阳线。

上影阳线是上升抵抗型，带有上影线表明买方曾将股价推至较高价位（最高价），但在高挡遭卖方打压，使股价上升气势受到抑制，买方不得不推至次高价位收盘。买卖双方力量强弱对比要看实体与上影线的长短。实体部分是买方坚守的阵地，实体越长说明买方势力强盛，影线部分是双方争夺的地盘，上影线越长，说明卖方的打压力量越大。如果在股价上升趋势中出现上影线很长的阳线，很可能是股市反转下跌的信号。如图3—4所示。

(4) 下影阳线。

下影阳线是先跌后涨型，表示开盘后股价曾一度遭到卖方打压，下跌至最低价后受到有力支撑，股价逐渐转强回升，最终以当天最高价收盘，买方获得决定性胜利。同样可依实体和下影线的长短判别买卖双方的力量对比，实体越长，买方越强；下影线越长，显示卖方有潜在的实力。如图3—5所示。

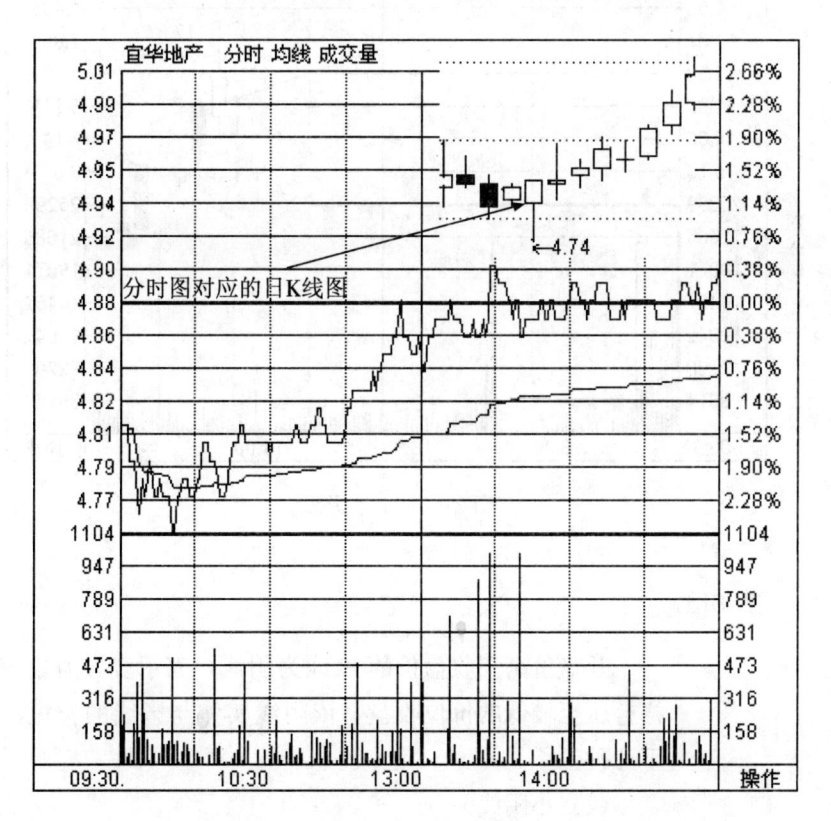

图3—5 下影阳线

(5) 上下影阳线。

上下影阳线是带有上影和下影的红实体，表明买卖双方争斗激烈，股价来回震荡不已，最终的收盘价高于开盘价，买方获得小胜。可依实体和上影线、下影线的长短来分析双方力量的对比，实体越长或长于上下影线，表明买方力量仍较强；影线长于实体，特别是上影线长于实体，表明卖方潜力较大，买方已受挫折。如图3-6所示。

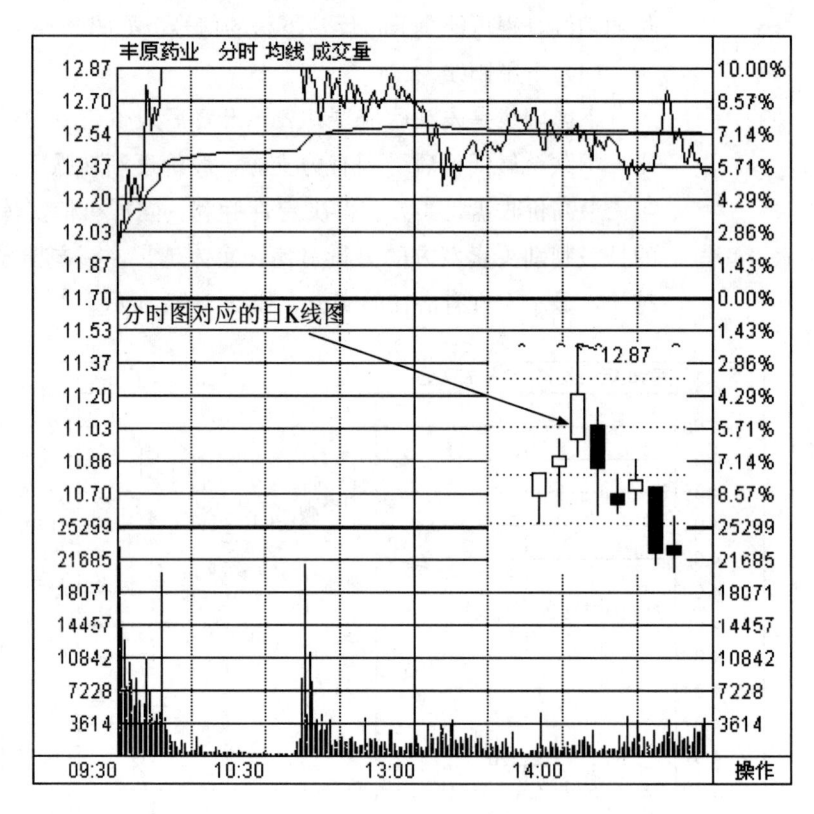

图3-6 上下影阳线

## 2. 阴线

开盘价高于收盘价的K线为阴线，表示卖方力量较强，将价格打压至较低的价位收盘。依阴线实体与影线的长短，可分为以下几种：

(1) 小阴线。

小阴线是带有上下影线，阴线实体较短的K线。这种K线预示价格发展方向不明。卖方力量稍强，但上下价位波动有限，力量对比尚未发生根本变化。小阴线如果出现在低价区，说明卖方打压力量已减弱，如果出现在盘整局面中，说明卖方力量可能已开始增强。如图3－7所示。

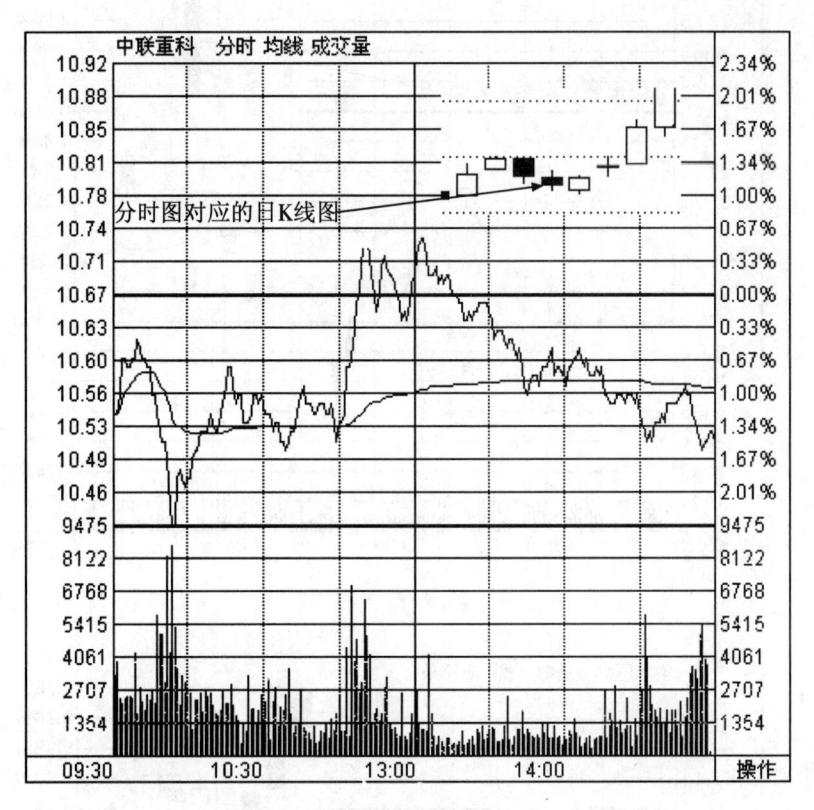

图3－7 小阴线

（2）大阴线。

大阴线是没有上下影线的长黑实体，是卖方气势强盛淋漓尽致的表现，实体越长，表明卖方力量越强。大阴线若出现在低价区，要根据股市的走势判断是否已近底部，此时的大阴线可能是卖方的疯狂打压，股价还要下挫，也可能是低价圈的最后一击，如果第二天跟一根下影很长的K线，则表明底部已在眼前。大阴线出现在高价位区，如果次日为低开盘，大势极有可能反转下跌，为卖出信号。大阴线如果出现在盘整中，一般说来表示股价将向下突破盘整局面。如图3－8所示。

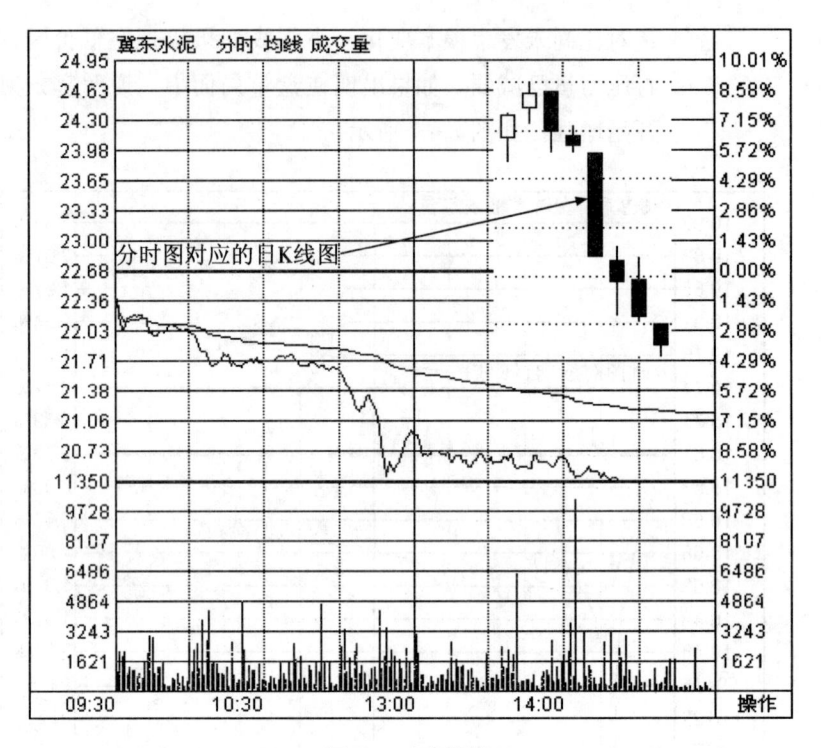

图 3-8 大阴线

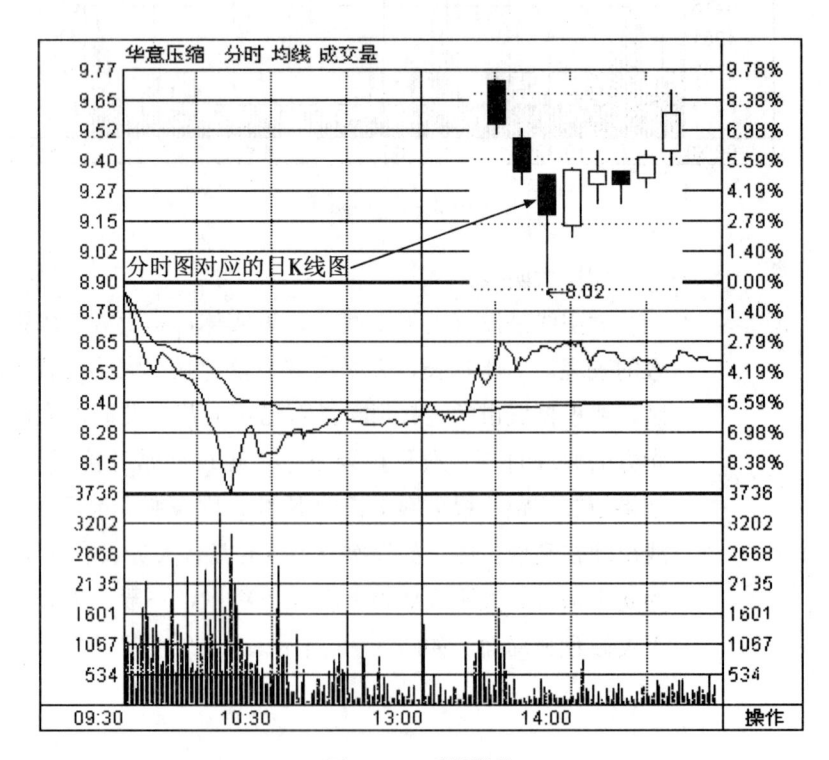

图 3-9 下影阴线

(3) 下影阴线。

下影阴线是下跌抵抗型，表明卖方力量强大，开高走低，但在低价位遇到买力抵抗，股价在收盘价前回升。买卖双方力量对比表明抵抗力量增强。如果在下跌趋势中出现下影很长和实体较短的下影阴线，再加上有成交量配合，很可能是股价反转的信号。如图3—9所示。

(4) 上影阴线。

上影阴线是先涨后跌型，表示开盘后买方曾将股价推至最高价，但卖方力量非常强大，将股价压至最低价收盘，卖方已获决定性胜利。同样要按实体和上影线的长短分析买卖双方的力量对比，实体越长，卖方力量越强；上影线越长，越能显示买方的潜在实力。如图3—10所示。

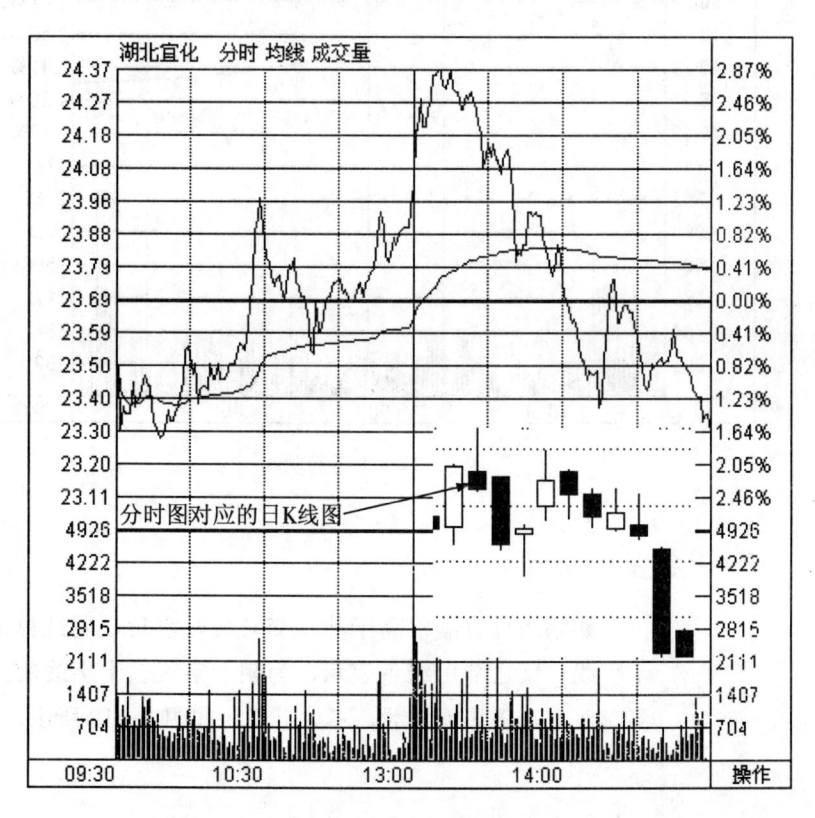

图3—10　上影阴线

(5) 上下影阴线。

上下影阴线是带有上影和下影的黑实体，表明双方争斗激烈的不相上下，股价来回震荡，最终收盘价低于开盘价，卖方获得小胜。可按实体和上影线、下影线之长短来分析双方力量对比，实体长于上下影线，表明卖方力量强；影线长于实体，特别是下影线长于实体，表明买方潜力较大，卖方已受挫折。如图3—11所示。

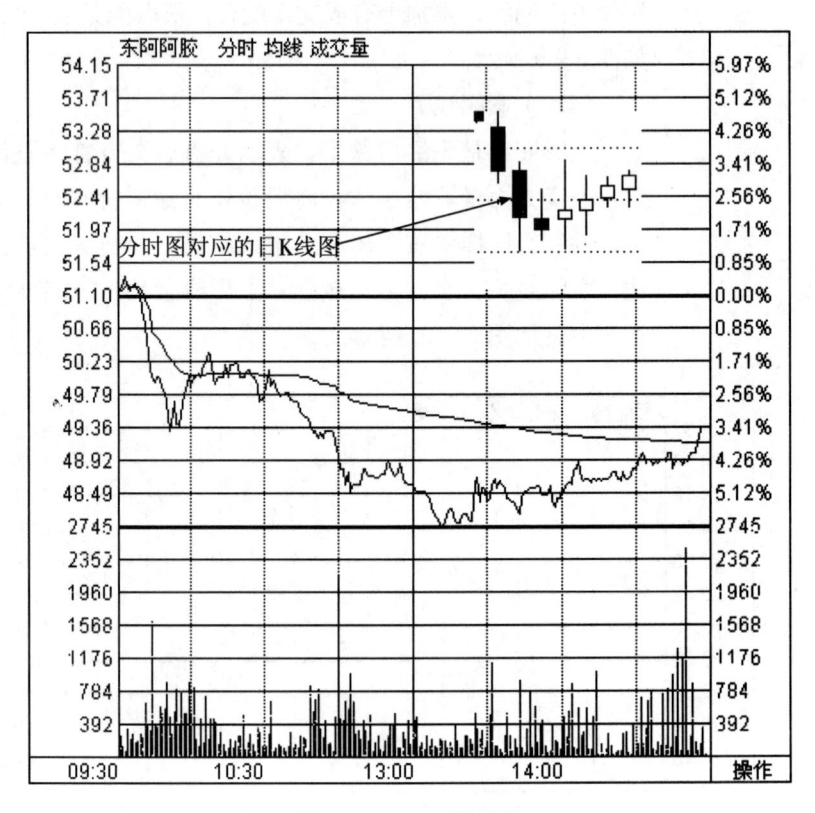

图 3—11 上下影阴线

### 3. 十字星转机线

如果当日收盘价高于前一交易日收盘价，用红色表示，为阳十字线；反之则用绿色表示，为阴十字线。十字线的出现，表明买卖双方几乎势均力敌，不分上下。如图3—12所示。

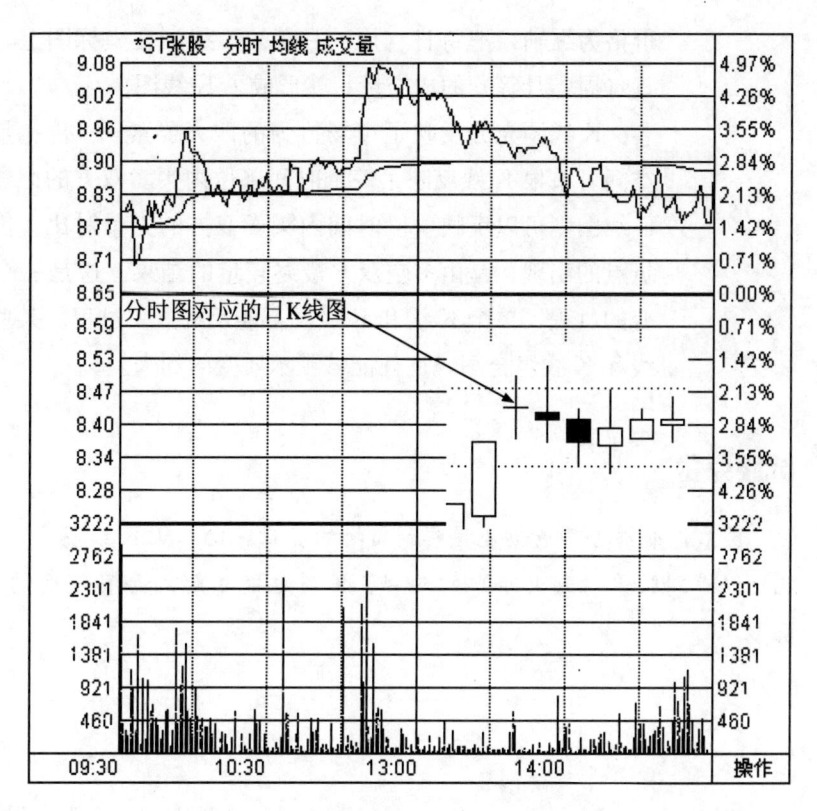

图 3-12 十字星

十字星转机线常常隐含着大势变盘的意义，在行情底部出现下影很长的十字线，说明多方已取得转折性的胜利，只要次日开盘后股价能站稳在十字线之上，一般说会有一段较大的涨幅。在行情顶部出现上影很长的十字线，表明空方已取得转折性的胜利，只要次日开盘后股价低于十字线，大多会有一段不小的跌幅。

### 4. 倒 T 字线

如果当日收盘价、开盘价、最低价三价相等时，就会出现倒 T 字线，这说明多方已取得优势，在空方力图打压股价的时候，多方经过艰苦斗争，终于保住价位。只要次日开盘价高于当日收盘价，一般股价会继续上升，因此倒 T 字线是买进的信号。

此外，K 线按时间分，有日 K 线、周 K 线、月 K 线、季 K 线和年 K 线等，分别表示买卖双方在一日、一周、一月、一季和一年内的较量结果。随着计算机技术的普遍运用，现在还有 5 分钟、15 分钟、30 分钟和 60 分钟等分时 K 线。如果以时间为横轴，价格为纵轴，把每日（周、月等）K线画在坐标图上，并配以当日（周、月等）的成交量，就形成了K线图。

K线图充分反映了市场行为的四大要素——价、量、时间和空间。单根K线反映了一个时间单位内买卖双方的力量对比，而K线图则可以反映一段时间内买卖双方的力量对比。价格趋势转折点的出现，是由多空双方最终较量的结果。这是一个量变到质变的过程，单个K线和K线图都能反映这一过程。某些特殊的K线和K线组合图，往往能够预示质变的到来。

### 选股点金

K线图能够全面透彻地观察到市场的真正变化。从K线图中，我们既可以看到股价（或大市）的趋势，同时也能了解到每日市况的波动情形。

## 三、利用单根K线选股

单日K线形态通常是指单一的K线，它主要是由实体部分与上下影线两部分组成的。利用单日的K线形态即可初步判断市场的强弱，单日K线形态一般有如下几种基本的K线形态：大阳线（长红）、大阴线（长黑）、下影阳线、下影阴线、上影阳线、上影阴线、T字线、倒T字线、十字星和一字线。通过观察连续两日的K线形态，并结合目前所处位置为高价区还是低价区来测市，可靠性更高。

单日K线形态的研判分析：

### 1. 首先看K线的阴阳

阴阳代表趋势方向，阳线表示将继续上涨，阴线表示将继续下跌。以阳线为例，在经过一段时间的多空拼搏，收盘高于开盘表明多头占据上风，根据趋势理论，阳线预示下一阶段仍将继续上涨，最起码能保证下一阶段初期能惯性上冲。故阳线往往预示着继续上涨,这一点也极为符合技术分析中三大假设之一股价沿趋势波动,而这种顺势而为也是技术分析最核心的思想。同理,阴线则表明继续下跌。

## 2. 其次看K线实体大小

实体大小代表内在动力,实体越大,上涨或下跌的趋势越明显,反之趋势则不明显。以阳线为例,其实体就是收盘高于开盘的那部分,阳线实体越大说明了上涨的动力越足,就如质量越大与速度越快的物体其惯性冲力也越大的物理学原理一样,阳线实体越大代表其内在上涨动力也越大,其上涨的动力将大于实体小的阳线。同理,则表明阴线实体越大,下跌动力也越足。

## 3. 最后看K线的影线长短

影线代表转折信号,向一个方向的影线越长,越不利于股价向这个方向变动,即上影线越长,越不利于股价上涨,下影线越长,越不利于股价下跌。以上影线为例,在经过一段时间多空斗争之后,多头终于晚节不保败下阵来,一朝被蛇咬,十年怕井绳,不论K线是阴还是阳,上影线部分已构成下一阶段的上挡阻力,股价向下调整的概率居大。同理,则表明下影线预示着股价向上攻击的概率居大。

实战经验表明,投资者可以通过分析单日K线的实体部分的长短与上下影线的长短以及它们之间的相互关系,借以判断多空双方量能的大小、动能的多少或者买卖力度的强弱。上下影线的长度往往可以透露多方或者空方所具备的韧性,所积蓄的动能的多少,回旋的余地究竟有多大。投资者可以从这些分析中寻找出对自己有用的东西来。

**选股点金**

单日K线虽然能够清晰地描述一日内股价的变动状况,比直线图等表达的意义更为丰富和形象,但单日K线所揭示的信息毕竟有限,而且容易受机构大户操纵的影响,形成骗线。如某日K线为一小阴线,根据单日K线原理,结论应该是后市呈牛皮盘整。但若这一日的前一日为大阳线,后市则有可能不再是盘整,而是由升转跌。因为大阳线后的小阴线，说明股价上升乏力，面临向下调整。因此，为了准确地把握股价未来的走势，有必要结合双日的K线形态进行分析。

# 四、利用K线组合选股

## 1. 一阳包多阴买入信号

一阳包多阴是指在行情处于上涨中，一条阳线将几条连续的阴线包容，并且出现创新高的阳线。它表明行情有转为买盘的迹象，股票的价格会继续上扬。投资者应立即抓住时机买进。如图3—13所示。

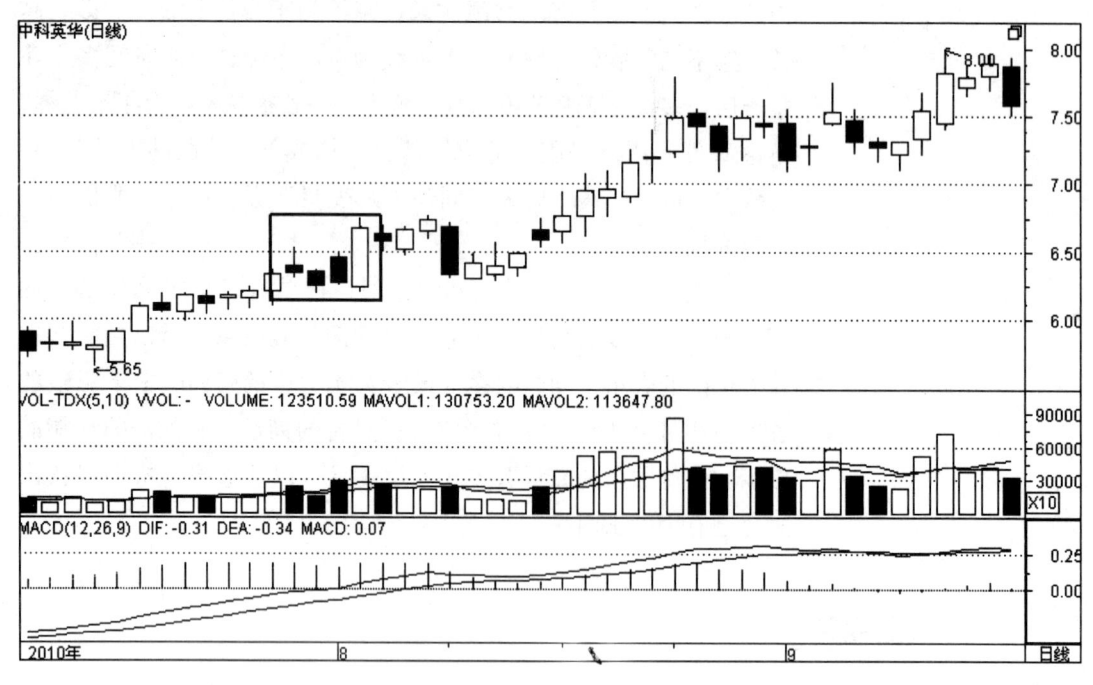

图3—13 一阳包多阴买入信号

## 2. 筑底大阳包小阳买入信号

在股市连续下跌的行情中，接着出现了一条小阳线，在出现小阳线之后，又接着出现了包容的大阳线，即将小阳线包含在内，这表明股价的筑底已经完成，行情即将反弹。虽然图形看起来处于弱势，但市场中该出的股票，已经抛尽了，随后股价必定会反弹向上，投资者应抓紧时机，购进股票。如图3—14所示。

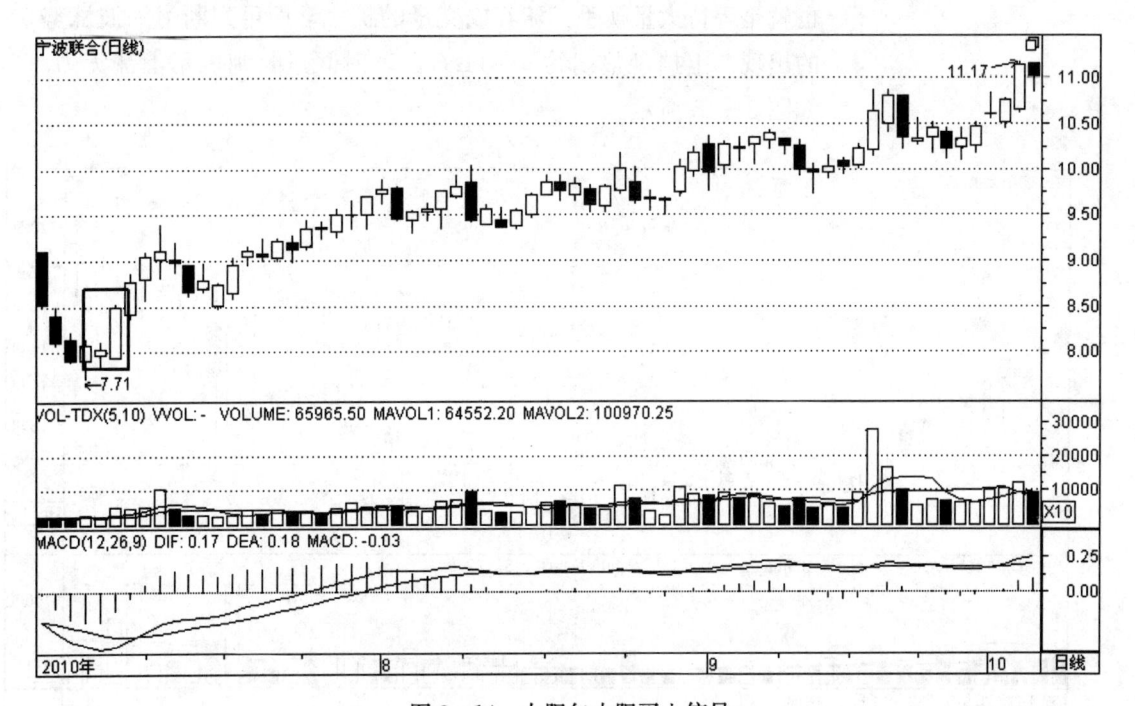

图3—14 大阳包小阳买入信号

### 3. 阴线后低开阳线买入信号

在股价行情震荡中走向高价的时候，出现覆盖阴线的第二天，拉出一条下降的阳线，这表示的是股价的短期回挡，买气仍将强盛，股价必将继续上升。投资者应抓住时机吃进。

### 4. 长阴线后秃头中阳线买入信号

左边一根长阴线，可带上下影线。右边一根秃头中长阳线，开盘在阴线的最低价下方，收盘在阴线的实体中间，为插入线。

### 5. 低价长下影买入信号

在股价行情处于低价圈内，出现长长的下影线时，往往是投资者买进的时机。但为了安全起见，投资者可等候行情反弹回升之后再买进，若无重大利空出现，行情必定反弹。

### 6. 高位整理买入信号

股价随着强而有力的大阳线往上涨升，在高挡将稍作整理，也就是等待大量换手，随着成交量的扩大，即可判断另一波涨势的出现。上挡盘整期约 6～11 日，若时间过长则表示上涨无力。如图 3-15 所示。

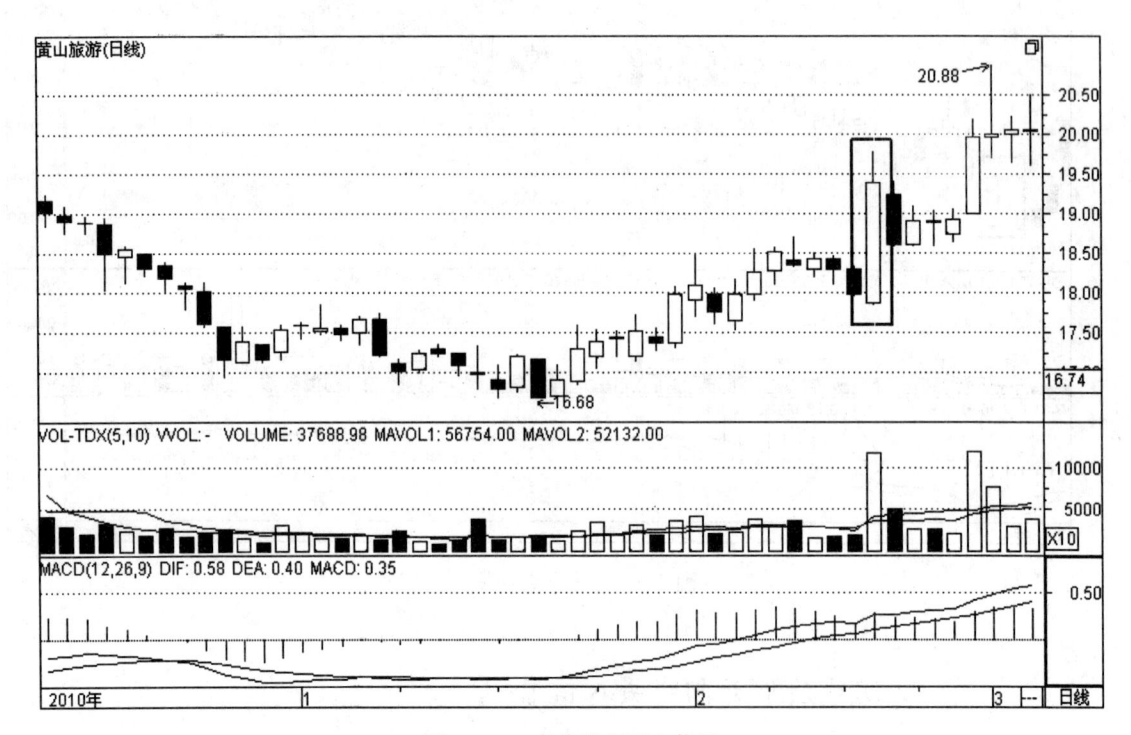

图 3-15 高位整理买入信号

### 7. 底部三阴线买入信号

在下跌行情中出现三根连续大阴线，是股价隐入谷底的征兆，行情将转为买盘，股价上扬。投资者应抓住时机买进。如图 3-16 所示。

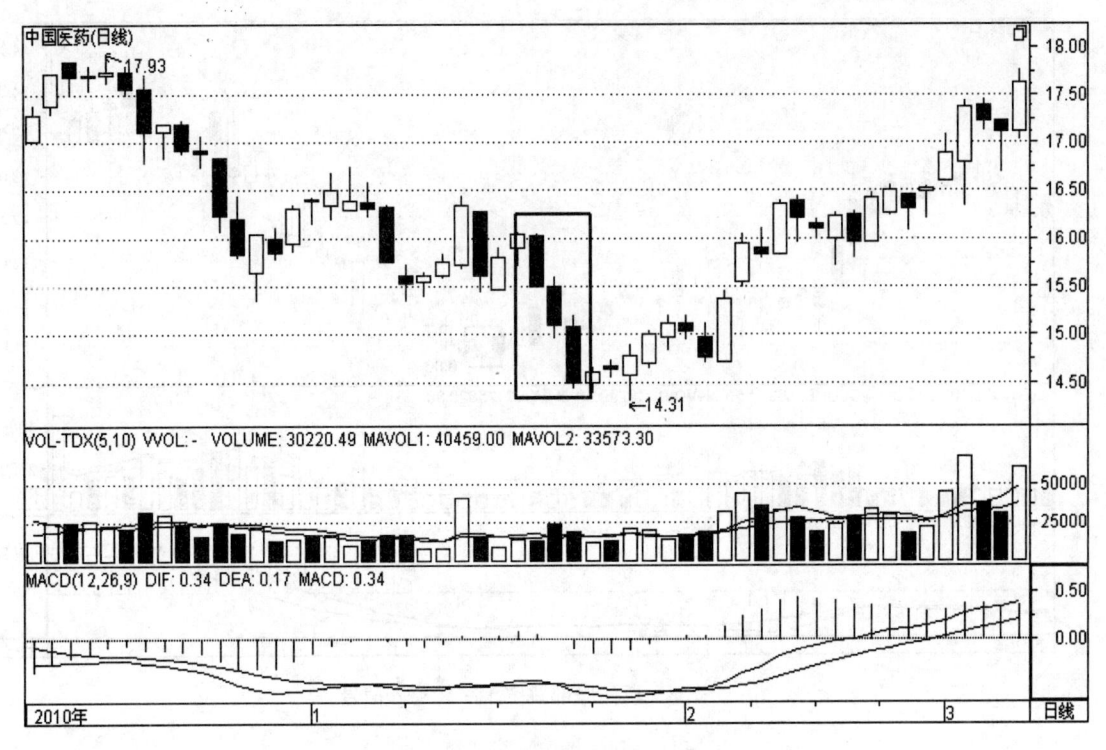

图 3—16 底部三阴线买入信号

## 8. 跳空阳线后阴线买入信号

在上涨行情中,某日跳空拉出一根阳线后,即刻出现一根下降阴线,此为加速股价上涨的前兆,投资人无须惊慌抛出持股,股价必将持续前一波涨势继续上升。

## 9. 底部跳空十字线买入信号

有股市大跌的行情中,跳空出现十字线,这显示着股价筑底已经完成,买盘力量将增强,是股价反弹向上的征兆,投资者应抓紧时机,买进股票。如图 3—17 所示。

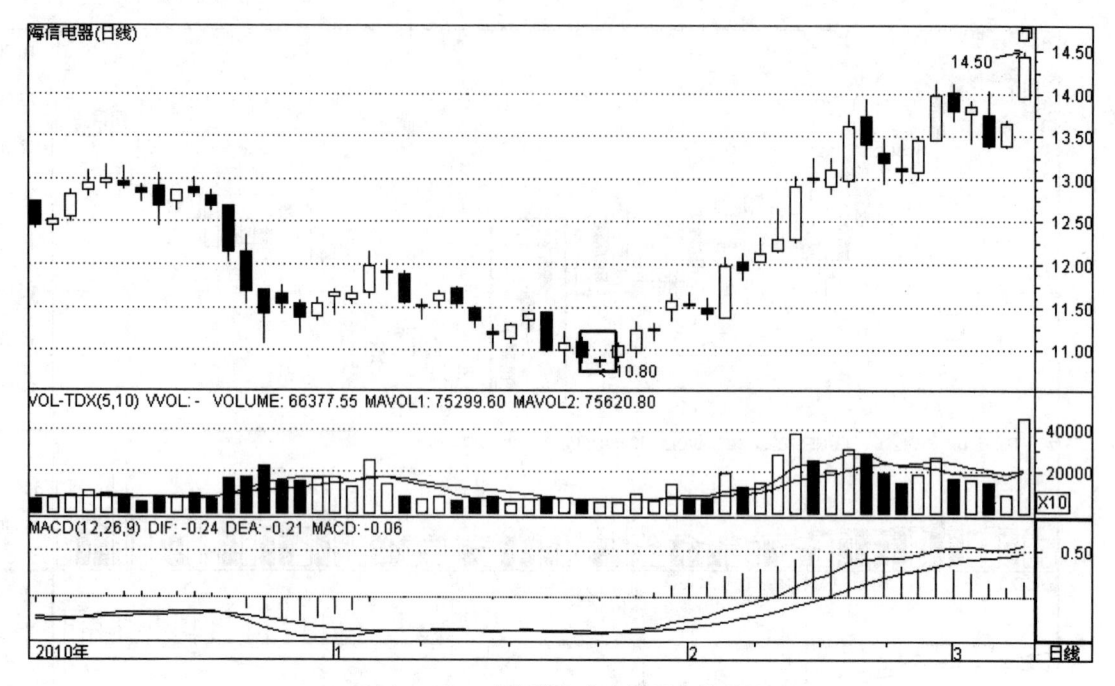

图 3—17 底部跳空十字线买入信号

## 10. 底部连续三根小阴线买入信号

当股市行情处于下跌的过程中，于低挡盘整时跳空出现了连续三根小阴线（极线），这便是股价探底的先兆，如果第四天出现了十字线，第五天拉出一根大阳线，便可以确认为股价的底部已筑成，股价将反弹上升。投资者可确定为买进时机。

## 11. 上涨途中两星线买入信号

在股票处于上涨的行情中出现上涨途中两星线，此时若股价继续上涨并配合成交量放大，即为可信度极高的买进时机，股价将再出现另一波涨升行情。

## 12. 底部反弹阳线买入信号

确认股价已经跌得很深，某一天，行情出现阳线，即"反弹阳线"时，即为买进信号，若反弹阳线附带着长长的下影线，表示低挡已有主力大量承接．股价将反弹而上。

## 13. 下挡五连阳买入信号

在股市行情处于低价圈内盘旋时,出现了五根阳线,表示在底部区域内,接受力量较强,底部已经形成,股价将反弹向上,是投资者买进股票的时机。如图 3—18 所示。

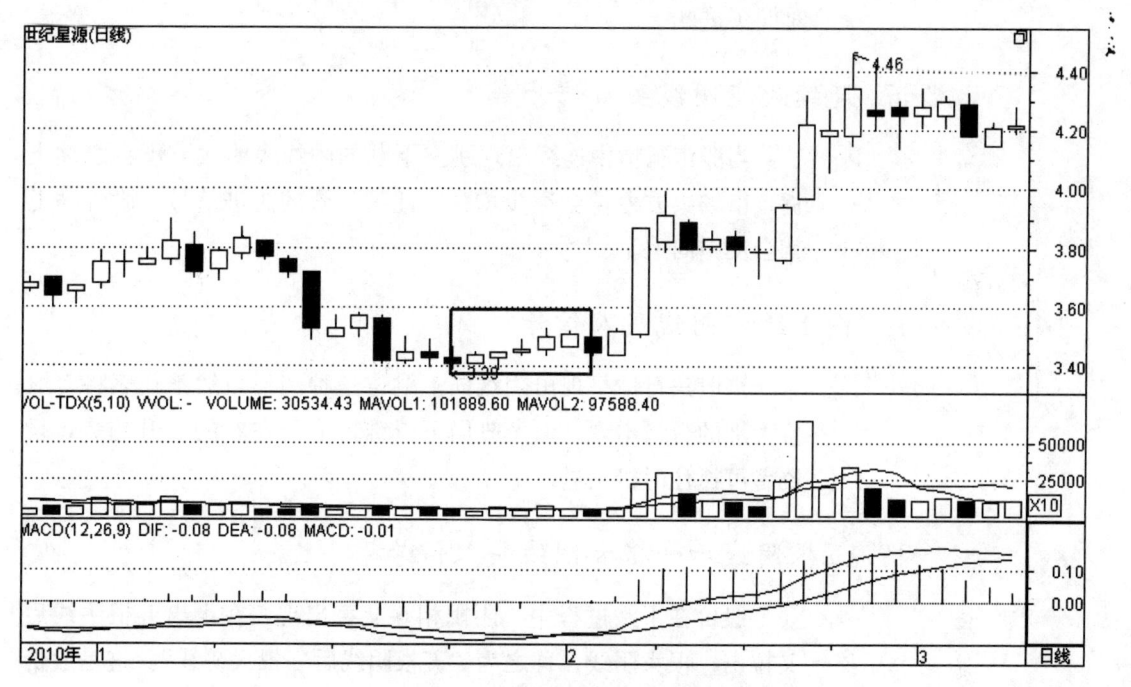

图 3—18 下挡五连阳买入信号

## 14. 下降三连阴后阳线买入信号

股市行情上升的过程中,出现了三根连续下降的阴线,此时,应是从底部买进的大好时机。当第四天的阳线超越前一天的开盘价时,表示买盘的力量强于卖盘的力量,投资者应立刻买进,以待股价的扬升。

## 15. 跳空双阳线买入信号

在股市行情持续地上升中,某一天跳空出现了阳线,接着又出现了一根与其并进的阳线,这表明有大行情将出现,是投资者吃进的大好时机。

## 16. 大阴线后小阴线买入信号

在股市下跌的行情中，出现了一根很大的阴线，接着出现了一根小阴线，且这根小阴线完全包容在大的阴线之中，这表明卖盘已基本上出尽，有转盘的迹象，股价即将反弹，投资者应抓紧时间买进。

## 17. 连续跳空阴线买入信号

当股市行情中连续出现跳空下跌的阴线表明卖方不会继续出货，市场买方力量会逐步增强，此为强烈的买进信号，股价马上就会反弹向上。

## 18. 向上跳空阴线买入信号

当股票行情呈现出阴线向上跳空这种图形虽然不代表将有股价大涨的行情出现，但一般仍可以维持七天左右的上升趋势，投资者可抓住时机买进。

## 19. 五根阴线后一根大阴线买入信号

股价在下跌过程中，阴阳相互交替出现，在走出五根阴线后又拉出一根大阴线，称之为"五根阴线后一根大阴线"。这是股价见底，即将反弹的先兆，投资者可伺机买入。

## 20. 底部三阳线买入信号

在股市中，若股价经比较长时间的整理后，拉出了连续的三根阳线，则表示股价即将反弹。投资者可抓住时机买进。因为，此时买方力量强大，市场比较活跃。如图3—19所示。

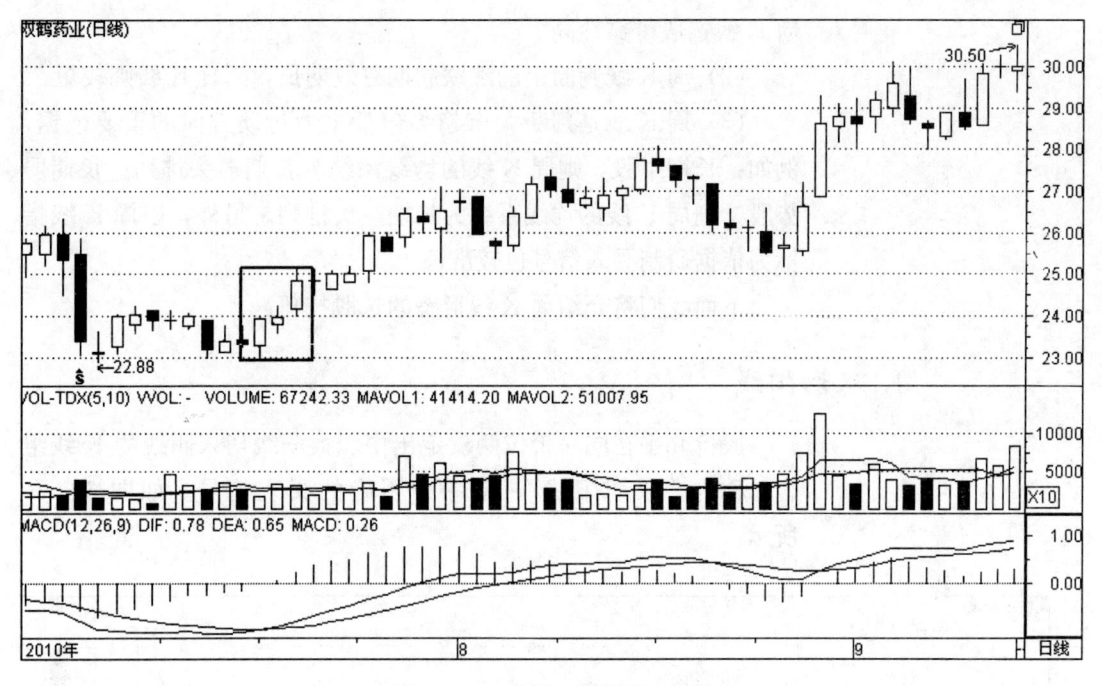

图 3-19　底部三阳线买入信号

**选股点金**

关于 K 线图里买入信号，还有其他的情况，股民在实战过程中要面对不同的实际情况采取相应的措施，在操作过程中不断学习。

K 线的组合有很多，其意义也不尽相同，应依据不同价格水平及其变动趋势来分析。参数设置可叠加其他辅助指标（如移动平均线，SAR，成交堆积）等一同研判。

# 五、利用周 K 线选股

周 K 线是指以周一的开盘价，周五的收盘价，全周最高价和全周最低价来画的 K 线图。

很多的投资者在看盘时，都十分重视周 K 线，这是因为：

(1) 周 K 线不容易被操纵，而日 K 线容易形成骗线，所以用周K线选股可靠性高。

（2）周K线判断出的涨跌周期有效期长，而日K线则较短。

（3）周K线是判断大市趋势包括主力运动方向的重要依据，例如：长期牛股，则周K线的均线系统为长期多头排列；长期弱势股，则周K线的均线系统为长期空头排列。另外，以周K线指标为依据研制买入信号也较准确。

下面我们将介绍周K线形态的选股技巧：

## 1. 双切阳线

股价几乎在同一价位两次走出中、大阳线切入阴线的K线组合，称为"双切阳线"，是一个明确的买入信号。如图3-20所示。

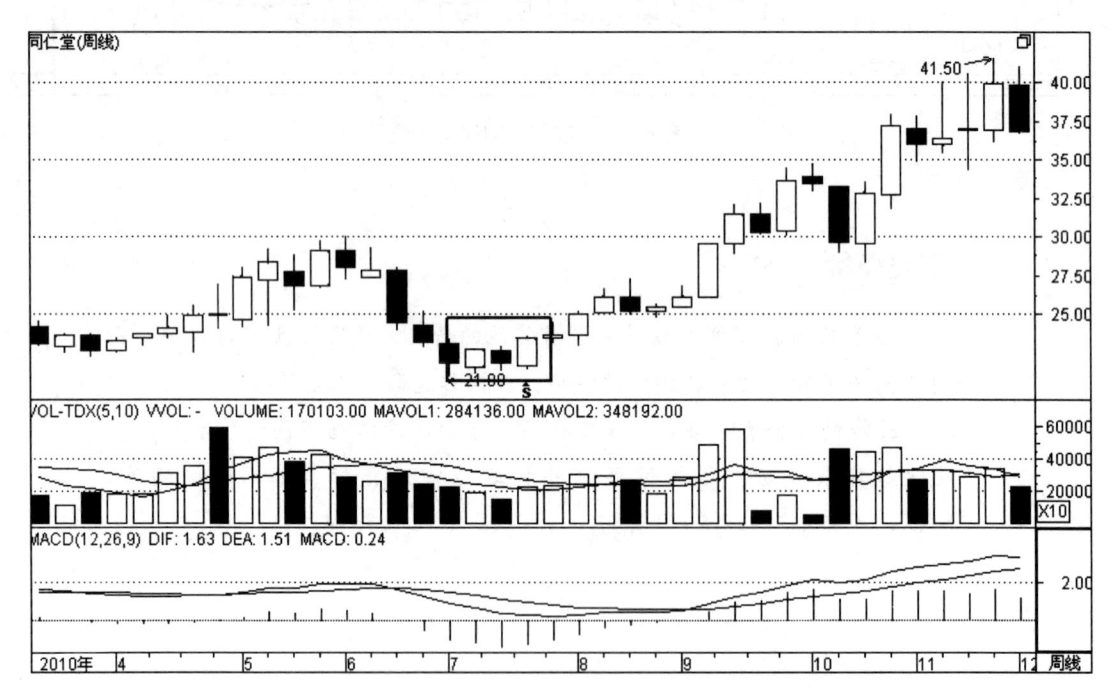

图3-20 双切阳线

股价经过一段时期的下跌之后，在某一个价位获得支撑，日K线收出一根大阳线。此后股价展开一轮反弹行情，但由于弱势没有根本逆转，所以反弹很快夭折，股价再次回落。当股价下跌到前次低点附近时，日K线又出现一根大阳线，预示着多方重整旗鼓，新一轮攻势开始。股价在二次探底时无法创出新低，显示空方能量在多方的第一次进攻当中已基本被消耗，所以多方的第二次进攻就更加有威胁，能量更充沛，涨幅也更大。当股价放量冲破前期高点时，日K线有走出双底形态的可能，那么中线持有获利会更丰厚。

在运用双切阳线选股时要注意：

（1）若成交量持续放大，可以持有。

（2）阳线实体越长，切入阴线越多，可信度也越高。

（3）可在第二次阳线切入阴线当天收市前买进，不必等形态走完后次日再追高。

### 2. 双切阴线

双切阴线是双切阳线的反向操作，分析意义与双切阳线相反，是较明确的卖出信号。

在运用双切阴线选股时要注意：

（1）此信号若在股价高位出现，可信度极高，应及时套现离场。

（2）出现此信号时应有一定成交量配合，不能过于萎缩。

**选股点金**

在确定买入时机时，除了观察日K线图之外，周K线图也是非常重要的参考。周K线形态的分析一定要结合股票的基本面分析，并考察该股票的长期走势，单纯短期K线形态投资是不可取的。

# 六、利用月K线选股

月K线是以一个月的第一个交易日的开盘价，最后一个交易日的收盘价和全月最高价与全月最低价来画的K线图，同理可以推得年K线定义。月K线是从更长的周期来观察股价的变化，比较"粗线条"，省略了许多细节，所以更能看到一些大的趋势。投资者可利用月K线图来选择中长线潜力股，具体方法如下：

(1) 将三条月 K 线参数设定为 6、12、18，当上述三条均线呈多头发散向上时，可重点关注。

(2) 关注月 K 线形态呈矩形、圆弧底及双底形态的个股。这类股票一般筑底时间较长，主力有充足的时间进行底部充分换手，以便能够吸足地价的筹码。底部横盘时间越长，低位筹码锁定越多，中长线潜力越大。

(3) 在关注个股月 K 线和形态的同时也关注月 K 线对应的成交量的变化。月 K 线底部放出大的成交量，证明主力已经在底部积极吸纳。

**选股点金**

应用月 K 线选择中长期潜力股，是今后一个较长时间里选择潜力股的较佳方法。随着我国证券市场的进一步发展，树立中长期的投资理念将成为投资者适应证券市场发展的必然趋势。用月 K 线选择中长期股票应结合均线形态及量价的变化，及时把握主力的动向及吸纳的迹象，在形态的突破点上及时投入资金，以便达到赢利的目的。

# 七、利用 K 线缺口选股

所谓缺口就是相邻两根 K 线的实体之间出现的"跳空"，指数或股价在运行途中在这一中空区域没有成交记录。缺口是股市中常见的一种反常现象。说它常见，在大盘运行中，每年都会出现一些大大小小的跳空缺口，敞开几个点的小缺口不论，几十点甚至上百点的大缺口几乎每年都可见到几次，至于个股产生的形态各异的缺口就更是多如牛毛了。说它反常，是因为它的出现脱离了股市或股票的连贯性，破坏了股市或股票原有的正常轨迹，打破了股市的相对平衡，使股市运行由连续式变为跳跃式。缺口出现的原因，一般为突发性利多或利空消息刺激所致，在大量的买单或卖单的强力作用下，股指或股价脱离原有的形态产生的一种飞跃。

除了专业人员外，一般股民对缺口似乎兴趣不大，对缺口产生的意义也认识不深。其实，从股市发展趋势看，缺口的出现，往往标志着新突破的开始。以缺口为依据而选择买卖股票的时机是安全有效的操盘方法之一。

缺口在方向上分为向上跳空缺口和向下跳空缺口两种，在意义上可分为普通缺口、突破缺口、持续缺口、消耗性缺口四类，投资者可通过各类型缺口的研究判断出股价的走势，以此作为买入股票的根据。

## 1. 普通缺口

在股价变化不大的成交密集区域内出现的缺口，称为普通缺口，一般缺口不大，这种缺口通常发生在耗时较长的整理形态或者反转形态中，出现后很快就会在几天内填上。普通缺口由于回补时间短，仅在某一价格区域内运行，并无大的方向性，一般可作为短线"吃差价"时运用。跳空、高开时适时抛出股票，回调补缺口时买进股票以降低成本，若股价跳空低开果断吸纳，一旦向上回补缺口再卖出，可赚取"缺口差价"。如图3-21所示。

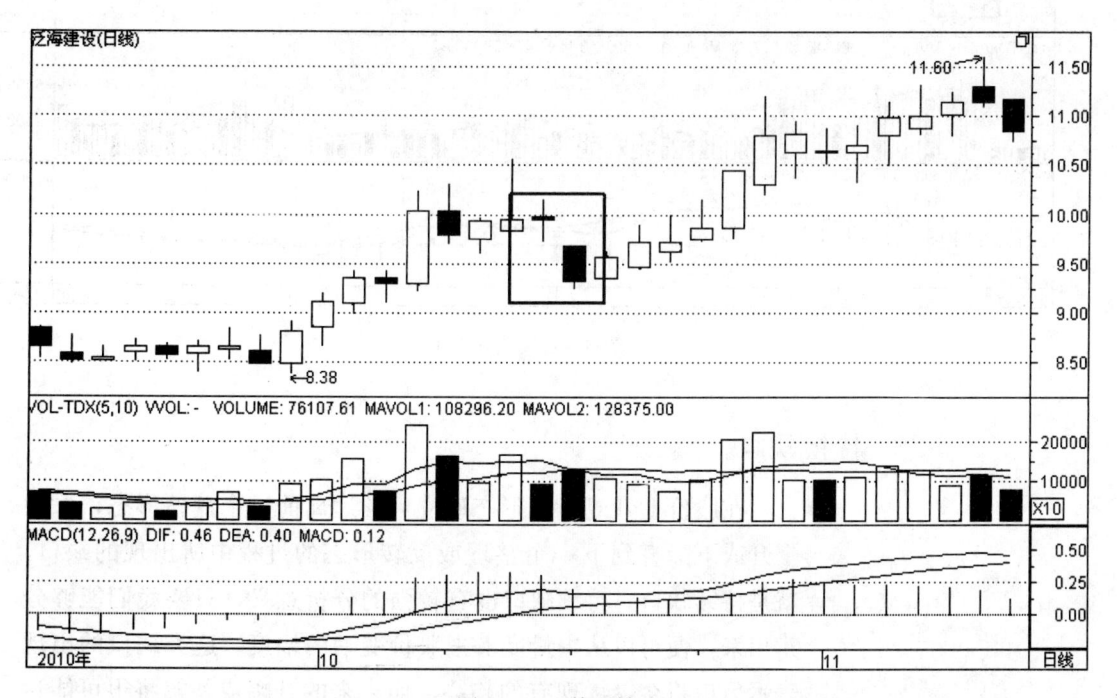

图3-21 普通缺口

## 2. 突破缺口

在成交密集的反转或整理形态完成之后，若股价突破阻力或跌破支撑时出现大幅度上涨或下跌所形成的缺口，称为突破缺口。这种缺口的出现一般视为股价正式突破的标志。根据突破缺口的操作是把握大方向的重要手段。当大盘打破僵局向上跳空突破，表明后势仍有可观上升空间，非但不应卖出手中的股票，最初的回落首先应考虑买进。反之向下突破出现，果断平仓是理智的做法。如图3-22所示。

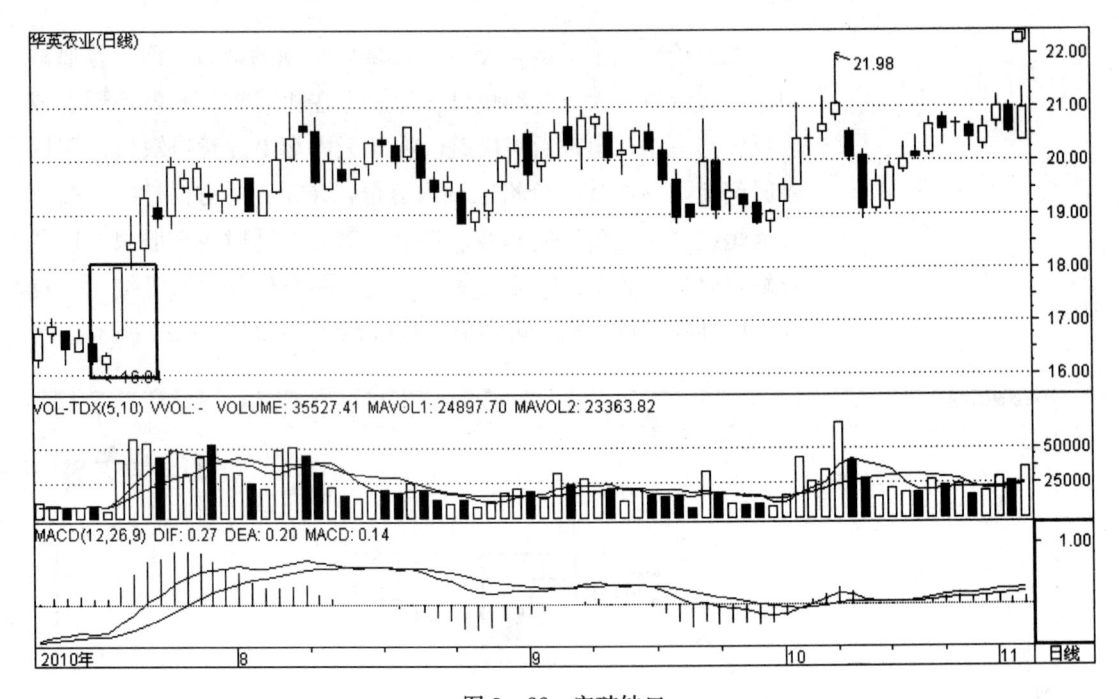

图3-22 突破缺口

## 3. 持续缺口

在股价上升或下跌形态确立后，远离前一个盘整形态，保持上升或下降直到下一个整理或反转形态的过程中所出现的缺口，就是持续缺口。持续缺口也有较强的分析意义，只要我们能够分辨出来，便可以从中量度未来股价变动的幅度。这类缺口的出现表示后市将会继续现有的趋势，而未来的升幅或跌幅将很可能达到该缺口与突破口的距离那么大。

### 4. 消耗性缺口

继突破缺口、持续缺口后形成的一个缺口，一般来说，此时缺口跳空的空间要明显小于前两种形态，通常显示这一轮行情的结束，股价即将进入整理或反转形态。如图 3—23 所示。

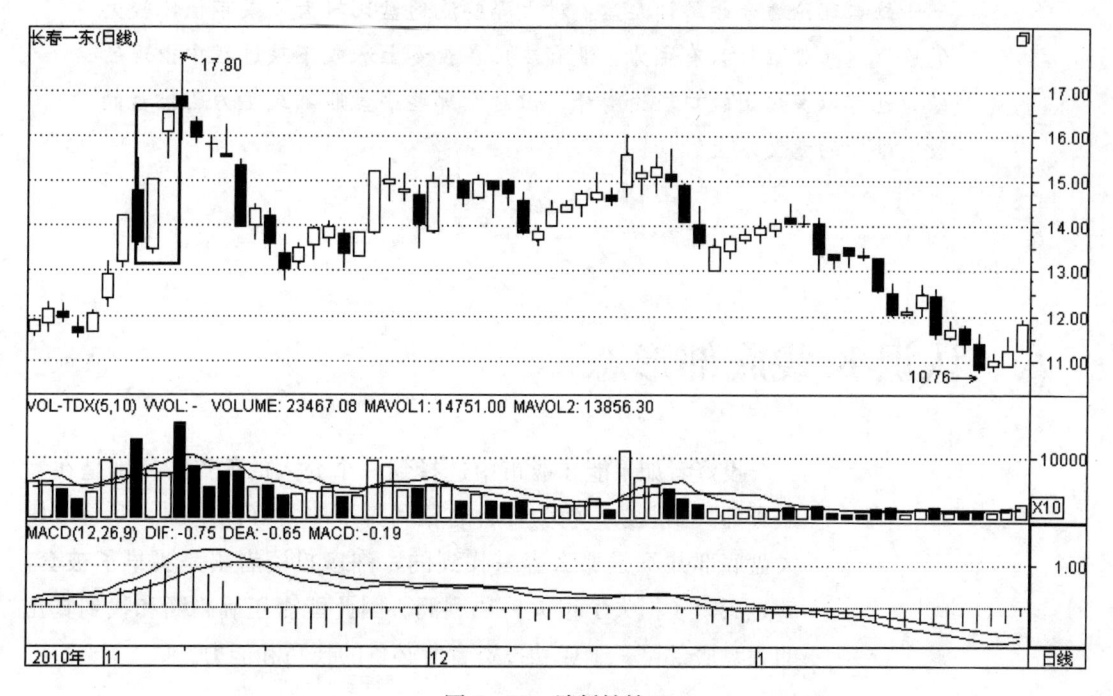

图 3—23　消耗性缺口

**选股点金**

利用缺口选股要注意以下三个问题：

（1）注意缺口的性质。即弄清向上或向下跳空是属于普通缺口还是突破性缺口。主要是看成交量、缺口大小和 K 线形状。一般来说，成交量与力度皆弱的小缺口为普通缺口，可不予理会，反之，如果在重大利好或利空当天出现的较大缺口，并伴随有成交量的放大和实体较长的 K 线，则可认为是突破性缺口。

（2）注意缺口的连续性。一般情况下，在向上或向下的中长期趋势中，基本上会出现分布均衡，位置分别处于头部、中部和尾部的三个连续性缺口，即前面提到的突破缺口、持续缺口和消耗性缺口。出现向上突破缺口时，应在第一缺口买，第三缺口抛。出现向下突破缺口时，应在第一缺口抛,第三缺口买进。

(3) 注意缺口的时间性。按正常说法,出现跳空缺口后长时间不回补,则说明其力度较强,上升中可持续持筹,下跌中耐心等待底部建仓。若一旦在短期内回补,则应引起高度警觉。对缺口的辨认与识别,亦应灵活掌握,切忌教条行事。

缺口理论适合于解读大盘,对于那些流通盘比较大,或市值比较大的股(这些股往往只有主力、没有庄)在放量上涨或下跌过程中出现的缺口也可以考虑用缺口理论解释。但对于那些小盘股,或主力已控盘的股,缺口的意义不大。

# 八、认识 K 线底部形态

投资者如果能在股市中选择到一个介入的低点,特别是在大盘底部买到股票,将为日后的赢利打下非常好的基础。但是市场大盘底部并不是那么容易找到的,许多投资者不是买早了被套,就是买晚了损失了很大一块利润。因此能否正确判断和找到真正的大盘底部是一个成功投资者所必备的技巧和能力。

## 1. 六种经典的底部形态

股市中最常见的经典底部形态分别是:圆弧底、V 形底、双底、潜伏底、头肩底和三重底。

它们的具体形态如下:

(1) 圆弧底。圆弧底是指股价位于低价区时,K 线的形态呈圆弧形的底部形态。

(2) V 形底。俗称"尖底",形态走势像"V"形。其形成时间最短,是研判最困难,参与风险最大的一种形态。但是这种形态的爆发力最强,把握得好,可以在短期内赢取暴利。

(3) 双底。股价走势像"W"字母,又称 W 形底。是一种较为可靠的反转形态。对这种形态的研判重点是股价在走右边的底部时,技术指标是否会出现背离特征,如果技术指标不产生背离,W 形底就可能向其他形态转化,如:多重底。即使 W 形底最终成立，其上攻动能也会较弱。

（4）潜伏底。股价在一个极狭窄的范围内横向移动或缓慢阴跌，每日股价的高低波幅较小，且成交量亦十分稀疏，这种形态就是潜伏底。通常潜伏底的时间比较长，但是，其突破后产生的成交量激增和股价的暴涨也是惊人的。所以说：潜伏底是横有多长，竖有多高。

（5）头肩底。其形状呈现三个明显的低谷，其中位于中间的一个低谷比其他两个低谷的低位更底。对头肩底的研判重点是成交量和颈线，成交量要处于温和放大状态，右肩的量要明显大于左肩的量。

（6）三重底。三重底既是头肩底的变异形态，也是W形底的复合形态，三重底相对于W形底和头肩底而言比较少见，却又是比后两者更加坚实的底部形态，而且形态形成后的上攻力度也更强。其形态的成立必须等待有效向上突破颈线位时才能最终确认。

## 2. 底部形态形成的特点

不同的底部形态表现不一样，但其底部形态的形成却有共同的特点：

首先是在一轮下跌趋势形成之后，下跌的时间和幅度均已较大。

其次是指数下跌趋势通道上轨线被突破，指数均线开始上升。

此外下跌形态规模越大，形成大盘底部时间越长，则上升时的涨幅越大。

最后大盘底部形成时间比大盘顶部形成的时间要长。底部区域往往也是成交量最小的区域。

大盘底部形态的出现，表明指数的运行趋势将反转向上。有的大盘底部形态逐渐发生反转，如圆弧底。而有的大盘底部反转是突发的，如V形底，并随即向上快速运动。

### 选股点金

在运用底部形态选股的过程中，决定成败的关键因素是辨别底部形态的可信程度，研判技巧如下：

（1）按照底部形态形成时间的长短，底部形态可以分为四种：用几个月时间形成的长期底部形态；用几周时间形成的中期底部形态；用几天时间形成的短期底部形态；在当天的分时线上形成的盘中底部形态。

因为主力受成本的时间限制，主力无法在长期走势中作图骗线。所以，越是形成时间跨度长的底部形态，可信度越高，越容易形成历史性的底部。

（2）因为小盘股容易被主力控盘，所以，大盘股的底部形态相对而言比小盘股的底部形态可靠。指数的底部形态往往比个股的底部形态更加可信。

（3）底部形态构筑成功后，在右侧的上涨过程中，如果伴随成交量温和放大的，较为可信。而无量配合的持续上涨，往往预示着主力已经控盘，这种底部形态是否可信，还要结合其他分析手段进行确认。

（4）底部形态的构筑过程中，如果有些不规则形态，往往是一种自然形成状态，比较可信。相反，底部形态构筑的过于完美，反而有可能是主力的刻意作为，投资者必须提高警惕。

# 九、利用圆弧底选股

"圆弧底"是指股价位于低价区时，K线的均价线呈圆弧形的底部形态。圆弧底与"潜伏底"相似之处在于同样常出现于交投清淡的个股中。如图3—24所示。

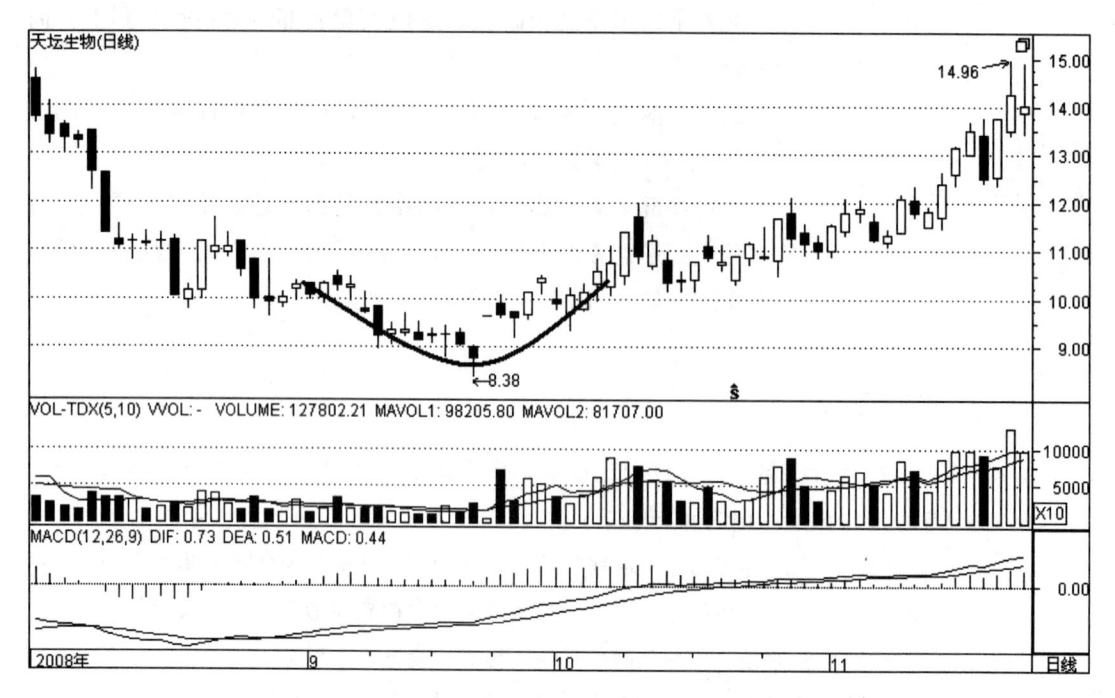

图3—24 圆弧底

## 1. 圆弧底形态特征

（1）股价处于低价区，股价变动简单且连续，先是缓缓下滑，而后是缓缓上升，K线连线呈圆弧形。

（2）成交量变化与股价变化相同，先是逐步减少，伴随股价回升，成交量也逐步增加，同样呈圆弧形。

（3）耗时几个月甚至更久，因此具有相当大的能量，这种底部通常是中长期底部。

（4）圆弧底形成末期，股价迅速上扬形成突破，成交量也显著放大，股价涨升迅猛，往往很少回挡整理。在圆弧底形态形成的结束位置会出现一个平台，随后平台被突破，大幅上升行情开始。

## 2. 圆弧底的形成

圆弧底清晰地显示了多空双方力量消长平缓变化的全过程：

（1）股价从高位跌下来，卖方的势力逐步减弱，主动性抛盘减少，买方力量畏缩不前，于是成交量随着股价下跌持续下降。

（2）股价虽然继续下跌，但买卖双方都已接近精疲力竭，所以股价跌幅越来越小，直至水平发展，同时成交量也极度萎缩。

（3）当股价跌至极低位时，开始有主力机构或先知先觉者入场悄悄收集，多方力量渐渐增强，股价及成交量缓缓上扬。

（4）最后，收集完成，买方势力完全控制市场，股价迅速攀升，因为底部耗时长，换手充分，所以向上突破后，卖方无力抵抗，往往无需回挡，短期升幅相当惊人。

## 3. 圆弧底形态选股策略

（1）圆弧底是易于确认和非常坚实与可靠的底部反转形态，一旦个股左半部完成后股价出现小幅爬升，成交量温和放大形成右半部圆形时便是中线分批买进时机，股价放量向上突破时是非常明确的买入信号，其突破后的上涨往往是迅速而有力的。

（2）由于圆弧底易于辨认，有时太好的圆弧底反而被主力利用来出货形成骗线。像某些个股除权后在获利丰厚的情况下，主力就是利用漂亮的圆弧底来吸引投资者。因此，如果公认的圆弧底久攻不能突破或突破后很快走弱，特别是股价跌破圆弧底的最低价时仍应止损出局观望。

**选股点金**

圆弧底耗时长,所以一般不应过早介入,首先,在买入之前必须确认成交量的底部已形成。其次,要在连续几日温和放量收阳线之后。另外,如果在圆弧底形成末期出现整理平台,则应在成交量萎缩至接近突破前成交量水平时及时抢进。

# 十、利用V形底选股

V形底,俗称"尖底",由于形态走势像"V"形故而又称V形底。V形底形成时间最短,是研判最困难、参与风险最大的一种形态。但是这种形态的爆发力最强,把握得好,可以在短期内赢取暴利。如图3—25所示。

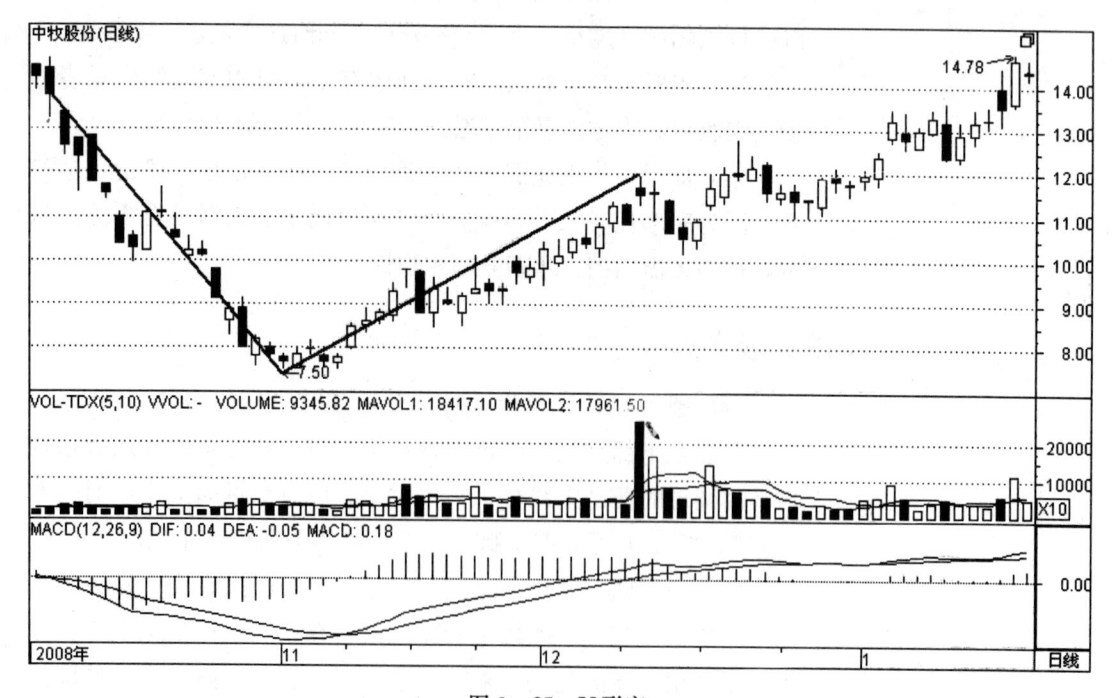

图3—25 V形底

### 1. V形底形态特征

(1) 股价在长期下跌途中，开始是缓慢下行，后来跌势开始转急，伴随成交量放大。在下跌到某一低点之后跌势突然被逆转，股价转而大幅上扬，留下一个尖尖的底部。当空头能量彻底释放之后，也就是转势来临之时。随后就是多头力量渐占上风，股价反转向上，V形底形成。

(2) 股价缩量阴跌到一定位置之后，开始引起场外机构资金的关注。在下跌途中，主力会先吸纳一定数量的筹码，然后再将股价打下一个台阶，所以才会出现放量急挫的现象。当股价创出新低之后，引发大量恐慌性抛盘。此时，主力再反手做多，在低位大量承接廉价筹码，所以，股价很快反转向上。

(3) 形成反转的当天。日K线往往形成十字星、带长下影阳线或大阳线等形态。

### 2. V形底的形成

V形底的走势，可分为三个阶段：

(1) 下跌阶段：一般V形在左侧跌势的坡度十分陡峭，而且持续一定的时间。

(2) 转势点：V形底的底部十分尖锐，一般形成转势点的时间为2~3个交易日，而且成交在低点明显放大。有时转势点就在重大利空日中出现。

(3) 回升阶段：随后股价从低点回升，成交量亦随之放大。

### 3. V形底形态选股策略

在V形底部开始形成之际，投资者要敢于进场抄底，前期下跌的幅度越大，则后市上涨的空间就越大，投资者切不可仍然停留在"熊市"的思维和心态之上，以致错失制胜的良机。

**选股点金**

V形底不易在图形完成前被确认，因此，在遇到疑似V形底的场合，如果投资者已经买进股票，应该随时注意股价之发展，保守一些的投资者，则可等到股价以大成交量突破左肩高点，完成V形反转之形态时，才买进股票。

## 十一、利用双底选股

双底，股价走势像"W"，因此也称"W底"。双底无论是对大盘还是个股均是较为可靠的稳赚图形。而双底特别是第二低点高于第一个低点，则属于更加明确的信号。如图3—26所示。

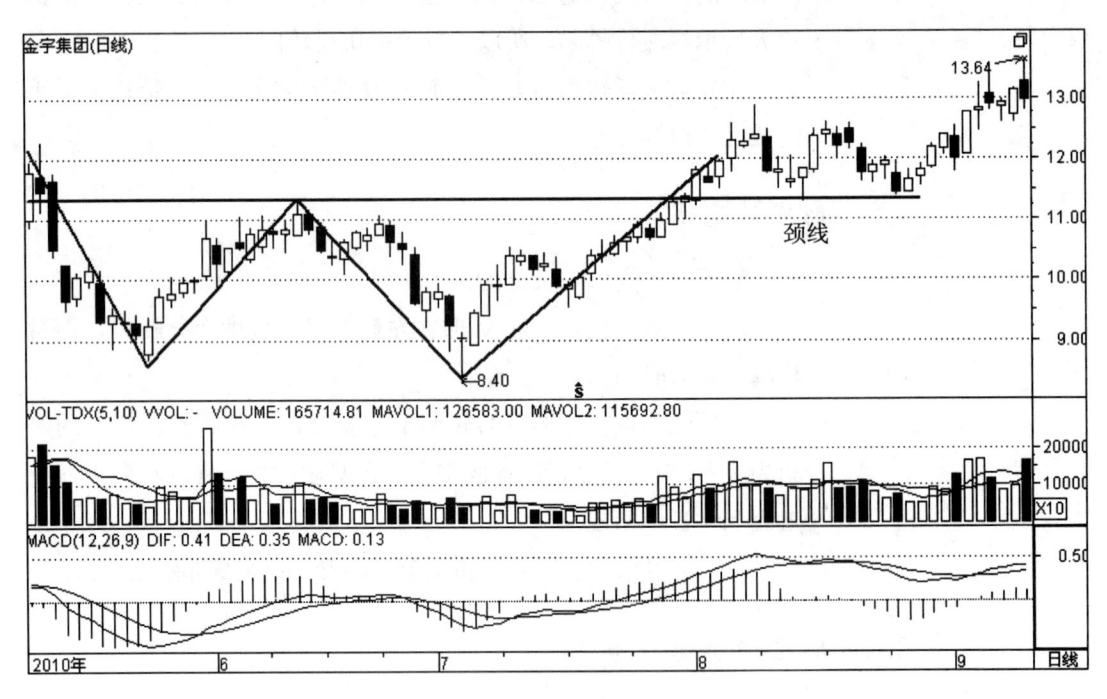

图3—26 双底

### 1. 双底形态特征

（1）股价经过一段时间下跌，成交量逐渐萎缩，下跌的速度开始减慢。当股价跌至某一价位出现反弹，成交量增加。

（2）伴随成交量逐步放大，股价再次上升，但幅度不大，时间也不长，然后再次下跌，成交量随着股价的再次下跌又有减少，当股价跌至上次低点时再一次止跌企稳。

（3）此时的成交量要小于上次低点时的成交量，股价又再次上涨并伴随巨大的成交量冲过上次反弹的高点，双底正式成立。

### 2. 双底的形成

股价长期下跌后，持股者惜售，成交量减少。而抄底盘和空头回补者的加入，令股价出现一次较为有力的反弹。当股价反弹到一定高度时，前期套牢盘以及短线获利盘的涌出，令股价再次下跌。但此次下跌成交量明显减少，显示主动性抛盘减少，而错过上次行情的投资者又会趁回调买入，令股价无法跌穿上次低位。伴随股价回升，越来越多投资者加入买方阵营，最终股价在巨大成交量配合下，突破上次高点，上升趋势已确立。

### 3. 双底形态选股策略

（1）双底形态形成时，许多常用的技术指标，如 KDJ、RSI、MACD 等会同时出现底背驰信号，这些指标可以帮助投资者确认底部的形成。

（2）双底形态由于股价仅经历了两次探底，所以底部相对而言不够坚实，建议投资者买入点选在突破颈线后回抽确认时，因为多数双底形态形成后，都有一个回抽机会。

## 选股点金

双底是股价重要的反转买进信号，一旦双底图形形成后，投资者可抓紧时机，大量买进。但前提是投资者要能准确地判断当前形态是否属于双底。

投资者在判断双底时要注意以下事项：

(1) 形成双重底前，股价必须经过较长时间或较大幅度的下跌调整，也就是说，股价要跌透，成交量大幅萎缩。

(2) 双重底形成的位置：如果在股价复权后，此位置主力机构仍有获利空间，那么，必须小心谨慎对待。散户眼中的底不一定是主力机构眼中的底，因此，投资者切不可自以为是。

(3) 一般情况下，双重底第二次探底位置应不低于第一次探底的位置。也有部分个股的主力比较凶悍,在第二次探底时击穿第一次探底的低点,形成破底反转的走势,但这种情况往往是破底时间短,而且破底后跌幅不会大,否则,前面的"双底"只是下跌中继而已。

(4) 双重底形态的大小决定底部是否牢靠。如果在两个谷底之间持续的时间愈长,两个低点产生时间相距较远,反转的力量就愈大,底部信号愈可靠。

(5) 双重底形态的厚度至少要在10%价格空间以上。如果过小,底部反转信号不一定可靠,容易演变成下跌中继性整理平台。

(6) 底部堆积成交量越多,积蓄反弹的动力就越大。

(7) 在双重底形态形成过程中,如果上升有量,而下跌缩量,而且第二次回升时成交量比第一次回升明显放大,则向上突破的可能性越大。

(8) 向上突破颈位时成交量必须放大,一般是放量中阳线或放量大阳线,突破信号才能可靠。

(9) 双重底不一定都是马上反转的底部信号。在大盘处于极度弱市状态下,双重底经常会演变成三重底、多重底或箱体形态。

# 十二、利用三重底选股

与V形底的情况正好相反,三重底比双底慢了一拍,多了一次反复。三重底是一种比较少见的转势形态,其模样与形成过程近似于头肩底,只是其中三个波峰都处于同样的价格水平,没有明显的"头"和"肩"的差别。同样的,三重底只有在两个波峰连接而成的压力(颈线位)被有效击穿后,才得以最终完成。如图3-27所示。

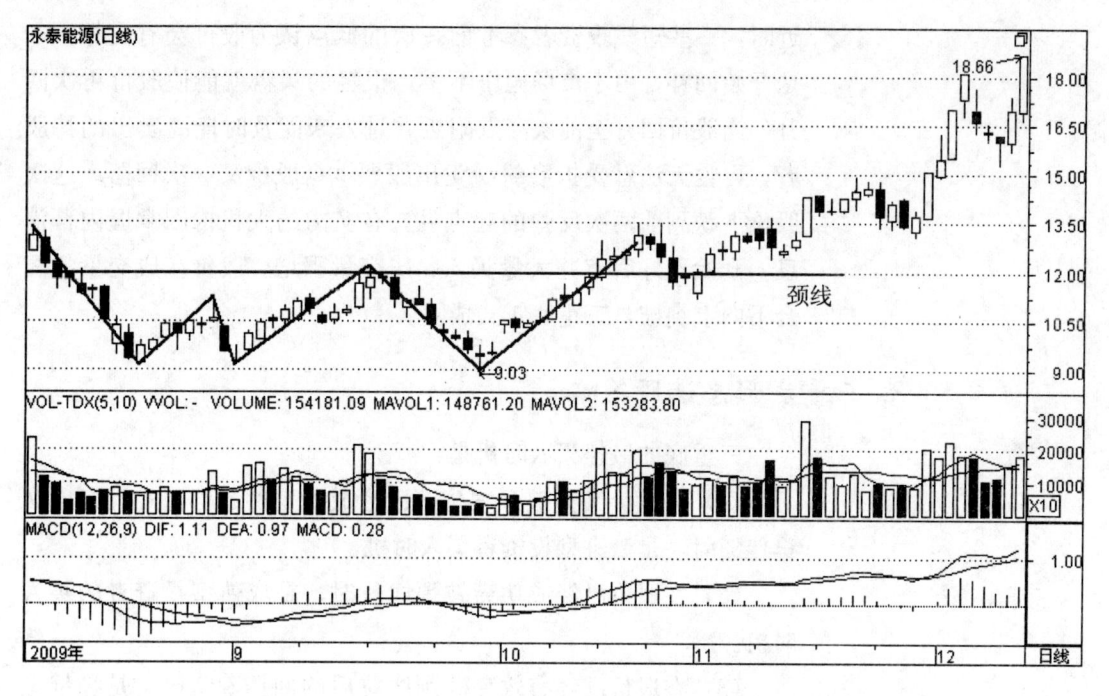

图 3—27 三重底

## 1. 三重底形态特征

股价在长期下跌之后，随着成交量渐渐萎缩，股价下跌的速度减缓并开始反弹。在反弹过程中成交量逐渐放大，反弹到某价位处止涨回落，但下跌到前期低位时，就不再下跌，成交量再次减少。不久股价再次上涨，这一次股价的上涨又在前一次遇阻回落的高点处下跌，回到前两次止跌的价位处，这时的成交量迅速放大，超出前两次上涨时的成交量，配合巨量突破颈线。

简单地说，三重底就是两个高点基本上在同一价位处遇阻回落，而三个低点也基本在一个价位处止跌企稳的底部形态。成交量在整个形态内逐渐减少。

## 2. 三重底的形成

股价下跌一段时间后，一些大胆的投资者认为股价跌幅较大，有反弹要求，开始逢低吸纳。而持有股票的投资人，因亏损巨大不愿抛售，因此很轻微的购买力就使股价出现反弹。随着股价上升至某一水平时，希望择高出局的投资人担心再次错过卖高价的机会，忍痛卖出手中持股，造成股价出现回落。跌至前一低点附近时，一些短线投资者参考前一次的低点认为股价会有支撑，于是开始回补。由于市场抛压不重，很轻的买盘就能使股价再次回升。当股价回升至前次高点附近，过去未能及时逢高卖出的持股者，再也无法忍受折磨纷纷卖出股票，令股价又一次回落。这次股价下跌到前两次反弹的起点处，有实力的大机构因掌握内幕消息，开始看好后市并大量买入，成交量骤增，股价在成交量的配合下向上突破，三重底正式成立。

### 3. 三重底形态选股策略

三重底的最佳买入时机是：

（1）在股价又突破颈线位，已形成确定性趋势，并且有成交量伴随时，是激进型投资者买入时机。

（2）在股价已经成功突破颈线位时，是成熟型投资者的买入时机。

（3）在股价已经有效突破颈线位后的回挡确认时，是稳健型投资者买入时机。

**选股点金**

值得注意的是：不能依据有三个低点就简单断定三重底的成立，三次探底的形态同样只能表示股价的走势图形具有三重底的雏形，未来发展极有可能向三重底演变，至于最终是否能在股价上构成三重底，并形成一轮强劲上升行情，还需要进一步的检验。所以，在实际操作中不能仅仅看到有三个低位，就一厢情愿地认为三重底而盲目买入。投资者需要耐心等待三重底形态的最终确认。

# 十三、利用潜伏底选股

"潜伏底"又称"一条线"，顾名思义，就是指股价长时间横盘，上下波动小，日K线看上去像是一条横线。"潜伏底"一般耗时较长，从数月到数年不等，但是一旦向上突破，往往很少回

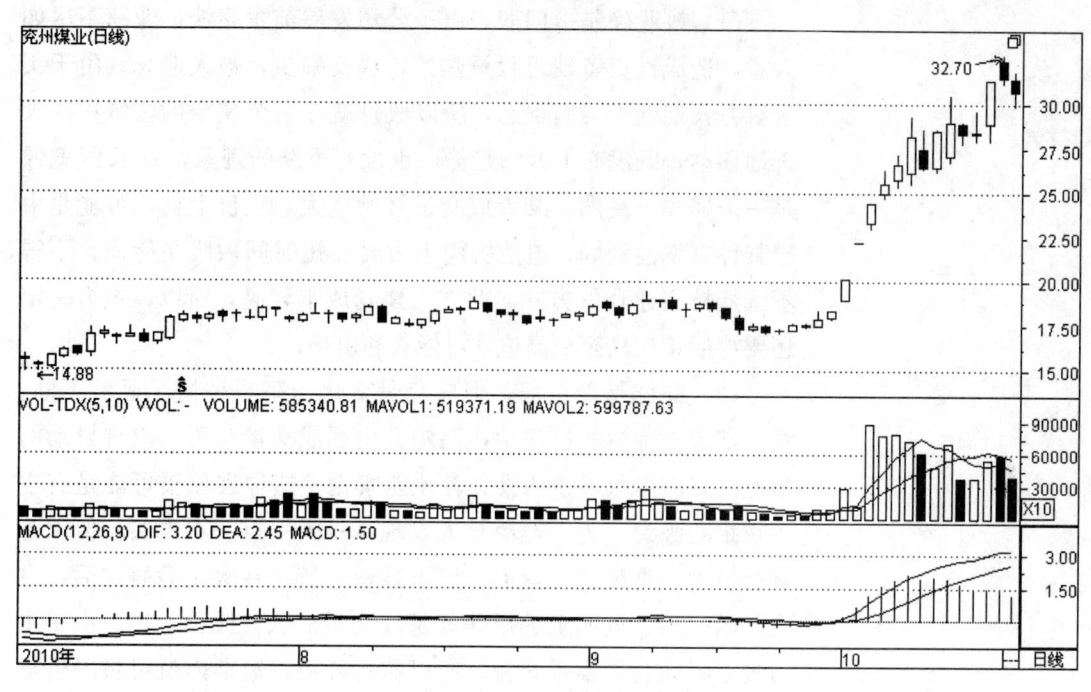

调，涨幅常以倍数计。如图3—28所示。

图3—28 潜伏底

### 1. 潜伏底形态特征

（1）潜伏底形成时，股价先反复下跌，后有一段时间于低位在一个狭窄的区域内上下波动，每日的高低价波幅极小，成交量方面也见稀疏，每日成交可能只有几手，甚至没有。

（2）潜伏底多发生在低价股身上，主要是因为公司前景一般或赢利平稳欠惊喜，但又缺乏坏消息冲击，令已持有股票者找不到急于沽售的借口，而有意趁低收集者又不急于进货，在低位只作有耐心的累积货源，等候机会上涨。

（3）波幅突然扩大，成交活跃。当股价横盘多时（至少达一个多月的时间）后，股价波幅突然扩大，而成交也见活跃起来，而且配合市场传出或被证实对公司利好的消息，如赢利大升或接获大订单等，皆可视为摆脱潜伏底的突破信号，预期股价将会爆炸性上升。

### 2. 潜伏底的形成

潜伏底大多出现在市场平淡或弱市中，在个股中潜伏底大多出现在流通盘不大的冷门股中。共有两种情况：

（1）该股确是冷门股，由于公司发展前景暗淡，业绩不尽如人意，造成投资者缺乏投资热情，成交稀少，被人遗忘。由于买卖双方长期处于均衡状态，所以股价就在一个狭窄的区域里一天天地移动，既没有上升的趋势，也没有下跌的迹象，日K线就像是一条横线。突然，某天成交量开始放大，股价上扬，可能是由于某种突发性利好，迫使机构主力要在短时间内吸足筹码，不得不选择拉高建仓的方式。此方式建仓成本较高，所以，主力一定还要将股价拉高至更高位才可能获利出局。

（2）同样是冷门股，但成交量变化与第一种情况迥然不同。在长期成交稀少的过程中，偶尔会出现成交量与股价出现异动的情况，只有少数敏锐的投资者才能察觉。这种现象很可能是有主力在耐心吸筹，为了避免被人发现，每天一点一点地买，但因为资金量大，难免会在盘面上留下蛛丝马迹。在吸足筹码之后，主力开始拉抬，盘面上的反映就是成交量放大，股价上扬。由于主力吸筹时间长，换手充分，所以拉抬轻松，短期内就可将股价推至高处。

3. 潜伏底形态选股策略

（1）不要"走漏眼"。潜伏底形态的个股通常成交稀少，股价变化不大，容易被投资者忽视。然而，一旦爆发，涨幅相当惊人。避免"走漏眼"的一种有效方法，是将日K线显示窗口的时间放大到半年甚至一年以上，这样容易发现股价波幅小，日K线呈"一条线"形态的个股。

（2）不要过早介入。潜伏底耗时较长，而且在向上突破之前，也许真的是一只毫无希望的弱势股。如果过早介入，会将资金锁定相当长一段时间。较佳的介入时间应选在放量向上突破的2～3天，大胆抢进。

**选股点金**

"横有多长，竖有多高"。潜伏底在底部横盘时间越长，积累的上攻能量越大。同样是潜伏底突破形态，应选择底部耗时较长的个股介入，获利会更加丰厚。

## 十四、利用头肩底选股

头肩底形态在底部形态分析中占有相当重要的地位，一个真正完善有效的形态形成之后，能量是相当巨大的。能够正确认识到头肩底形态并及时介入的投资者，获利也是相当丰厚的。如图3—29所示。

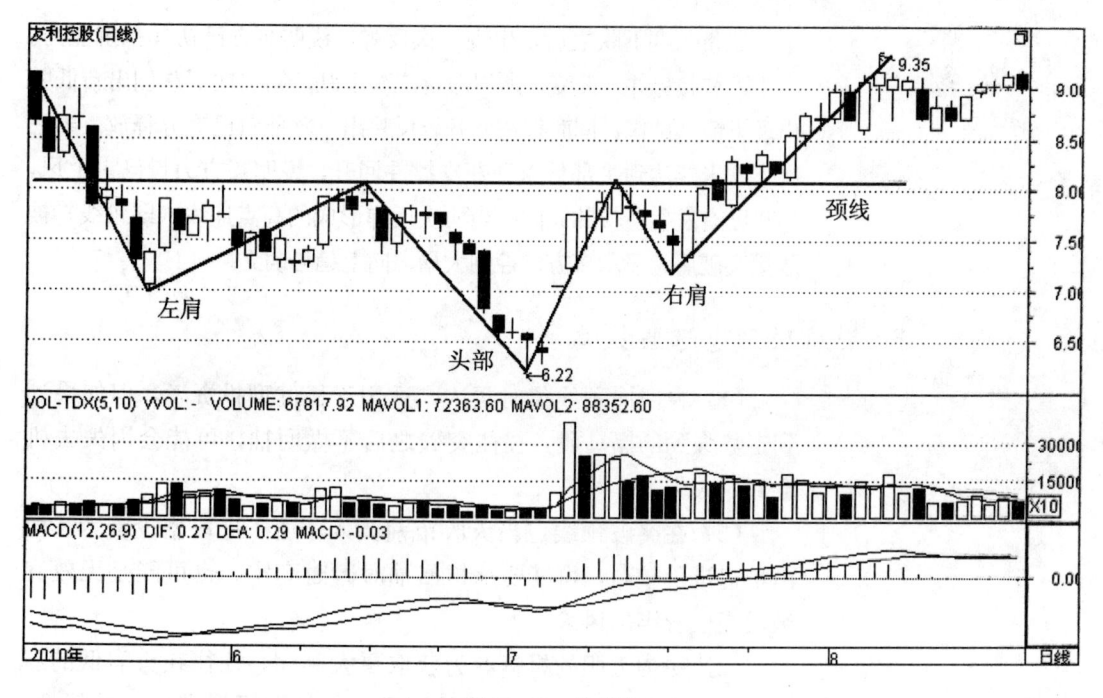

图3—29 头肩底

### 1. 头肩底形态特征

（1）股价经过长期下跌，成交量相对减少，接着出现反弹（次级上升），成交量没有显著增加，形成左肩。

（2）然后股价第二次下跌，其价格低于左肩之最低价，而其成交量在下跌过程未减少，甚至增多，在低价盘旋时成交量则迅速萎缩，然后一口气回升至越过左肩底价价位，成交量迅速增加，

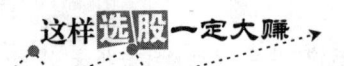

大于形成左肩之成交量,形成头部。

(3) 股价第三次下跌,成交量很明显地小于左肩和头,当股价跌至左肩低点附近并止跌(即未能创出新低),随后,股价反转向上,形成右肩。

(4) 由左肩高点至右肩画一条连线,谓之颈线。最后,股价在巨量的推动下,一举突破颈线,当收盘价突破幅度超过3%以上时为有效突破,头肩底形态成立。

(5) 突破之后通常有回抽,伴随成交量明显萎缩,回抽在颈线上方自然止跌,然后再次上扬。

## 2. 头肩底的形成

股价长期下跌之后,出现一次反弹,说明买方已初具抵抗能力。由于下跌趋势并未改变,所以股价二次下跌。第二次下跌创出新低并出现恐慌性抛售,同时很快回升,反映出下跌能量已充分释放。第三次下跌未能达到头部低点即获支撑并回升,说明买方力量已占上风,趋势已有发生逆转的倾向。当两次反弹形成的高点连线(即颈线)被放量突破后,显示多方已控制大局,向上趋势确立。

## 3. 头肩底形态选股策略

(1) 在回抽颈线位时买入,适用于稳健型投资者,但如果遇到走势强劲的黑马股,往往突破之后不做回抽,可能会因失去机会而令人失望。

(2) 在突破颈线位当天收市前买入,适于进取型投资者,但由于追进价较高,可能要承担回抽时暂时套牢,也可能是无效突破而高位套牢的风险。

(3) 更为大胆的投资者为获取更大利润,往往在头肩低的右肩形成中即开始建仓,也就是根据一般情况下形态对称的特性,在右肩接近左肩低点时买入。

### 选股点金

投资者在运用头肩底形态选股时不必强求形似,关键是要强调神似,因为,头肩底的形成过程和形态本身比较复杂,有时候会发生变异现象,如变成复合头肩底形态等等,这类底部形态的研判技巧与正常头肩底形态的研判没有多少不同。而且,这种复杂的头肩底往往更加安全可靠。

# 第四章
# 把握选股"透视镜"
## ——通过指标分析选股

技术指标只是一种工具,具体的操作投资者还需自己仔细考虑,而且对于技术指标的用法可谓见仁见智。技术指标只能是个参考,总的原则是,股票起跌之时,强势股不要买;未跌之时,弱势股不要卖。起涨之时,强势股抢着买;末涨之时,弱势股抢着卖。

# 一、认识技术指标

技术指标是股票中的专有名词，泛指一切通过数学公式计算得出的股票数据集合。

技术分析的基本观点是：所有股票的实际供需量及其背后起引导作用的种种因素，包括股票市场上每个投资者对未来的希望、担心、恐惧等等，都集中反映在股票的价格和交易量上。由此在价与量的基础上，依照一定算法计算出技术指标，从而在一定程度上反映股票的走势状况。技术指标的具体数值和相互间的关系，直接反映股市所处的状态，为投资者的操作行为提供指导方向。指标反映的东西大多是从行情报表（即基本面）中直接看不到的。

技术指标分析是判断股市运行和个股选择的一种基本方法，在实际运用中较为广泛，指标分析在实际运用过程中，有着自身的特点和优势，我们要分辨其优劣势，寻找出可以利用的价值规律，便可较好地把握这一方法，达到准确判断买卖点而实现获利的目的。

目前，证券市场上的各种技术指标数不胜数。一般可以分为：

大盘指标：广量冲力指标 BTI、阿姆士指标 ARMS、超买超卖指标 OBOS、指数平滑广量指标 STIX、涨跌比率指标 ADR 等等。

能量指标：成交量变异率指标 VR、中间意愿指标 CR、买卖气势指标 ARBR、能量潮指标 OBV、价量趋势指标 PVT 等等。

趋势指标：趋势指标 DMI、平滑异同移动平均线 MACD、指数平均数指标 EXPMA、平均线差指标 DMA、多空指标 BBI 等等。

反趋向指标：随机指标 KDJ、变动率指标 ROC、威廉指标 WMS、相对强弱指标 RSI、乖离率指标 BIAS、震荡指标 OSC 等等。

压力支撑指标：布林线指标 BOLL、麦克支撑压力指标 MIKE、方向标准离差指数指标 DDI 等等。

任何一款看盘分析软件都提供了大量的技术分析指标，可以让投资者方便地根据自己的需求寻找到合适的分析工具。

**选股点金**

需要注意的是：技术指标只是一种工具，具体的操作投资者还需自己仔细考虑，而且对于技术指标的用法可谓见仁见智。

# 二、利用技术指标的时间共振效应选股

20世纪中叶，一队法国士兵在指挥官的口令下整齐地通过昂热市附近一座长102米的大桥，由于士兵的步伐周期与桥的固有周期相近，引起桥梁共振，振幅超过桥身的安全限度，而造成桥塌人亡事故，有226名士兵在这起事故中丧失生命，造成这次惨剧的罪魁祸首就是共振！

现实生活中的许多方面都要利用共振现象，例如，收音机的调频就是利用共振来接收某一频率的电台广播，又如弦乐器的琴身和琴筒，当短频率与长频率出现倍数的关系时，就会产生共振，成为用来增强声音的共鸣器。股市技术分析中存在的共振现象往往能提供非常有效的介入时机。

技术指标的时间共振主要是指同一技术指标在不同时间内同时发出买卖信号的技术现象，这是一种非常强烈和明确的操作指示。

很多技术指标都存在一定的共振现象，但不是所有的技术指标的共振现象都有实用价值，例如，心理线指标PSY的共振现象就没有实际应用价值。通过进行详细的科学统计和认真细致的比较，发现有五种技术指标的共振最具有实际作用。分别是：威廉指标WMS、随机指标KDJ、乖离率BIAS、指数平滑异同平均线MACD，相对强弱指标RSI，我们这里只介绍最典型的前两种。

技术指标的时间共振在时间周期方面包括四要素：即月线指标、周线指标、日线指标和分时线指标，其中分时线指标在大多数情况下采用的是 60 分钟线的技术指标。这四要素是构成时间共振分析的整体，可以说缺一不可。投资者在实际应用中最容易忽略的周期要素分别是月线指标和分时线指标，如果忽略月线指标，常常会使投资者的操作缺少趋势的支持，而缺少分时线指标，常常会使投资者在短线买卖点方面存有疑惑。因此，投资者在应用共振分析时必须完整地考虑四要素的状况。

## 1. 威廉指标 WMS 的时间共振分析原理

威廉指标由于其计算方式的与众不同，因此，当指标数值大于 80 为超卖，而当指标数值小于 20 时反而属于超买。威廉指标的特性是反映过于灵敏，指标波动频率过快，容易引起信号频发现象，而采用时间共振分析则能很好地理解这种现象。

当月线威廉指标进入到超卖区，同时周线威廉指标也进入超卖区，日线威廉指标也发出明确的买入信号，但投资者不必过于着急，可以耐心等待共振分析四要素中最后一个要素：分时线指标也同步发生买入信号时再介入。这样投资者可以准确地在低位买入。

## 2. 随机指标 KDJ 的时间共振分析原理

KDJ 指标是投资者中最常使用的一种技术指标，它反应灵敏，有非常明确的买卖信号，简单易学，深受大多数投资者的喜爱。但是，它却有一个糟糕的缺陷：那就是 KDJ 指标在高位和低位的钝化现象。由于受计算原理的限制，在股价攀升或下跌一段时间后，KDJ 指标对股价的反映会变得极为迟钝，股价再度继续上涨或下降很多时，KDJ 指标可能才稍微动一下，这就会给我们的买卖决策提供不合实际的参考指标。也使得 KDJ 指标仅适合于在股价箱体运动时使用，一旦个股成为黑马或大盘彻底走熊时，KDJ 指标就会提示过早的逃顶或过早的抄底。通过时间共振的分析，可以有效解除随机指标的钝化瓶颈。

进行随机指标的共振分析时，必须首先了解随机指标的特点。随机指标的与众不同之处在于：随机指标的超卖超买信号以及买卖信号都不是单一的。随机指标的超卖现象有三种情况，分别是随机指标的 K 值或 D 值小于 20 及 J 线小于 D 线。随机指标的买入信号有两种：一种是随机指标从负值转变为正值时，K 线对于

D线的突破；另一种方法是随机指标的K、D黄金交叉。在确认随机指标超卖信号时，要求其三种情况只要达到其中一种就可以，而确认其买入信号时，则要求随机指标的两个买入标准必须全部达到，至于时间可以有所差距。

此外，随机指标的时间共振分析同样可以运用于指数分析和卖出操作中使用，由于基本原理都是相同的，因此不再详细叙述。

### 选股点金

值得注意的是，为了提高时间共振的利用效率，投资者对于四要素中的月线指标的标准可以适当放宽。最完美的时间共振当然是月线指标、周线指标、日线指标和分时线指标全都出现信号，这种完美往往难得出现一次。因此一般情形下，我们要求至少要周线指标、日线指标、分时线指标出现买入信号，才可视为还算可靠的时间共振。

## 三、利用成交量选股

根据成交量选股要求投资者分析成交量的变化，捕捉主力行踪，看破主力意图，是中小投资者找到好股的重要办法。通常，当股价从高位滑落时，成交量逐渐萎缩；当股价跌至一定位置的时候，往往伴随着成交量的极度萎缩。这时多空双方的力量已经发生了变化，空方的能量几尽衰竭，而多方则有蓄势发动行情的机会。

如果成交量在逐渐萎缩达到地量后，温和放量，使成交量曲线形态出现圆弧底时，我们该注意了，股价很可能反转回升。该种形态出现后，成交量放大越明显，后市股价的上涨动能越足。

在实际操作中，投资者可采用以下办法：

（1）选取成交量从某天突然放大，之后维持在较高水平，但股价上涨幅度较小的股票。

出现这种情况，一般都是主力在有计划地进行吸纳，但这种吸纳容易引起股价的上扬。主力为了掩盖其吸货的迹象，经常会在尾市的时候将股价砸低，从而在 K 线图形上留下长长的上影线，给人一种上方抛压非常之重的感觉。主力这种欲盖弥彰的做法，给我们一个较好的建仓介入机会。

（2）选择从某天股价大涨、成交量异常放大、之后能够维持这种走势的股票。

这类股票，通常是有突发性的利好消息待公布，主力来不及慢慢地低位吸货，只好采取拉高建仓的方式。由于这类股票的主力介入成本较高，后市大多会有爆发性的行情出现。

（3）选取前期曾经出现急拉行情，调整时长期无量横盘的个股，待其成交量重新放大（通常量比在 3 以上，以 6～9 较佳，太大有出货嫌疑）时，可积极跟进。如图 4—1 所示。

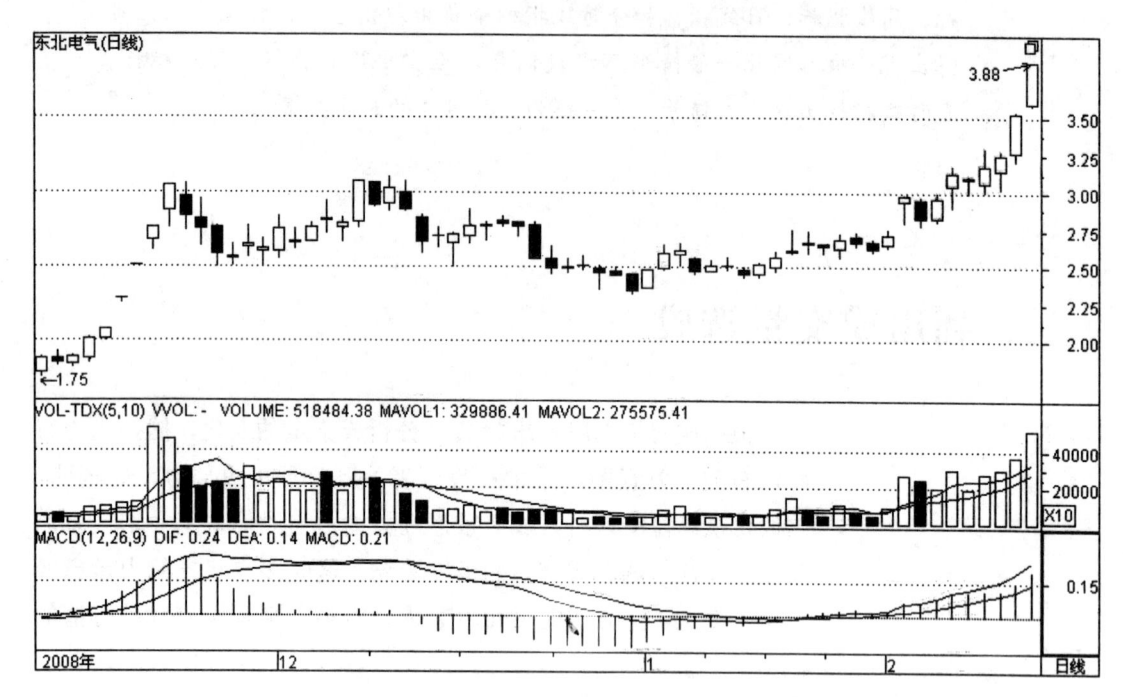

图 4—1 成交量选股

前期出现过急拉行情，特别是连续几个涨停板拉上去的股票，都有大资金的介入。经过较长时间的调整之后，浮动的不坚定筹码所剩无几，从而为以后行情的纵深发展打下了坚实的基础。另外，股价能够缩量横盘，说明前期介入的主力资金无法在高位顺利出逃，同时主力有护盘的迹象。

这类股票，成交量重新放大（最好是能够放大至前期开始急拉时的成交量），可能是以下原因中的一种：①前期主力蓄势完毕，卷土重来；②有新的增量资金的介入。

不管是其中的哪种原因，重新放量之后，该股上涨的概率极大，积极跟进收益较高、风险较小。

（4）选取成交量连续几个月极度萎缩的个股。

有的股票，在一段时间的放量之后，成交量大幅萎缩，有的甚至会出现连续很长时间日成交少于10万股的情形。

这里说的成交量萎缩，可以是冲高回落后的萎缩，也可以是漫漫熊途后的萎缩，它都反映了持股者的惜售心理和多空双方不再认同股价的下跌，在技术指标上反映了严重的超卖现象。此时买入股票最为安全。

选取这类股票的时候，得遵循以下几个原则：①长时间成交清淡，几乎没人买卖，日成交较长时间维持在1000手以下；②股价随着成交量的缩小逐步下跌，至某位置跌无可跌，成交量开始放大；③维持较小的日成交量时间越长，将来上涨的空间将越大；④成交量放大至缩量时的7倍以上时，中线可积极介入。

股市中常有人说：什么都可以骗人，唯独成交量骗不了人，只有成交量才是最真实的。这话让那些曾经在成交量上栽过跟头的人听了是绝不会苟同的，谁说成交量骗不了人？主力用成交量设置陷阱，往往会使更多的股民陷入其中。原因很简单，人们太过于相信成交量。价跌量增，被视为股价向淡的经典形态，而主力却可以借此设置陷阱，以达到其震仓洗盘的目的。

例如：西北轴承（000595）2010年10月19日股价在相对高位连续出现放量阴线，事实证明，这是主力精心挖掘的"井"。如图4－2所示。

无量反弹，往往被认为人气不盛的表现，场外资金观望气氛浓，追涨情绪不高，成交量难以有效放大，反弹"夭折"的可能性极大。因此，投资者不敢也不愿进场。其实，这往往也是一个陷阱，只要主力筹码锁定好，用少量资金将股价推高是不成问题的。等市场反应过来时，指数或股价已经相对较高，许多投资者因此而踏空。

高位放巨量收阳，常被缺乏经验的投资者认为是股价强势上攻的表现，是主力正在拉高，于是抓紧时机抢夺筹码，岂知接到手的全是主力出的货，等明白上当时主力早已无影无踪了。其实，

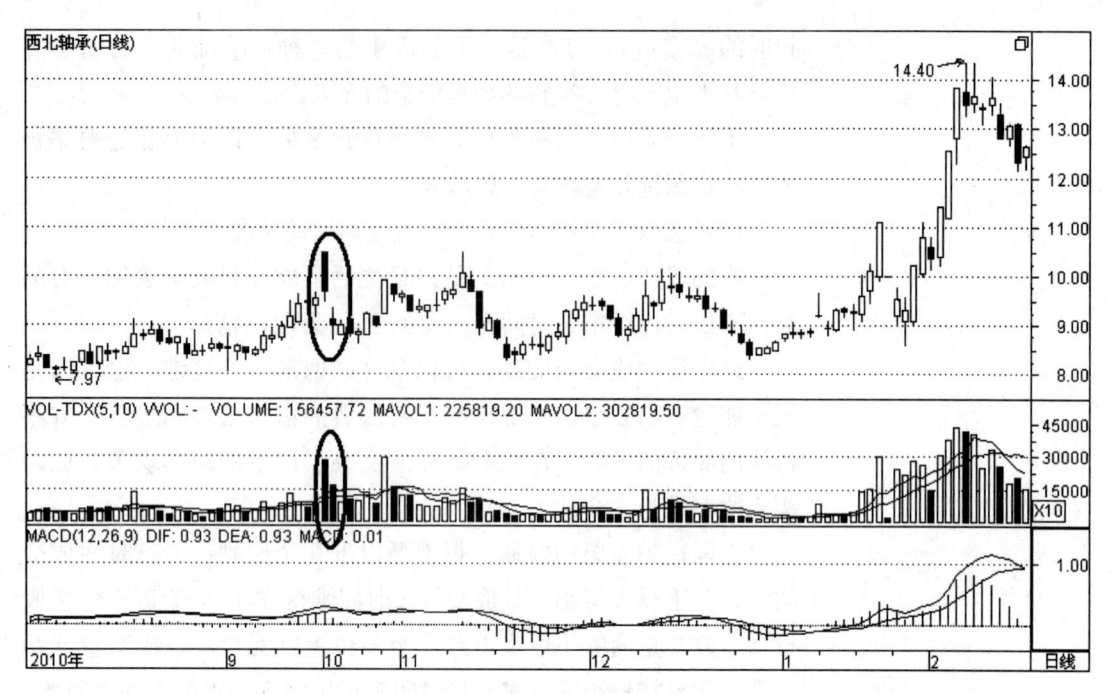

图4—2 西北轴承日K线走势图

只要冷静分析一下，是不难发现主力意图的。主力若不是拉高出货，为何需要这么大的量？市场人气旺盛，散户能大量抛售筹码吗？因此高位放巨量收阳，投资者应当把它与高位放巨量收阴同样对待。如果是巨量收小阳或上影线较长，表明价已到顶，主力出货无疑，应坚决退出，放巨量涨停的个股，如果次日收盘价低于前日收盘价或明显呈现跌势，也应立即抛售。高位成交量连续放大，常是主力出货的表现。但是，主力可以采用小单出货法，每次只卖20手，根本不超过1万股，几乎所有的软件都不会把这种小成交量统计成主力出货，使投资者认为主力仍在其中而持股不放，结果被套牢在高位。

主力还会采用多卖少买的方法设置成交量陷阱，误使投资者认为主力吃货而大胆跟进。先吃后吐，吃少吐多，也是主力在成交量上设的一个陷阱，主力要出货时，会先把股价拉高5%～10%，而且高位放巨量，显示的就是买进的实盘，多数人会认为主力在买进，风险不大，所以也积极买进。然后，主力再逐渐出货，股价逐渐下跌，如果做得好，当天可以出很多货。在这里，主力在高位买进的可能确实是实盘，比如，买进50万股，但随后他可以在低位抛出100万股或者200万股。

主力利用成交量设置陷阱的招数还不止以上介绍的这些，对于经验不足的投资者来说，要想识破它们并非易事，这需要投资者在实战中多总结经验，多动脑筋，结合其他分析手段综合研判，千万不能把成交量当成唯一判市的工具。

**选股点金**

依据成交量选股的方法并不是绝对的，最后的投资决策，仍然要靠投资者自己根据对当日市场的观察、思考和判断做出。

## 四、利用换手率选股

换手率即指某一股票在某天（或某段时间内）当日成交的股数与该股流通股数的比值，换手率＝日成交量（股数）/流通盘，比如说，某股当日成交了200万股，该股流通盘为4000万股，则该日的换手率＝200/4000＝5％。

换手率代表多空双方的态度和交换的积极性，它属于短线指标，表明短线市场对后市倾向的程度。比较大的换手率表示参与者认为短期趋势将加快，比较小的换手率表明市场交易清淡，观望气氛浓厚，不适合参与。而过大的换手率预示市场达到狂热或极度悲观、恐慌，市场即将发生逆转。根据市场情况与实战经验，我们对换手率的以上表述进行量化式处理，这样更容易理解和操作。在实战过程中，根据换手率对操作的具体指导作用，可以把换手率分为三类。

### 1. 观望换手率

此时，日换手率低于1％，这表明市场交投非常低迷，涨跌都很难判断，没有操作意义，只能观望，不宜买卖。一般而言，这种情况往往发生在下跌末期或筑底阶段，发生在顶部的情况极为罕见。

## 2. 加速换手率

此时，日换手率介入1％～10％之间，更多的是维持在3％～7％之间，这种情况往往表明市场交易活跃、积极，原来趋势将得以加速发展。如果发生在下跌过程中，则表明下跌将加速，应该先行卖出观望；如果发生在刚刚上涨初期，则表明将加速上涨，应该立即追进。

当一只股票的日换手率超过1％时，我们就要注意了，一旦日换手率超过2％，达到3％左右时，我们就要买入了。一句话，3％左右的日换手率往往是短线拉升的必备条件，达不到这一换手率的上涨属于无量反弹，行情难以持续，宜卖不宜买。达到或超过这一换手率的上涨属于行情刚刚启动，短线将继续强势上涨，宜买不宜卖。

## 3. 逆转换手率

此时，日换手率超过了10％，市场成交异常火爆，人气极度狂热或悲观，表明行情即将逆转。尤其需要说明的是在上涨过程中，如果日换手率超过10％但没有超过15％，此时还可以观望。一旦超过15％，则必须立即减仓，一旦超过20％，则立即清仓，这是定律，必须遵守执行！

通过以上三个类别换手率的分析，投资者应该很好地把握住不同的行情，具体分析当时的趋势，这样才能选出更好的股票来。

### 选股点金

在根据换手率选股时，要观望不要过早买入；当日换手率达到3％～7％左右时，属于安全拉升阶段，买入、加仓、持股最理想，不宜卖出；当日换手率超过15％、20％时，果断减仓、清仓。

这就是换手率选股思路的核心所在，掌握了这几个百分比数字，就可以实现轻松选股、安心操作了，起码不会再犯大错误，不会在市场极度狂热时去追涨，不会把自己扔在市场的山顶上，以免饱受"冬吹寒风夏晒太阳"的煎熬。

## 五、利用 BBI 指标选股

BBI 指标又叫多空指标，是一种将不同时间周期移动平均线加权平均之后的综合指标，属于均线型指标。在使用移动平均线时，投资者往往对参数值选择有不同的偏好，而多空指标恰好解决了中短期移动平均线的期间长短合理性问题。

多空的判断有很多方法，股市中不少人喜欢用移动平均线来判断，通过设定不同周期的移动平均线来寻找多空转换的迹象，但是，这种方法并不能有效解决不同周期移动平均线互相协调的问题。而 BBI 多空指标的设计原理是综合多个移动平均线的数值后，将它们进行平均处理，这样得到的数值更客观、更形象，因为它如同一个议会，是在综合了大家的意见后得出结论的，而不是单独做出评判，所以，用多空指标来判断多空的效果是比较理想的，特别是在判断中长期走势的时候。如图 4-3 所示。

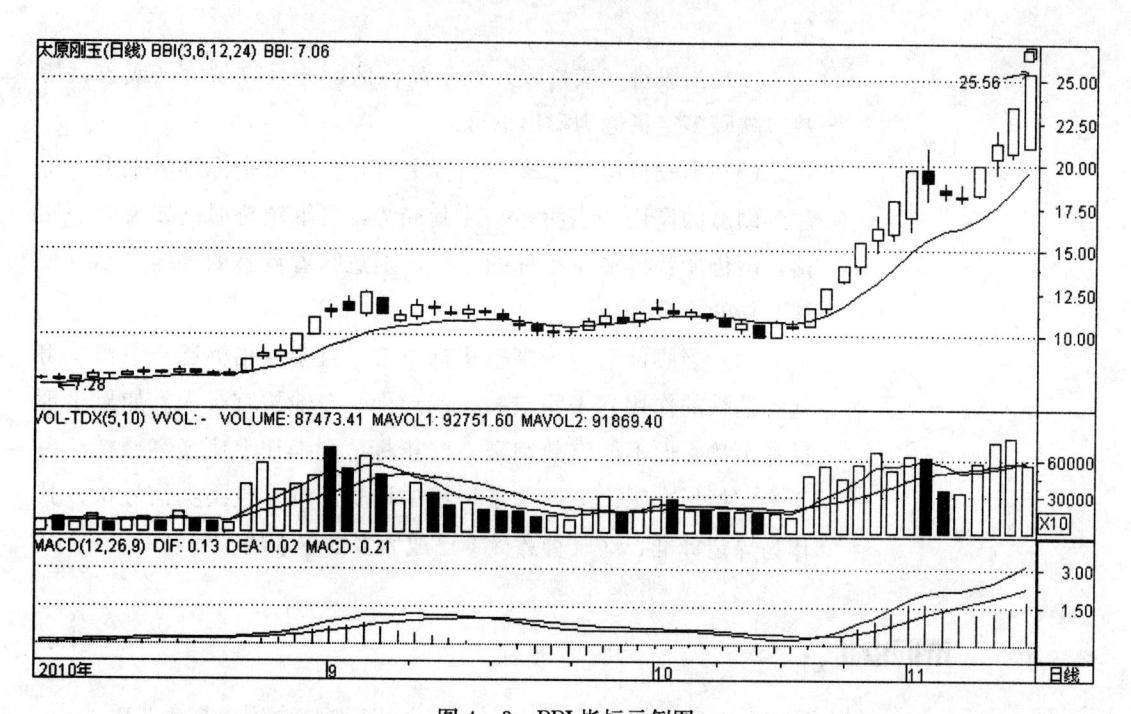

图 4-3　BBI 指标示例图

### 1. BBI指标的计算方法

多空指标就是将3日、6日、12日和24日移动平均线再平均后得出的另一条移动平均线。其计算公式如下：

$$BBI=\frac{3日MA+6日MA+12日MA+24日MA}{4}$$

式中，3日MA表示3日移动平均线；6日MA表示6日移动平均线；12日MA表示12日移动平均线；24日MA表示24日移动平均线。

从多空指标的计算公式可以看出，多空指标的数值分别包含了不同参数的移动平均线的部分权值，这是将不同参数的移动平均线在平均后的数值，从而分别代表了不同参数的移动平均线的功能，因而它真正地代表了股票市场的中期移动平均线，它较好地解决了移动平均线的参数问题，投资者据此操作较为理想。

### 2. BBI指标的应用技巧

由于多空指标是在移动平均线的基础上发展而来，因此，在其运用方面也可参照葛兰威尔法则，具体如下：

（1）当股价处于低位区，一旦收盘价突破多空指标为买入信号。

（2）当股价（或指数）处于高位区，一旦收盘价（或收盘指数）跌破多空指标为卖出信号。

（3）当股价运行于多空指标上方，且多空指标逐渐上升，将起到助涨的作用，表明多头控制局势，可继续持股；如果股价回落，但仍能获得多空指标的支撑，则意味着调整即将结束，有望展开新的上升行情。

（4）当股价运行于多空指标下方，且多空指标逐步下滑，将起到助跌的作用，表明空头控制局面，一般不宜买入。如果出现反弹走势，但不能有效突破多空指标，则操作上应逢高减持。由于多空指标在图上以一条曲线的形式出现，且买卖信号也以其作为界定标准，某种意义上已成为多空分水岭。

**选股点金**

要注意的是，如果按系统默认的变化，对短期行情的指导意义更为突出。当然，投资者也可以自行修改系统参数，以满足对不同周期的行情进行研判的要求。在运用移动平均线进行技术分析时，投资者可以设置数条不同周期的移动平均线，以死亡交叉或黄金交叉来判断转折点。多空指标在这方面有"先天性"的缺陷。

不过，投资者可以通过寻找拐点的方式来弥补该缺陷，比如，当多空指标保持向上态势时在操作上可以买入或持股为主；当其上行趋缓转为走平时应提高警惕，以观望为宜；而多空指标掉头向下形成拐点时应适当减持或离场。此外，该指标也存在滞后性特点，因此，在运用时应注意结合其他指标综合判断。

# 六、利用 PSY 指标选股

心理线 PSY 指标是从英文 PsychologicalLine 直译过来的，是从投资者的买卖趋向心理方面，将一定时期内投资者看多或看空的心理事实转化为数值，来研制股价未来走势的技术指标。如图4—4所示。

图4—4　PSY 指标示例图

## 1. PSY指标的计算方法

$$PSY(N) = \frac{A}{N} \times 100$$

式中，A指N日内上涨天数；N为天数可以自行设定，一般可取5日、10日、12日、20日、24日等。

## 2. PSY指标的应用技巧

（1）PSY通常介于0～100之间，若PSY在25～75之间变动则属常态分布。当PSY上下穿过50线，往来游走于25～75之间的分布区间时，应持观望态度，"守株待兔，以静制动"。

（2）若PSY在25以下时为超卖，在75以上时为超买，股价分别上升或下跌的机会增加，可准备随时买进或卖出。

（3）当PSY大于90时是真正的超买，要记住："股市最欢腾之时，就是悲剧即将到来之日"。当股市上所有人都乐极陶醉的时刻，是抛货离场的最好时机。

（4）当PSY小于10时是真正的超卖，此时抢反弹的获利机会相当大。

（5）一般上涨行情展开以前，通常超卖的低点会出现两次，若低点密集出现两次则为买入信号；同样，一段下跌行情展开以前，超买的高点也会出现两次，若高点密集出现两次则为卖出时机。两种情况都为投资者提供了充分的时间，分析未来价位的变动方向，以便做出有力决策。

### 选股点金

PSY指标的优点在于其设计构思很好，通过研究买卖双方的心理趋向研判股市。其缺点在于，PSY的计算方法过于简单，倘若PSY指标能与其他指标配合使用，精确度会更高。

## 七、利用 WVAD 指标选股

WVAD（Williams's Variable Accumulation Distribution）是一种加权的量价动量指标，由 Larry Williams 所设计，其作用在于测量从开盘到收盘期间，买方与卖方各自的实力，适合长线的投资者使用。如图 4-5 所示。

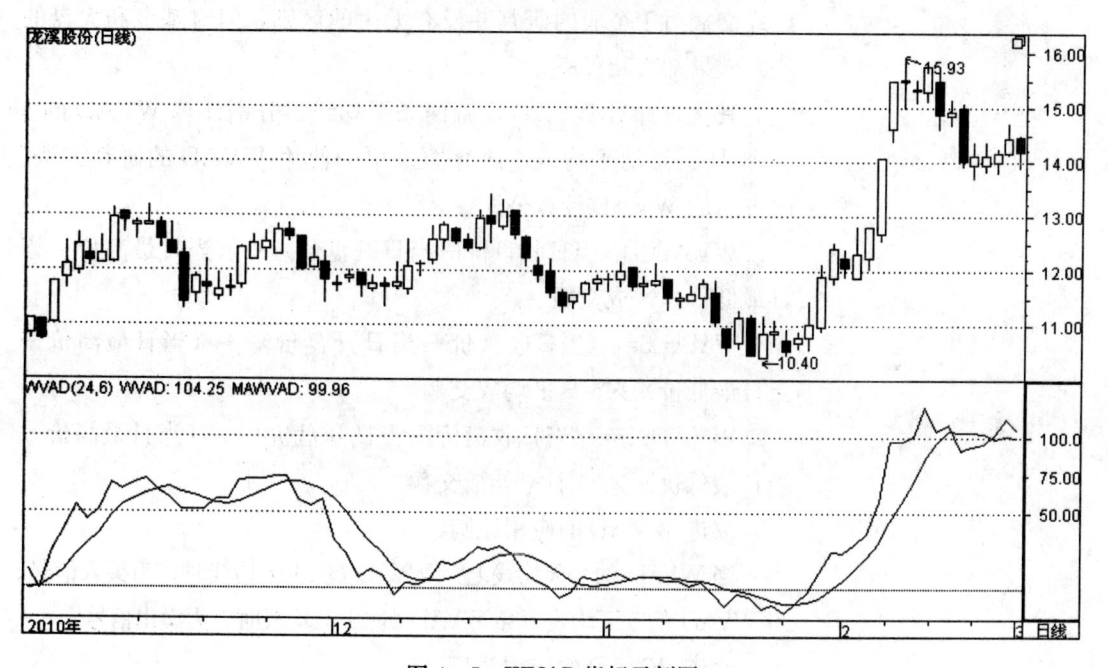

图 4-5 WVAD指标示例图

### 1. WVAD指标的计算方法

$$WVAD = A \div B \times V$$

式中，A＝当日收盘价－当日开盘价；B＝当日最高价－当日最低价；V＝当天成交量。

### 2. WVAD指标的应用技巧

（1）指标为正值时，代表多方的冲力占优势，应买进。

（2）指标为负值时，代表空方的冲力占优势，应卖出。

（3）WVAD是测量股价由开盘到收盘期间，多空双方的战斗力是否平衡。

（4）运用WVAD指标，应先将参数设置为长期。

以WVAD是否穿越零轴线作为买卖标准时有很严重的延误性，往往股价已冲高许多时，才会出现买入信号，反之亦然。也有使用WVAD和WVAD的6日平均线作比较进行研判，但误差率较高，特别是在卖出信号的研判上。

改进方案：

首先，将计算公式中的成交量改为成交额，使用成交量或使用成交额对于个股的研判并没有太大的区别，但对基金和大盘的研判效果却大相径庭。

其次，针对WVAD设置两条平均线，分别计算WVAD的5天和21天移动平均线，放弃原来单一使用WVAD的研判方法。

改进后的WVAD计算公式：

WVAD＝（当日收盘价－当日开盘价）÷（当日最高价－当日最低价）×成交额

WVAD5＝（当日收盘价－当日开盘价）÷（当日最高价－当日最低价）×5日平均成交额

WVAD21＝（当日收盘价－当日开盘价）÷（当日最高价－当日最低价）×21日平均成交额

改进WVAD的应用原则：

当WVAD的5天均线上穿WVAD的21天均线时，为买入信号。当WVAD的5天均线下穿WVAD的21天均线时，为卖出信号。

改进WVAD的应用技巧：

（1）5天均线位于21天均线之下的时间越长，效果越好。如果在5天均线位于21天均线下之前两者有一段黏合在一起的时间更好。

（2）5天均线位于21天均线之下时，5天均线距离21天均线越远越好，但有个前提，对于前期暴涨过的股票无效。

（3）5天均线上穿21天均线的瞬间，上穿力度越大越好，上穿角度越陡越好。

（4）当5天均线和21天均线黏合在一起，处于纠合缠绕状态时，该指标失效。

（5）对于刚上市的新股，由于该指标波动过大，无法应用。

以上应用技巧对于卖出信号的研判同样有效,只要相反应用就可以,不再复述。

**选股点金**

WVAD指标在选择买卖时机上经常会延后,因此它适合较长周期的操作选股,短线炒作最好将时间周期调成60分钟K线或更短的周期。

# 八、利用RSI指标选股

强弱指标RSI(亦叫相对强弱指标)是利用一定时期内平均收盘涨数与平均收盘跌数的比值来反映股市走势的。"一定时期"选择不同,RSI选用天数可为5天、9天、14天。一般地讲,天数选择短,易对起伏的股市产生动感,不易平衡长期投资的心理准备,做空做多的短期行为增多。天数选择长,对短期的投资机会不易把握。因此,参考5天、14天的RSI,是比较理智的。当然股民也可以自己选择更适合自己操作的天数。如图4-6所示。

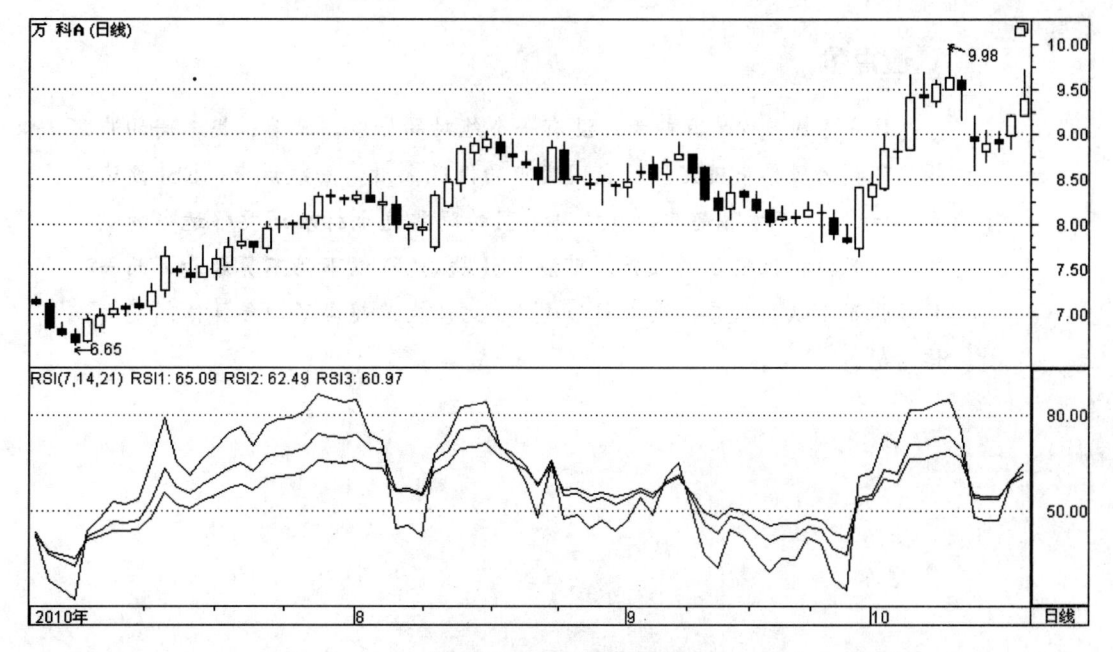

图4-6 RSI指标示例图

### 1. RSI指标的计算方法

$$RS(n) = \frac{A}{A+B} \times 100$$

式中，A 为 n 日中股价向上波动的大小；B 为 n 日中股价向下波动的大小；A+B 为股价总的波动大小。

RSI 实际上是表示股价向上波动的幅度占总波动的百分比。如果比例大就是强市，否则就是弱市。

### 2. RSI指标的应用技巧

RSI 的基本原理是在一个正常的股市中，多空买卖双方的力道必须取得均衡，股价才能稳定。而 RSI 是对于一定时期内，股价上涨总幅度平均指数占总幅度平均值的比例。它的买卖原则是：

（1）RSI 值于 0~100 之间呈常态分配，当 RSI 值在 80 以上时，股市呈超买现象，若出现 M 头，为卖出时机。当 RSI 值在 20 以下时，股市成超卖现象，若出现 W 底，为买进时机。

（2）RSI 一般选用 5 日、9 日、14 日作为参考基期，基期越长越有趋势性，为慢速 RSI；基期越短越有敏感性，为快速 RSI。

（3）当快速 RSI 由下往上突破慢速 RSI 时，为买进时机；当快速 RSI 由上往下跌破慢速 RSI 时，为卖出时机。

**选股点金**

RSI 达到多少才算超卖，没有一个绝对的标准，需要根据不同的市场、不同的股票来确定。就我国股市的情况来看，一般说来，RSI 要达到 10~20 以下才算超卖。具体到不同的股票这个标准还要作适当的调整，一只投机性较强的股票，可能 RSI 跌到 20 以下仍不算超卖，而一只股性不活跃的股票，则 RSI 跌到 30 就可能是超卖了，要具体问题具体分析。

## 九、利用 KDJ 指标选股

随机指标，又称 KDJ 指标或 KD 线，是投资者最常使用的一种技术指标，它反应灵敏，有非常明确的买卖信号，简单易学，深受大多数投资者的喜爱。KDJ 指标是由 George Lane 所创，其综合动量观念、强弱指标及移动平均线的优点，早年应用在期货投资方面，功能颇为显著，目前是股票市场中最常用的指标之一。如图 4—7 所示。

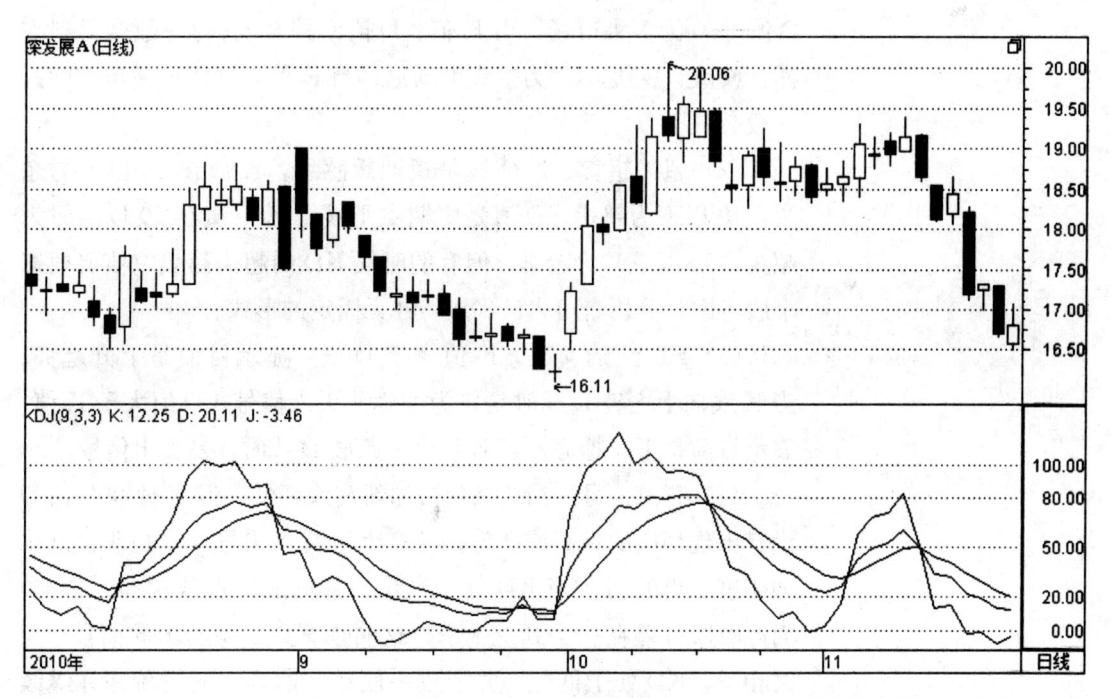

图 4—7 KDJ 指标示例图

### 1. KDJ 指标的计算方法

（1）首先求出未成熟随机值（RSV：Raw stochastic value），其计算公式为：

$$RSV(n) = \frac{C_t - L_n}{H_n - L_n} \times 100$$

式中，$C_t$ 为第 t 日收盘价；$L_n$ 为 T 日内最低价；$H_n$ 为 T 日内最高价。RSV 值始终在 1~100 间波动。

（2）对 RSV 进行 3 日指数平滑移动平均计算，得到 K 值，其计算公式为：

当日 K 值＝当日 RSV×1/3＋前一日 K 值×2/3

对 K 进行 3 日指数平滑移动平均计算，得到 D 值，其计算公式为：

当日 D 值＝当日 K 值×1/3＋前一日 D 值×2/3

在计算之初可以设 K、D 值的初值为 50 或者当日的 RSV 值。

## 2. KDJ 指标的应用技巧

（1）多空均衡区。当 K 值、D 值＝50 为多空均衡区；K 值、D 值＞50 为多头市场，当 K 值、D 值回挡至 50 时一般会得到支撑；K 值、D 值＜50 为空头市场值，当 K 值、D 值反弹至 50 时，一般会有压力。

（2）超买超卖。K 值线是短期敏感线，K 值在 90 以上为超买，10 以下为超卖；D 值是中期主干线，当 D 值在 70 以上时为超买，30 以下时为超卖。但有的时候 KD 的超买超卖取值要根据个股考虑，分析者可自己确定，并无固定的形式。

（3）KD 线的交叉。K 值大于 D 值，显示目前是上升趋势。当 K 线向上突破 D 线时是较为准确的买入信号；D 值大于 K 值，表示目前是下跌趋势，当 K 线向下跌破 D 线时，是卖出信号。

（4）背离信号。当股票价格创新高或新低，但 K 值和 D 值却没有出现相应的新高或新低，便产生了背离信号，这是非常准确的买进卖出时机。当 KD 处于高位，并形成两次依次向下的峰，而此时股价还在一个劲地上涨，这叫顶背离，是卖出的信号；与之相反，KD 处于低位，并形成一底比一底高，而股价还在继续下跌，这就构成底背离，是买入信号。

（5）KD 线不仅可用于日线图上，也可用在分时图或周线图，也可短、中和长线兼用。

### 选股点金

实际上，对于绝大多数投资者来说，是否能够灵活运用这个技术指标，对于他们从事短线炒作具有极大的影响。但是，对于从事中线或长线操作的投资者却影响不大。

假如将这个技术指标的计算周期延长，一周或者一月为计算单位，那么，所得到的数据对从事中长线炒作具有极高的使用价值了。而且，运用这种方法来研究股票，还比较容易抓到黑马呢。

# 十、利用 KDJ 钝化选股

由于受计算原理的限制，在股价攀升或下跌一段时间后，KDJ 指标对股价的反映会变得极为迟钝，股价再度继续上涨或下降很多时，KDJ 指标可能才稍微动一下，这就会给我们的买卖决策提供不合实际的参考指标，也使得 KDJ 指标仅适合于在股价箱体运动时使用，一旦个股成为黑马或大盘彻底走熊时，KDJ 指标就会提示过早的逃顶或过早的抄底。

这种钝化现象成为 KDJ 指标发挥正常作用的瓶颈，长久以来，很多专业人士研究了多种解决 KDJ 钝化的方法。常见的是采用长周期的 KDJ 指标来消除钝化现象，如用周 KDJ 指标代替日 KDJ 指标，但是这并不能彻底消除 KDJ 指标的钝化现象。也有的使用月 KDJ 指标或季 KDJ 指标，虽然可以消除 KDJ 指标的钝化现象，可是，月 KDJ 或季 KDJ（也包括周 KDJ 指标）却都存在虚假函数问题，在时间上有较大的滞后性。而且，过长的分析周期也损害了 KDJ 指标所擅长的中短期分析效果。还有的将 KDJ 指标作为图形分析对象，在上面画趋势线、数波浪或研判 W 底、三重底和头肩底等形态。KDJ 指标由于钝化作用，在股价处于高（低）位时，线条已经走形。对一个因外力作用而变形的图线进行形态分析，已经没有什么参考价值。指标的钝化现象并非 KDJ 的专利，其他指标中也有类似现象，如 RSI 指标。其实，大可不必为了消除 KDJ 的钝化现象，而采取不切实际的方法损害 KDJ 指标原来的灵活准确的功能。

事实上，只要巧妙应用，KDJ 的钝化作用一样可以化腐朽为神奇。就像《孙子兵法》所言，要收买敌方的内间成为我方的反间。我们也可以把误人的 KDJ 钝化作用转变成寻找底部的工具。

运用 KDJ 指标的钝化作用寻底主要有以下几种方法：

### 1. 放大法

因为 KDJ 指标非常敏感，因此，经常给出一些杂乱信号，这些信号容易误导投资者，错误地认为产生进货信号或出货信号，因此，操作失误。如果投资者放大一级来确认这个信号的可靠性，将会有较好的效果。如在日 K 线图上产生 KDJ 指标的低位黄金交叉，投资者可以把它放大到周线图上去看，如果在周线图上也是在低位产生黄金交叉，投资者将认为这个信号可靠性强，可以大胆去操作。如果周线图上显示的是在下跌途中，那么日线图上的黄金交叉可靠性不强，有可能是主力的骗线手法，这时候投资者可以采取观望的态度。

### 2. 形态法

由于 KDJ 指标的敏感，它给出的指标经常超前，因此，投资者可以通过 KDJ 指标的形态来帮助找出正确的买点和卖点。KDJ 指标在低位形成 W 底、三重底和头肩底形态时再进货。

### 3. 趋势线法

在股指或股价进入一个极强的市场或极弱的市场，会形成单边上升走势或单边下跌走势。

在单边下跌走势中，若 KDJ 指标多次发出买入信号或低位钝化，投资者如果按买入信号操作了，将被过早套牢，有的在极低的价位进货的，结果股价继续下跌，低了还可能再低。如果想要有效解决这个问题，可以在 K 线图上加一条下降趋势线，在股指或股价没有打破下跌趋势线前，KDJ 发出的任何一次买入信号，都将不考虑，只有当股指和股价打破下降趋势线后，再开始考虑 KDJ 指标的买入信号。

**选股点金**

很多 KDJ 指标的使用者常常抱怨 KDJ 指标的骗线问题，使用起来经常会有上当受骗的感觉，认为 KDJ 指标是主力拿来故意骗人的，实际上是因为他们没能处理好 KDJ 指标的钝化问题，参照上述方法进行操作，相信会有所改观。

# 十一、利用 ROC 指标选股

ROC（Rate of Change），中文名称是变动率指标，收盘价是股价一天交易后的最后终结价格，其参考意义很大。因此 ROC 指标就是反映当日收盘价与某一天收盘价之间的差异增减率，为我们分析收盘股价变动提供参考。如图 4-8 所示。

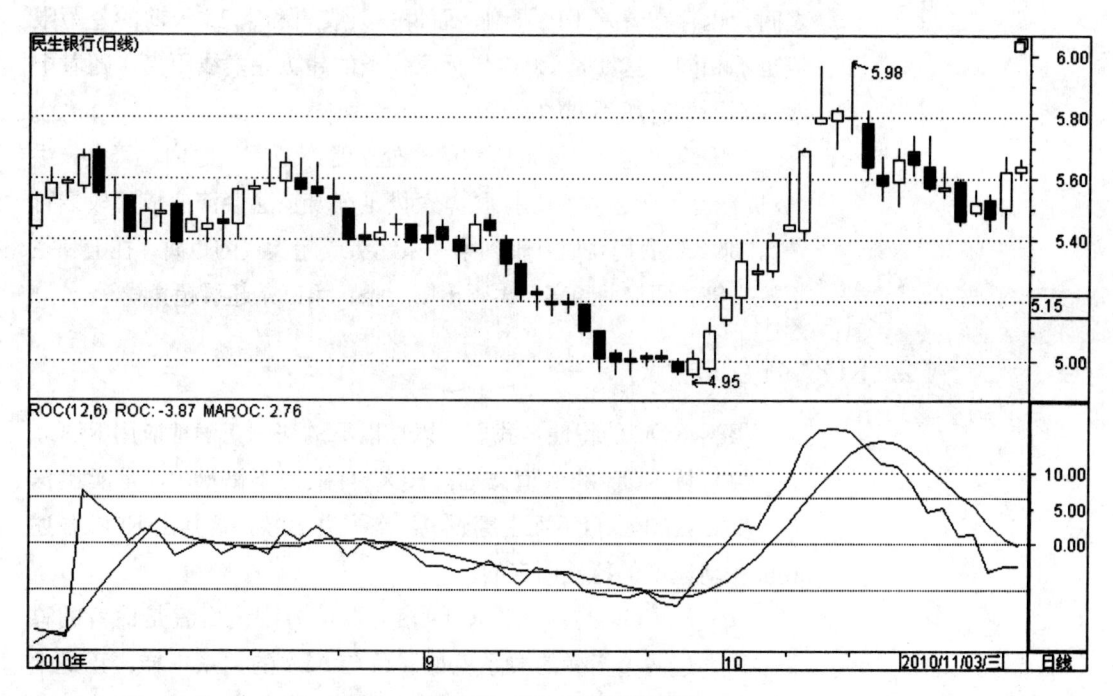

图 4-8 ROC 指标示例图

## 1. ROC 的计算方法

ROC＝[（当日收盘价÷N 天前的收盘价）－1]×100%

其中，N 天一般设为 12 天。

ROC 不是介于 0~100 之间波动的，它以 0 为中轴线，可以上升至正无限大,也可以下跌至负无限小。但是基本上 ROC 指标线的上下幅度,都会保持有限度的波动,不会无限制的扩张。

ROC 在 0 轴上下波动,若 ROC 在 0 轴之上且继续上升,表示上涨动量继续增加,ROC 可以上升至无限大。ROC 值在 0 轴以下,且 ROC 继续下行,表示下降动量仍然继续增加,ROC 可以无限下降。

ROC 指标主要的内涵,在于股价和 12 天前价格的距离,为什么呢?我们假设 12 天前的价格是一根柱子,而现在的价格是一头牛,两者之间绑着一条长短不等的绳子,在这条绳子的范围之内(常态范围),牛可以正常地走动、吃草,但是每一根柱子上都绑着一头牛,每一条绳子的长度都不同。因此,每一头牛(个股)可以自由走动的距离也不同。同样,现在的价格和 12 天前的价格之间,也存在着差距的限制,而每一只股票和它 12 天前的差距限值也不相同,这就是 ROC 指标第一条的超买超卖线距离,随着个股的不同而有所不同的原理。

牛安静地吃草,就是所谓的"处于常态范围"之内,可是,牛(股价)也可能会发狂,挣脱绳索拔足狂奔,这会演变成"极端行情"。那么,我们就以 0 轴到第一条超买或超卖线的距离,往上和往下拉一倍、两倍的距离,再画出第二条、第三条超买超卖线。

## 2. ROC 的应用法则

根据 ROC 的特性,我们可以按以下的法则正确地应用 ROC。

(1) 从 ROC 的取值方面。ROC 自上而下跌破 0,是卖出信号。反之,ROC 自下而上穿过 0,是买进信号。这是由 ROC 描述股价变动速度的特性而定的。

(2) 从 ROC 与 MAROC 的相对取值方面。后者是前者的移动平均,这两个指标的关系就如股价与 MA 的关系一样,正是由于这个原因,ROC 上穿 MAROC 并且 ROC 为正值时,是买入信号。同理,ROC 下穿 MAROC 并且 ROC 为负值时,是卖出信号。

(3) 从 ROC 与股价的背离方面。ROC 有领先于股价的特性,所以有如下的法则:如果从高向低 ROC 曲线出现两个依次下降的峰,而此时,股价却出现新的高峰,这就是背离,是卖出的信号。同理,ROC 从低向高形成依次上升的两个谷,而此时,股价却出现了新的低谷,这是买入信号。

## 第四章 把握选股"透视镜"——通过指标分析选股

**选股点金**

　　ROC 指标是股票中长线投资的研判指标，比较简单易学。投资者在实践中要牢记：不断上升的 ROC 隐含着速度的增加，而不断下降的 ROC 则隐含着动能的损失。上升的动能表示着多头市场，而下降的动能则表示着空头市场。

# 十二、利用 BOLL 指标选股

　　布林线指标又叫 BOLL 指标，其英文全称是"Bollinger Bands"，是用该指标的创立人——美国股市分析家约翰·布林的姓来命名的，是研判股价运动趋势的一种中长期技术分析工具。布林线指标是约翰·布林根据统计学中的标准差原理设计出来的一种非常简单实用的技术分析指标。如图 4-9 所示。

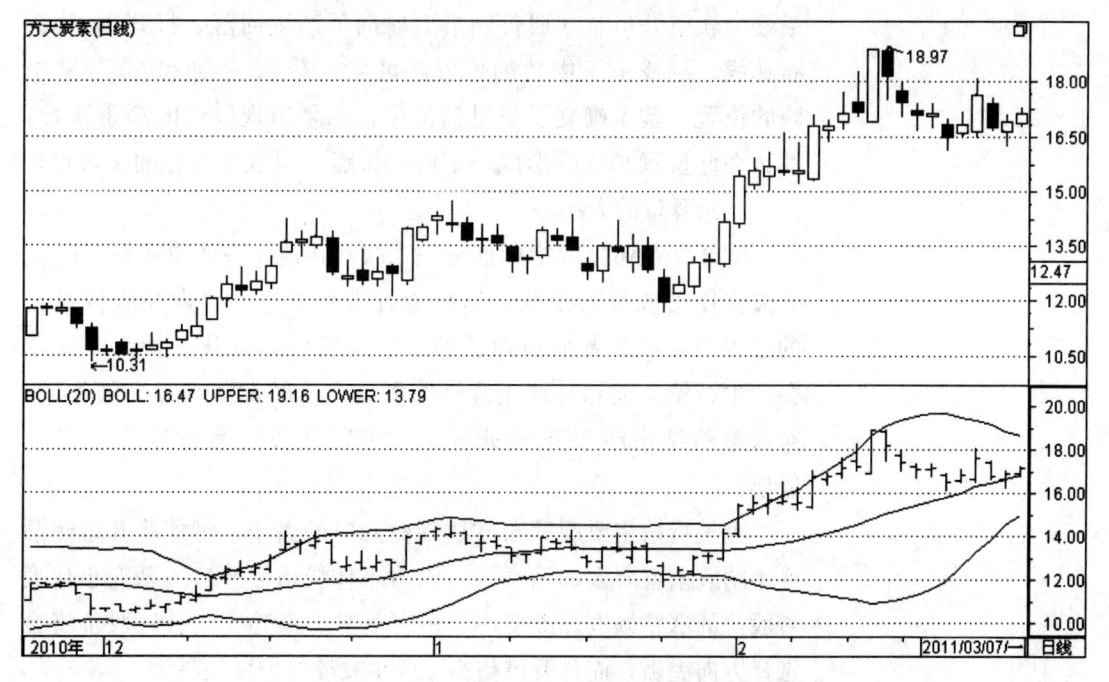

图 4-9　BOLL 指标示例图

### 1. 布林线指标的计算方法

布林线指标是计算一定期间内价位的变动率而转化出来的，通过计算股价的"标准差"，再求股价的"信誉区间"。该指标在图形上画出三条线，其中，上下两条线可以分别看成是股价的压力线和支撑线，而在两条线之间还有一条股价移动平均线。

### 2. 布林线指标应用技巧

布林线指标在实战操作中主要通过支撑和压力作用、轨道的宽度变化和开口方向提示买卖信号。

（1）支撑和压力。

一般来说，股价会运行在压力线和支撑线所形成的通道中。股价上破上轨要回挡，下破下轨要反弹。只要跌穿布林线下轨连续3天必然会产生相应的反弹，对个股应用的准确率达90％以上。

（2）多周期共振。

对于个股盘中买卖点的把握常在15分钟布林线和30分钟布林线的共振点选择，例如，很多强势股票中常形成洗盘回挡，如何在盘中寻找最佳买点，首先布林线形态上要保持上升通道，最好为轨道开口状。股价贴沿上轨向下产生回落，打开15分钟布林线，寻找一下中轨的位置，再来看看30分钟和60分钟中轨的位置，基本确立了心里的价位，如果出现股位的多重重合，那么在此位置必然会形成一定的共振点，应该是最好的买入点。

（3）开口的大小。

KDJ、MACD等指标都有一个缺点，就是在股价盘整的时候会失去作用或产生骗线，给投资者带来损失。通常在股价盘整的过程中，投资者最想知道的一定是股价要盘整到什么时候才会产生行情。而布林线指标恰恰可以在这时发挥其神奇的作用，对盘整的结束给予正确的提示，可以使投资者避免太早买入股票。

盘整行情主要观察布林线指标开口的大小，对那些开口逐渐变小的股票就要多加留意了。因为布林线指标开口逐渐变小代表着股价的涨跌幅度逐渐变小，多空双方力量趋于一致，股价将会选择方向突破，而且开口越小，股价突破的力度就越大。

在选定布林线指标开口较小的股票后，先不要急于买进，因为布林线指标只告诉我们这些股票随时会突破，但却没有告诉我们股票突破的方向，如果个股满足以下几个条件则向上突破的可能性较大：

第一，上市公司的基本面要好，这样的主力在拉抬时，才能吸引大量的跟风盘。

第二，在K线图上，股价最好站在250日、120日、60日、30日和10日均线上。

第三，要看当前股价所处的位置，最好选择股价在相对底部的股票，对那些在高位横盘或上升和下降中横盘的股票要加倍小心。

**选股点金**

布林线的缺点是对短线波动把握较好但对中线突破的方向指示不明，需要结合其他方法分析，比如KDJ指标等。KDJ指标是超买超卖类指标，而布林线是支撑压力类指标。两者结合在一起的好处是：可以使KDJ指标的信号更为精准，同时，由于价格日K线指标体系中的布林线指标，往往反映的是价格的中期运行趋势，因此利用这两个指标来判定价格到底是短期波动，还是中期波动具有一定作用，尤其适用于判断价格到底是短期见顶（底），还是进入了中期上涨（下跌），具有比较好的研判效果。

# 十三、利用BIAS指标选股

乖离率BIAS指标，是由移动平均原理派生出来的一种技术分析指标，是目前股市技术分析中一种短中长期皆可的技术分析工具。如图4-10所示。

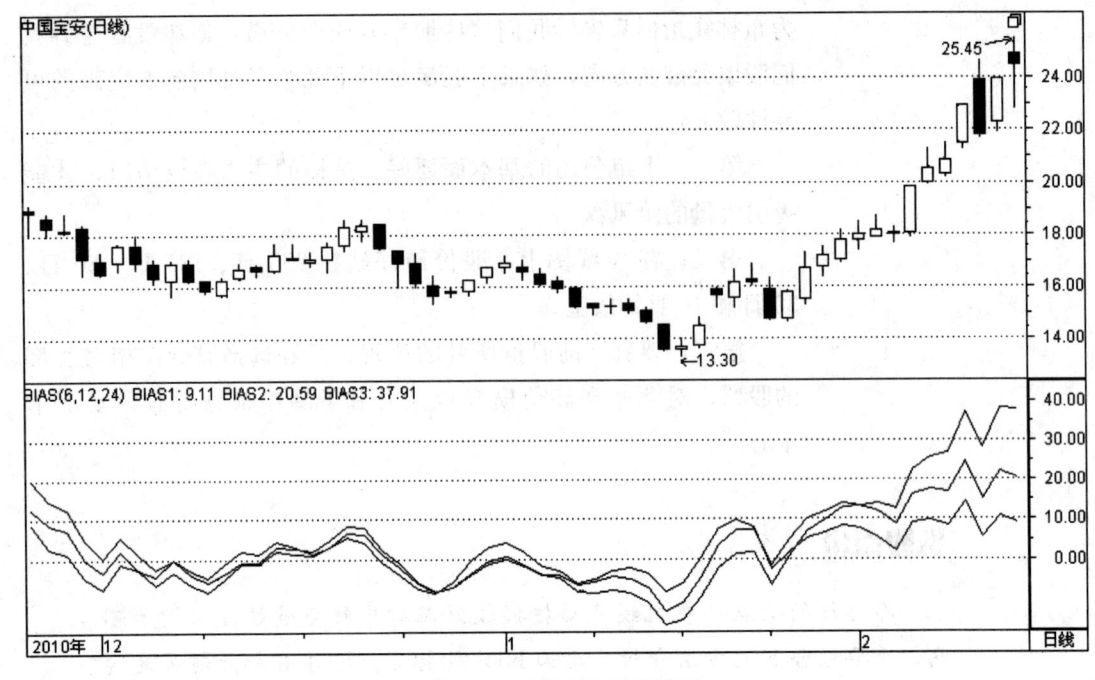

图4—10 BIAS指标示例图

## 1. BIAS指标的原理和计算方法

（1）BIAS指标的原理。

乖离率BIAS指标是通过一定的数学公式，来计算和总结出当价格偏离移动平均线的程度，指出买卖时机。

乖离率BIAS是表示计算期的股价指数或个股的收盘价与移动平均线之间的差距的技术指标，它是对移动平均线理论的重要补充。它的功能在于测算股价在变动过程中与移动平均线的偏离程度，从而得出股价在剧烈变动时，因偏离移动趋势过远而可能造成的回挡和反弹。

乖离率指标BIAS认为如果股价离移动平均线太远，不管是股价在移动平均线之上，还是在移动平均线之下，都不会保持太长的时间，而且随时会有反转现象发生，使股价再次趋向移动平均线。

（2）乖离率指标的计算方法。

由于选用的计算周期不同，乖离率指标包括N日乖离率指标、N周乖离率、N月乖离率和年乖离率以及N分钟乖离率等很多种类型。经常被用于股市研判的是日乖离率和周乖离率，虽然它们计算时取值有所不同,但基本的计算方法一样。

乘离率的计算公式:$BIAS(n) = \dfrac{C_t - MA(n)}{MA(n)} \times 100\%$

式中,$C_t$ 为 n 日中第 t 日的收盘;MA(n) 为 n 日的移动平均数;n 为 BIAS 的参数。

### 2. BIAS 指标的应用技巧

正的乖离率愈大,表示短期多头的获利愈大,获利回吐的可能性愈高;负的乖离率愈大,则空头回补的可能性也愈高。

移动平均值是在一段时间内买卖双方都能接受的均衡股价,乖离率则表示每日股价指数与均衡价格之间的距离。差距越大,回到均衡价格的可能性越大,通过观察乖离率大小可以发现买入时机。一般而言,市场投机性越高,乖离率弹性越大。个别股票的乖离率差异更大,随股性而变化。

一般说来,在大市上升的情况下若遇乖离率为负,应趁机买进股票,风险较小。在大市下跌的行情中遇乖离率为正,应及时卖出股票,持币观望。

**选股点金**

由于乖离率并无统一的标准,在不同的行情中有不同的表现,如果仅以乖离率为操作依据,很可能会误判而错失大行情,所以一般要与 MACD 结合应用。

# 十四、利用 WR 指标选股

威廉指标 WR 又叫威廉超买超卖指标,简称威廉指标,是由拉瑞·威廉(LarryWilliam)在 1973 年发明的,是目前股市技术分析中比较常用的短期研判指标。

威廉指标主要用于研究股价的波动,通过分析股价波动变化中的峰与谷来决定买卖时机。它用来反映市场的超买超卖现象,可以预测循环期内的高点与低点，从而显示出有效的买卖信号，是用来分析市场短期行情走势的技术指标。如图4—11所示。

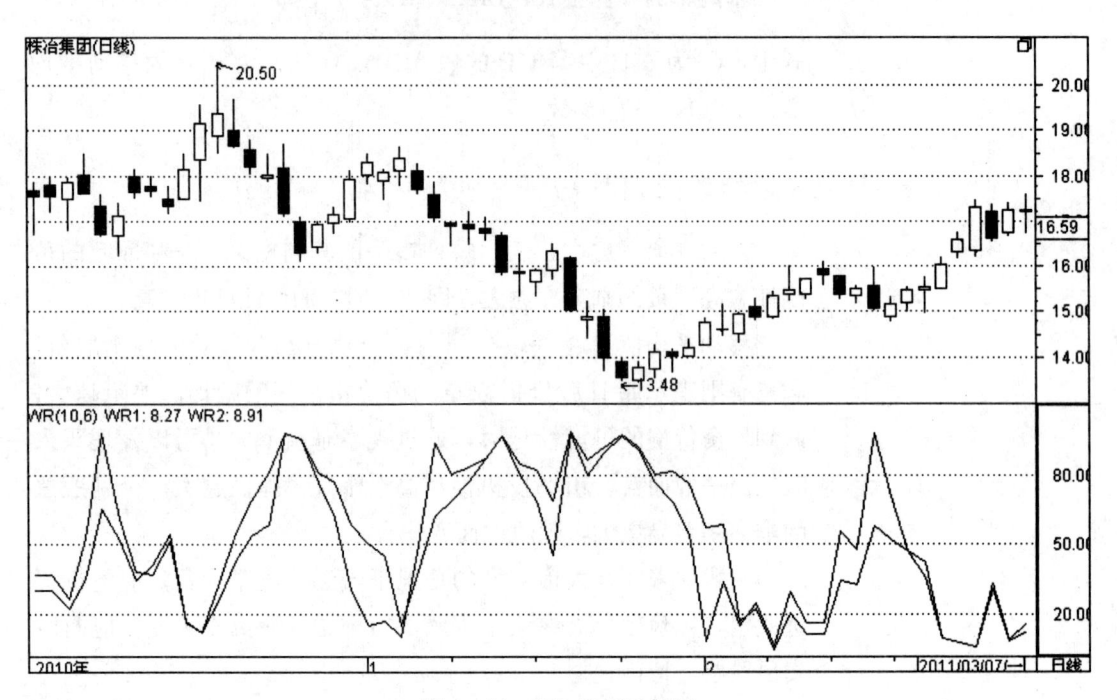

图4—11 WR指标示例图

## 1. WR指标的计算公式

WR指标的计算主要是利用分析周期内的最高价、最低价及周期结束的收盘价等三者之间的关系展开的。以日威廉指标为例，其计算公式为：

$$WR = 100 - \frac{C - L_n}{H_n - L_n} \times 100$$

式中，C为计算日的收盘价；$L_n$为N周期内的最低价；$H_n$为N周期内的最高价，公式中的N为选定的计算时间参数，一般为10。

由于计算方法的不同，威廉指标的刻度在有些书中与随机指标WR和相对强弱指标RSI顺序是一样的，即上界为100，下界为0。而在我国沪深股市通用的股市分析软件（钱龙、分析家等分析软件系统）中，WR的刻度与RSI的刻度相反。为方便投资者，这里介绍的WR的刻度为上界为100，下界为0。

另外，和其他指标的计算一样，由于选用的计算周期的不同，

WR指标也包括日WR指标、周WR指标、月WR指标和年WR指标以及分钟WR指标等各种类型。经常被用于股市研判的是日WR指标和周WR指标。虽然它们计算时的取值有所不同，但基本的计算方法一样。

## 2. WR指标应用技巧

（1）当WR低于20时，市场处于超卖状态，行情即将见底，此时为买入时机，故20横线一般称为买入线。

（2）当WR高于80时，市场处于超买状态，行情即将见顶，股价涨幅有限极可能会跌，此时为卖出时机，故80横线一般称为卖出线。

（3）当WR因超卖向上爬升，表示行情可能转向，一般情况下，当WR由下向上突破50中轴线市场会由弱转强，此时可以追买。

（4）当WR又超买向下滑落跌至50中轴线，表示市场跌势加剧可以追卖。

（5）市场有时超买后还可超买，超卖后仍可超卖。

（6）使用WR时最好能够同时使用相对强弱指标配合。

（7）这里的20和80是个经验数字，并不是绝对的。

**选股点金**

威廉指标WR的数值不仅依赖于当日收盘价，而且依赖于给定计算周期中的最高价和最低价，而最高价与最低价的大小决定于计算周期N的长短，因此，威廉指数的值与计算周期N有着比较直接的关系。

技术指标的计算周期没有统一的理论值，其主要原因是由于股市的复杂性。在实际应用中，计算周期的具体确定需要投资者不断地摸索和总结，寻找适合当前股市的计算周期，最终的标准应以实用为主。如果计算周期过小，技术指标的买卖信号太频繁，其中掺杂了许多假信号，以假乱真，降低了技术指标的可信度；如果计算周期过长，技术指标的买卖信号太稀少，又会错过许多买卖良机，失去技术分析的基本宗旨。因此，适中、实用的计算周期才能使技术指标发挥最佳的效果。

# 十五、利用 AXES 指标选股

中轴线指标 AXES 是震荡行情中波段操作的专用指标。中轴线 AXES 指标是通过股价的极限运动范围测算出震荡行情波动的中轴线，以中轴线的运行特征研判市场发展趋势，并作为高抛低吸、获取差价的重要操作依据。

## 1. 中轴线 AXES 的计算公式

中轴线 AXES 计算方法：先求出最近若干时间内最高价和最低价移动平均线的总和，再推算出中轴线 AXES。具体计算公式是：

AXES＝（最高价的 5 日简单移动平均＋最低价的 5 日简单移动平均＋最高价的 8 日简单移动平均＋最低价的 8 日简单移动平均＋最高价的 13 日简单移动平均＋最低价的 13 日简单移动平均＋最高价的 21 日简单移动平均＋最低价的 21 日简单移动平均＋最高价的 34 日简单移动平均＋最低价的 34 日简单移动平均）÷10。

## 2. 中轴线指标 AXES 的应用技巧

当中轴线指标 AXES 保持强劲上升势头时，表明个股具有上升潜力，后市股价仍有上行空间。当中轴线指标 AXES 持续性下跌时，表示个股仍有下跌动能，后市股价将以跌势为主。

当股价位于中轴线指标 AXES 之下，中轴线由下跌趋势转入走平阶段时，投资者可以采用越跌越买，逢低逐阶建仓的投资方式。

当股价位于中轴线指标 AXES 之上，中轴线由上升趋势逐渐转入走平阶段时，投资者可采用越涨越卖，逢高逐级派发的投资方式。股价经历过较长时间的下跌过程或较深跌幅后，如果出现股价迅速有效上穿中轴线 AXES 的，可以果断追涨买入；当股价经历过较长时间的上涨过程或涨幅较大时，如果出现股价有效跌穿中轴线 AXES 的，需要果断止损离场。

### 选股点金

中轴线 AXES 作为波段操作的重要指标，其依据适用于震荡行情中，如果股价处于单边上涨的牛市或快速跳水的暴跌市中都不适宜应用该指标。即使对于震荡行情，中轴线 AXES 也主要适用于宽幅震荡行情，对于缩量横盘整理行情，由于股价波动区间小，不适合短线操作。

依据中轴线 AXES 指标进行实际操作时，不能将赢利目标定得过高。因为，横盘震荡行情中绝大多数股票都不可能有暴涨暴跌，自然也没有获暴利的空间，投资者需要遵循适可而止的获利原则。

这样选股一定大赚

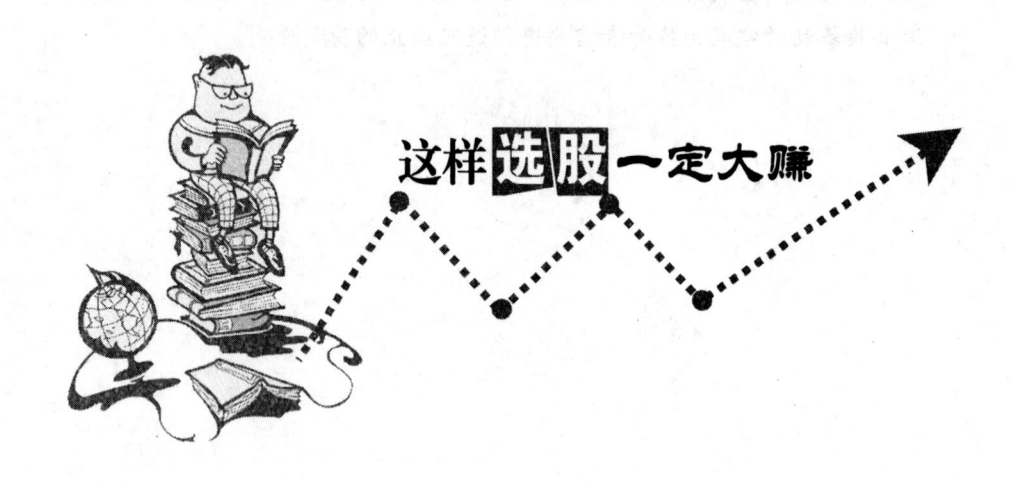

# 第五章
# 跟踪选股"路线图"
## ——通过均线分析选股

> 均线的力道要比K线的力道来的大。K线适合抓转折,均线却能指出趋势,两者配合看就会较为清楚了。如何在转折和趋势之间取得调和,在转折之中不背离趋势,在趋势之中看到转折,是一种艺术化的功夫,也是我们投资者努力的目标。

# 一、认识移动平均线

移动平均线（MA）是以道·琼斯的"平均成本概念"为理论基础，采用统计学中"移动平均"的原理，将一段时期内的股票价格平均值连成曲线，用来显示股价的历史波动情况，进而反映股价指数未来发展趋势的技术分析方法。它是道氏理论的形象化表述。

移动平均线的理论基础来源于道氏理论的"平均成本"概念，它是当今证券市场上广泛运用的技术指标，甚至一些业内人士把它作为股票价格的一部分来对待。由于它的构造方法简单，效果易于检验，且信号明确客观，所以它构成了绝大部分自动顺应趋势系统的运作基础。

移动平均线是股价的生命线，是对交易成本的最直观反映。它实质上是一种追踪趋势的工具，其目的在于显示旧趋势已终结或反转、新趋势正在萌生的行情走势，因此它也可以称之为弯曲的趋势线。它的另一个作用则是使价格运动变得平滑，使价格的各种扭曲现象减少到最少。

## 1. 移动平均线的计算方法

移动平均线的计算方法是将某一时间段的收盘股价或收盘指数相加的总和，除以时间周期，即得到这一时间的平均线，如5日移动平均线，就是将近5日的收盘价相加除以5，得到的就是第一个5日平均线，再将第一个5日平均线乘以5减去第一日的收盘价加上第6日的收盘价，其总和除以5得到的就是第二个5日平均线，将计算得到的平均数画在坐标图上连成线，即是5日平均线。

5日平均价＝（当日平均价＋前五日平均价×4）÷5。

其他移动平均线的计算方法以此类推。以前，都是自己计算而绘制的，现在，所有的技术分析软件中都可以在某一时间周期的K线图中找到相对应的均线。

## 2. 移动平均线的特点

移动平均线指标是反映价格运行趋势的重要指标，其运行趋势一旦形成，将在一段时间内继续保持，趋势运行所形成的高点或低点又分别具有阻挡或支撑作用，因此均线指标所在的点位往往是十分重要的支撑或阻力位，这就为我们提供了买进或卖出的有利时机，均线系统的价值也正在于此。该指标具有如下五个特点：

（1）趋势性。移动平均线指出了趋势走向。不同周期的移动平均线体现出不同周期的趋势。

（2）安全性。移动平均线代表了市场目前持股的平均成本。了解不同时期的持股成本，使投资者更加明确当前行情所处的价位高低，对未来走势有一个大体估计。

（3）滞后性。在股票价格原有趋势发生反转时，移动平均线的行动往往过于迟缓，调头速度落后于大趋势。

（4）具有支撑性和压力性。股价无论从平均线上方向下突破，还是从下方向上突破，移动平均线都将起到支撑和阻力的作用。

（5）助涨、助跌性。股价跌至（或反弹至）移动平均线处，移动平均线向上运动（向下运动）由于移动平均线的支撑和压力的作用，股价将会重新上涨（或继续下跌）。

## 3. 移动平均线的分类

移动平均线显示不同周期下投资者的平均成本，使用移动平均线通常是对不同的参数同时使用，而不是仅用一个。按照计算周期的不同，参数的选择上有些差别，但都包括长期、中期和短期三类。

（1）短期均线。

通常是指一个月以下的股价波动趋势，因为3日均线所代表的是前半周的走势，5日均线代表一个星期的波动，10日线代表的是半月线。短期均线通常波动起伏较大，过于敏感。

短期均线包括3日、5日、7日、10日、13日、15日、17日和21日均线等。

（2）中期均线。

是指一个月以上，半年以下的股价波动趋势。中期均线走势既不过于敏感，又有沉稳的一面，因此最常被投资人使用。

中期均线包括 30 日、34 日、40 日、45 日、50 日、55 日、60 日、80 日和 90 日均线等。

(3) 长期均线。

是指半年以上的股价波动的趋势。总的来讲长期均线走势趋于平缓、稳重灵活度差，适合趋势判断。

长期均线包括 100 日、110 日、115 日、120 日、144 日、150 日、180 日、250 日和 255 日均线等。

### 4. 移动平均线的应用

移动平均线理论中，分别以不同的移动平均线代表不同趋势周期。短期移动平均线代表短期趋势，中期移动平均线代表中期趋势，长期移动平均线代表长期趋势。长期移动平均线方向向上则代表长期趋势上升，可以确定是牛市或叫多头市场；长期移动平均线方向向下则代表长期趋势下降，可以确定是熊市或叫空头市场。

(1) 黄金交叉。

黄金交叉就是指上升中的短期移动平均线由下而上穿过长期移动平均线的交叉，这个时候压力线被向上突破，表示股价将继续上涨，行情看好。

(2) 死亡交叉。

死亡交叉是指下降中的短期移动平均线由上而下穿过下降的长期移动平均线，这个时候支撑线被向下突破，表示股价将继续下落，行情看跌。

(3) 多头排列。

所谓多头排列，就是股价在上，以下依次为短期移动平均线、中期移动平均线、长期移动平均线，这说明我们过去买进的成本很低，做短线的、中线的、长线的都有赚头，体现市场的上涨格局。

(4) 空头排列。

所谓空头排列，指的是股价在下，以上依次分别为短期移动平均线、中期移动平均线、长期移动平均线，这说明我们过去买进的成本都比现在高，做短、中、长线的此时抛出都在"割肉"，市场一片看坏。显然，这体现市场的下跌格局。

**选股点金**

移动平均线在行情趋势发动时，买卖交易的利润相当可观，移动平均线的组合可以判断行情的真正趋势。移动平均线是一种单向的趋势指标，当行情牛皮盘整时，买卖信号过于频繁，投资者无所适从。仅靠移动平均线的买卖信号，无法给予投资者充足的信心，必须依靠其他技术指标的辅助。

## 二、葛兰威尔移动平均线八大法则

在移动平均线中，美国投资专家葛兰威尔（Granvile）创造的八项法则可谓是其中的精华，历来的平均线使用者无不视其为技术分析中的至宝，而移动平均线也因为它，淋漓尽致地发挥了道·琼斯理论的精神所在。

八大法则中的前四条是用来研判买进时机，后四条是研判卖出时机。

（1）移动平均线从下降逐渐走平且略向上方抬头，而股价从移动平均线下方向上方突破，为买进信号。

（2）股价位于移动平均线之上运行，回挡时未跌破移动平均线后又再度上升时为买进时机。

（3）股价位于移动平均线之上运行，回挡时跌破移动平均线，但短期移动平均线继续呈上升趋势，此时为买进时机。

（4）股价位于移动平均线以下运行，突然暴跌，距离移动平均线太远，极有可能向移动平均线靠近（物极必反，下跌反弹），此时为买进时机。

（5）股价位于移动平均线之上运行，连续数日大涨，离移动平均线愈来愈远，说明近期内购买股票者获利丰厚，随时都会产生获利回吐的卖压，应暂时卖出持股。

（6）移动平均线从上升逐渐走平，而股价从移动平均线上方向下跌破移动平均线时说明卖压渐重，应卖出所持股票。

(7) 股价位于移动平均线下方运行，反弹时未突破移动平均线，且移动平均线跌势减缓，趋于水平后又出现下跌趋势，此时为卖出时机。

(8) 股价反弹后在移动平均线上方徘徊，而移动平均线却继续下跌，宜卖出所持股票。

以上八大法则中第三条和第八条不易掌握，具体运用时风险较大，在未熟练掌握移动平均线的使用法则前可以考虑放弃使用。第四条和第五条没有明确股价距离移动平均线多远时才是买卖时机，可以参照乖离率来解决。

### 选股点金

葛兰威尔移动平均线八大法则是道氏理论的延续，主要体现出移动平均线对股票价格走势的助涨助跌作用。总的来说，移动平均线在股价之下，而且又呈上升趋势时是买进时机，反之，平均线在股价线之上，又呈下降趋势时则是卖出时机。

## 三、利用单一移动平均线选股

细心的投资者会发现，当一只股票上涨时，股价是沿着某条移动平均线（MA）向右上方运动；当股价在冲高回落时，下调至某条均线附近就止跌企稳，发起另一轮行情。股价突破某些重要的移动平均线之后，如果没有太大的外力改变，将在该均线上方运行一段时间。由于移动平均线（MA）对股价具有助涨助跌、追踪趋势等作用，所以在实际操作中，可以根据 MA 的特性来进行选股。

MA 的参数是可以调整的，选取的参数越大，MA 所具有的特性越强。根据选择的参数大小，可分为短期、中期、长期三类。一般来说，5 日、10 日移动平均线称为短期 MA；30 日、60 日移动平均线称为中期 MA；13 周、26 周移动平均线称为长期 MA。在实际应用中往往 5 日、10 日、20 日线和 30 日线的组合较常见，因此我们这里只重点讲述这四种单一均线。

### 1. 利用 5 日均线选股

5 日均线反映了近 5 天以来股票的基本走势。股价向上突破 5 日均线是重要的买入时机,可考虑在下一个交易日的低位买入。否则就要等待时机,在下一个低点出现时再买入。因为实战经验表明,当股价在底部启动之初,升幅往往不会太大,其开盘价、收盘价都会在 5 日均线附近运行。如股价在 5 日均线上方站稳,一旦与 5 日均线距离太远时,必然会出现回挡整理,以便与 5 日均线重新汇合,稍作整理后再上攻。所以当股价处于高位时,不要心急,应耐心等待其回落后再买入。如图 5-1 所示。

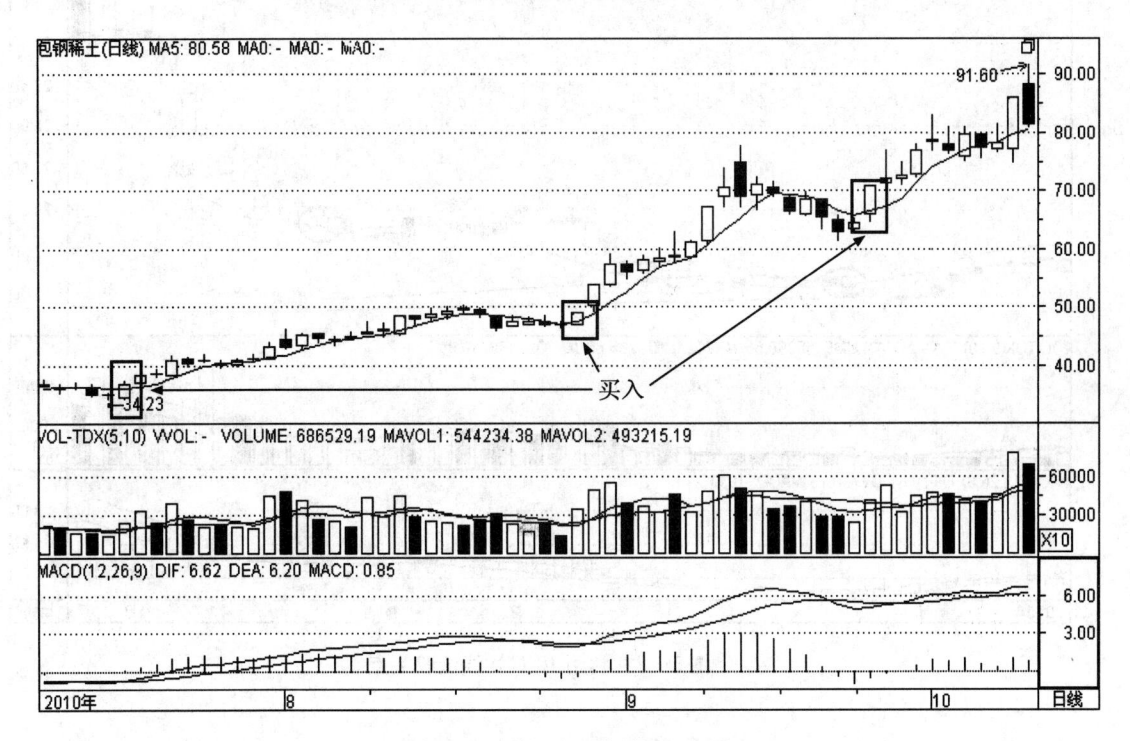

图 5-1 利用 5 日均线选股买点

### 2. 利用 10 日均线选股

10 日均线反映了近 10 天以来股票的基本走势。在实际操作中,当股价在 10 日均线之上运行时,股价的趋势向上,股价还会上涨。而当股价在 10 日均线之下运行时,股价的趋势向下,股价还会下跌。在下跌行情的后期，股价从下向上突破并站上 10 日均线时，则说明下降趋势结束，上涨行情开始，是投资者非常重要的选股买入时机。

10 日均线是多空双方力量强弱的分界线。当多方力量强于空方力量时，市场属于强势，股价就在 10 日均线之上运行，而且将有更多的买入者愿意以高于最近 10 日平均成本的价格买入股票，股价自然会上涨。当股价位于 10 日均线时买入，虽然离底部或与最低价有一定的差距，但这时上升趋势已明确，股价涨势刚刚开始，仍是买入的良机。如图 5-2 所示。

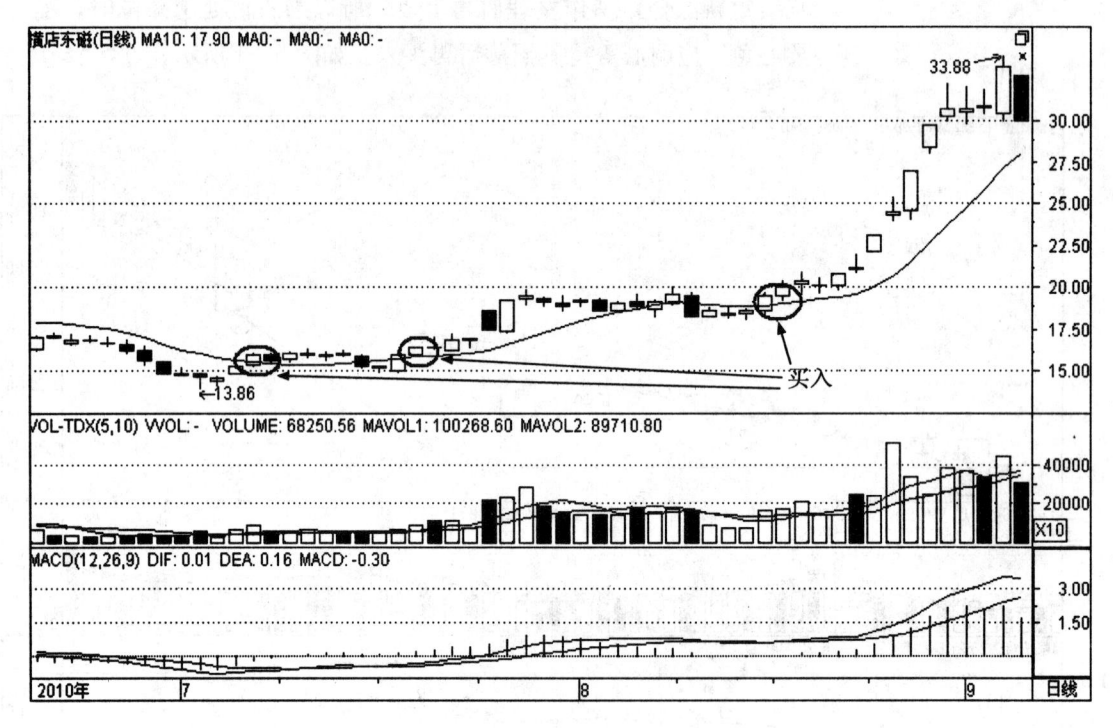

图 5-2 利用 10 日均线选股买点

### 3. 利用 20 日均线选股

20 日均线反映了近 20 天以来股票价格的基本走势，如果某一天股票价格 K 线图从 20 日平均线的下方移动到 20 日平均线的上方时，表明市场买方力量强于近 20 天以来的平均市场买方力量，此时投资者就可以买入股票。即当股票价格 K 线图从下向上穿过 20 日平均线时，投资者就可以买入股票。如图 5-3 所示。

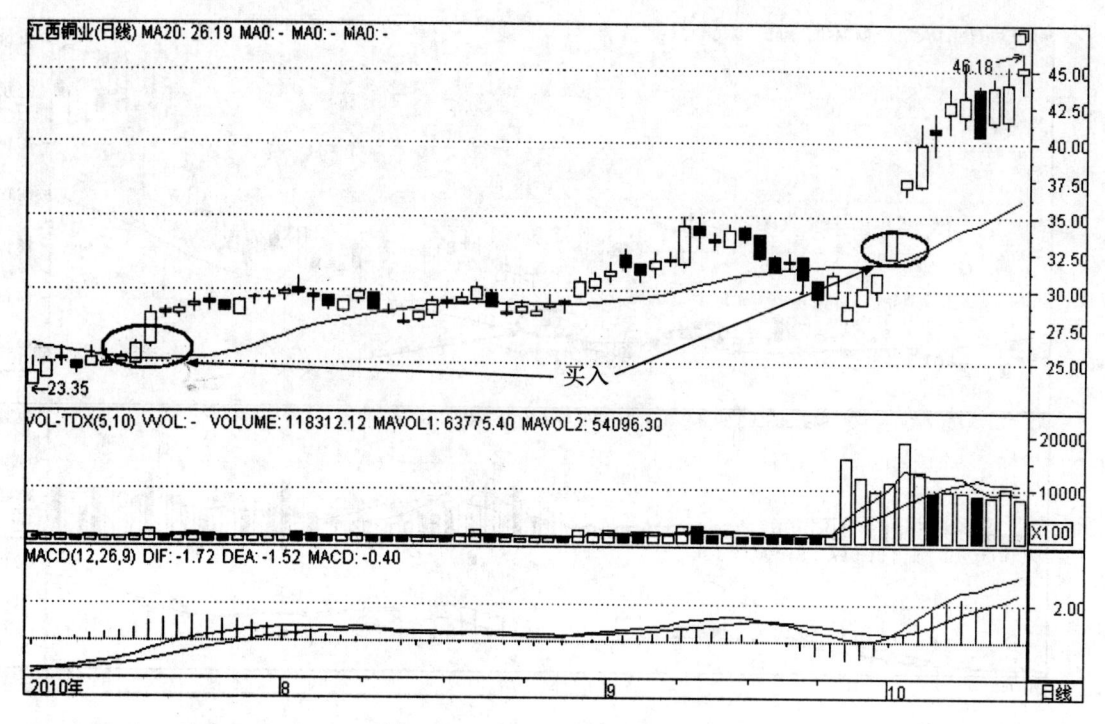

图 5-3 利用 20 日均线选股买点

### 4. 利用 30 日均线选股

30 日均线同样反映了近 30 天以来的股票价格的基本走势。在下跌行情中，均线往往都呈空头排列。当股价有反弹站上 10 日均线时，30 日均线又成为多方上涨的障碍。如果股价再向上有效突破 30 日均线且 30 日均线下行速度减缓，有走平甚至上翘的迹象时，往往是中期下跌趋势结束、新一轮中期上升行情开始的标志，此时是中长线的选股买入时机。如图 5-4 所示。

**选股点金**

单一均线选股的优点在于较为简单、直观和实用性强，适用于单一的短线、中线或长线操作，缺点是不能兼顾短期与中期趋势。多条均线的组合（一般为三条均线）正相反，其优点是短期、中期或长期兼顾，但有时由于三条均线来回交叉不能给出明确的信号，甚至有时是互相矛盾的买卖信号，使投资者无所适从。因此，它们两者各有优缺点，股民可根据自己的使用习惯和要求，选择不同的均线和均线组合。

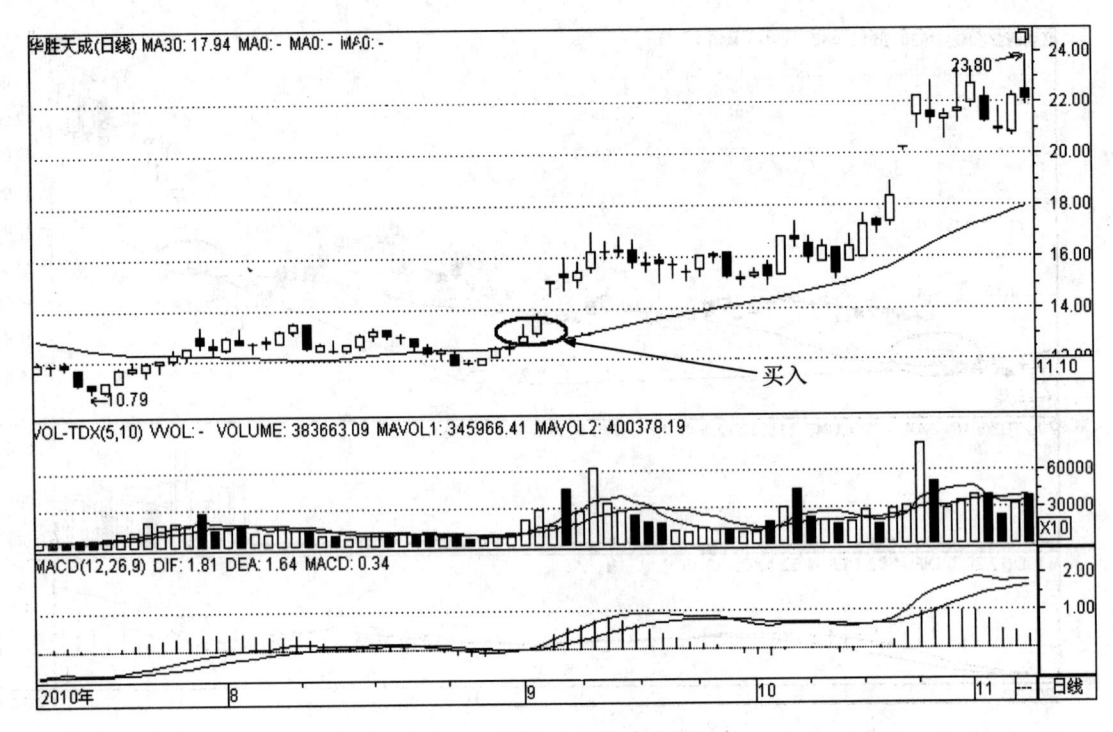

图5-4 利用30日均线选股买点

# 四、利用5日和10日均线组合选股

首先在空头市场中，如果股价向上突破5日、10日移动平均线后并企稳，表明短线市场空翻多，买方力量增强，后市上升的可能性大，是买入时机。如图5-5所示。

其次在空头市场中的反弹也是买入时机，特别是当股价从高位暴跌而下，股价在5日、10日移动平均线之下运行，距离10日移动平均线很远，10日移动平均线乖离率达到15%～20%，甚至更大时，表明人气散淡，恐慌性抛盘纷纷杀出，此时正是黎明前的黑暗，一波强力反弹即将来临，正是绝佳的买入时机。

再次在盘整时期，如果5日、10日移动平均线向右上方突破上升，则后市必然震荡走高；如果5日、10日移动平均线向右下方继续下行，则后市必然震荡走低。最后如果10日移动平均线与

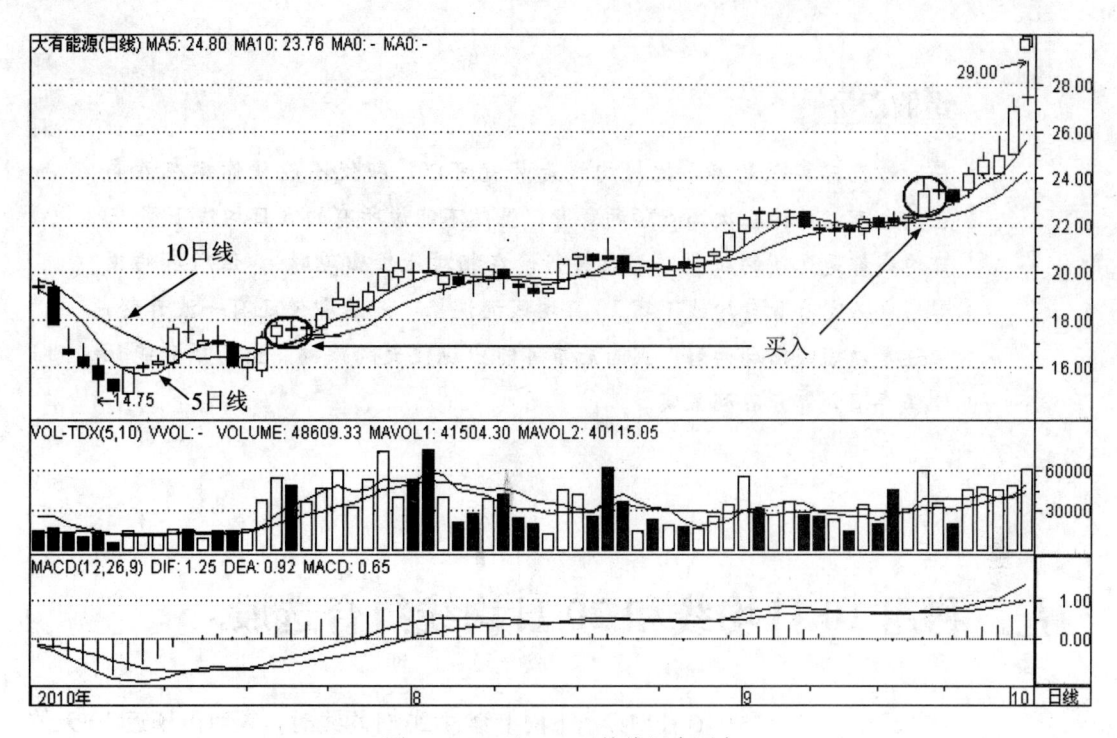

图5-5 5日、10日均线组合买点

5日移动平均线粘合在一起，即使有利好消息也不可轻易跟进，应等10日移动平均线与5日移动平均线分离并上行时，才可视为买入时机，因为这时多方力量才真正增强，后市上升可能性较大。而当10日移动平均线脱离缠绕区向下突破时，则后市还有相当跌幅，是短线卖出时机。

从均线的角度看，如果5日和10日均线都向上，且5日均线在10日均线之上时应考虑买进。股价一般只要不击穿10日均线就可以继续持股，如果10日均线被有效击穿且5日均线调头向下则应卖出。因为10日均线对于主力来说非常重要，往往是其持仓成本所在，因此主力一般不会让股价轻易跌破10日均线。

如5日平均线从下向上突破股票价格K线图而达K线图上方，但10日平均线仍居于股票K线图的下方并仍向上方运动时，则表示是多头市场的回挡，股票回调幅度不会太深，投资者可以持股观望。

如10日平均线在5日平均线之后也从上向下交叉突破股价K线图并向右下方移动，表明股价日后跌幅会较深，投资者应立即卖出股票。

### 选股点金

炒股其实很简单，把握均线走势就可以，即使不能让你抛在最高点，也可以让你在次高点顺利脱身，虽然不能说所有的 5 日均线下穿 10 日均线都是见顶的征兆（如盘整行情在相对低位出现时），但所有的顶部形成必定有 5 日均线下穿 10 日均线的现象，此后即使还有一波升势，但还是以短线出局为好。因为后市可能出现较大的跌幅。出局毕竟能让你保存下大部分胜利果实。

## 五、利用 10 日均线和 20 日均线组合选股

当 10 日均线由下向上穿过 20 日均线时，表明市场近 10 天的平均买方力量强于前 20 天买方的力量，日后个股上涨机会较大，投资者可短线介入，如图 5—6 所示。

在空头市场中，如 20 日均线也随 10 日均线从上向下穿过 K 线，则后市上涨空间会更为强劲，如果还有利多的基本面配合，投资者可脱离空头思维，反手做多。

### 选股点金

短线投资者如何确定 10 日均线与 20 日均线组合发出的卖点呢？个股向下穿越 10 日均线并且 10 日均线向下跌穿 20 日均线形成死叉，发出卖出信号，短线投资者可按均线组合指引的卖点卖出股票。在空头市场中，如 10 日均线单独从上向下穿过 K 线，则股价有所反弹，因为这时只是 10 日均线单独向下穿过 K 线，表明反弹力度较弱，反弹时间也无法持久，如把握及时的短线高手可以赚取差价。但如果是 10 日均线和 20 日均线相继从上向下穿过 K 线，则反弹的力度加强，买方力量大大强于卖方力量，股价也会有较大的上涨空间，一般投资者也可短线介入股票。

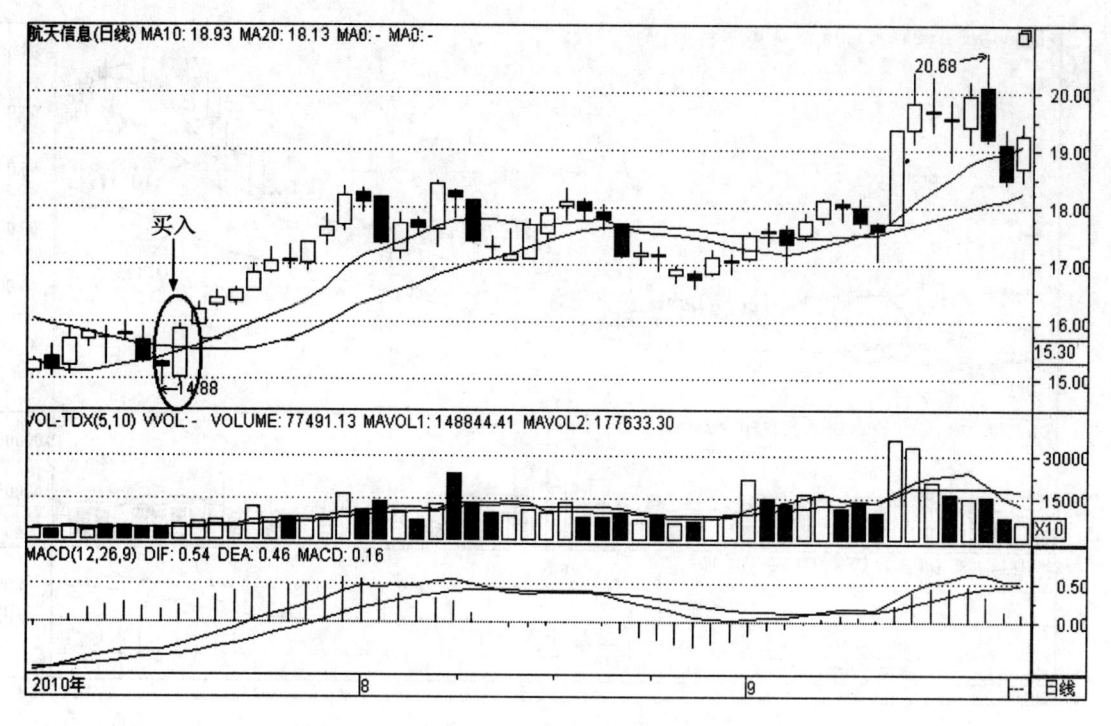

图 5-6　10 日、20 日均线组合买点

# 六、利用 5 日均线、10 日均线和 30 日均线组合选股

5 日、10 日、30 日三条均线组合也是股民选股分析判断最常用的均线组合，具有极强的实用性和可靠性。

## 1. 5 日、10 日和 30 日三条均线呈多头排列是选股买入时机

在 MA 组合中，当参数小（时间短）的 MA 排在上面，参数较大的 MA 依小到大排在下面时，称为多头排列。多头排列的 MA，会对股价的上涨起助涨作用，而且能稳定一段时间。因此，选股时选取 MA 呈多头排列的股票，通常会有一定的获利。

这类组合中，如果股价能够连续 3 天以上以小阳报收于 5 日均线之上，加上成交量能够温和放大，后市一般都会有加速上扬的行情。选股买入的话，收益将较高。如图 5-7 所示。

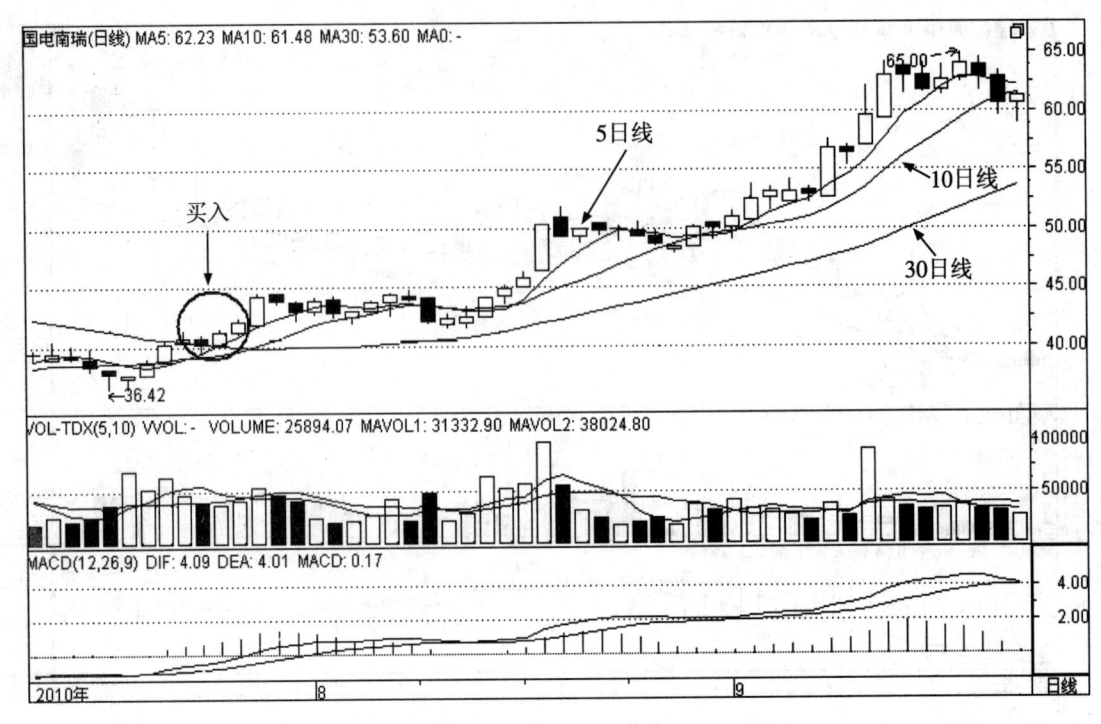

图 5-7　5 日、10 日、30 日均线组合买点

### 2. 股价向上突破 5 日、10 日和 30 日三条均线是最佳买入时机

在中期下跌趋势中，5 日、10 日和 30 日均线一般呈空头排列。但是，在中期下跌趋势的末期，空方抛压减轻，股价下跌速度明显减缓，甚至开始横盘或稍有反弹，5 日、10 日均线先是走平，然后 5 日均线上穿 10 日均线形成黄金交叉并呈多头排列。三条均线成为股价回调时的强有力支撑线，从而确认中期下跌行情结束，上涨行情正式启动。

因此，当股价向上突破 5 日、10 日和 30 日三条均线，特别是三条均线呈多头排列时是最佳买入时机。

股价在 5 日、10 日和 30 日三条均线先后形成黄金交叉之后的上涨便是典型的多头排列。

### 3. 横向盘整时，5 日、10 日和 30 日均线由黏合状发散并上行是最佳买入时机

在横向盘整时，由于移动平均线多呈黏合状互相缠绕，难以判断它以后的突破方向。而且，横向盘整既可出现在下跌趋势中

途和底部，也可出现在上升趋势中途和顶部，这更增强了判断的难度。但在上升趋势中途和长期下跌后的低价区形成的横向盘整一旦向上突破，5日、10日和30日均线也由黏合状发散并上行时是中短线买入时机。

在盘整时，多空力量在较长时间里达成平衡，横向趋势运行中的时间往往较长，少则1~2个月，多则半年以上。因此，横向趋势需要投资者具有十足的耐心，一旦向上突破，行情会相当可观。

## 选股点金

5日、10日和30日三条均线组合是股民最常用的均线组合，具有极强的实用性和可靠性。当然，仅仅凭借均线（MA）来选股具有一定的局限性。在实际选股中，最好能同时参考成交量、形态、技术指标等因素，以提高选股的准确性。

这样**选股**一定大赚

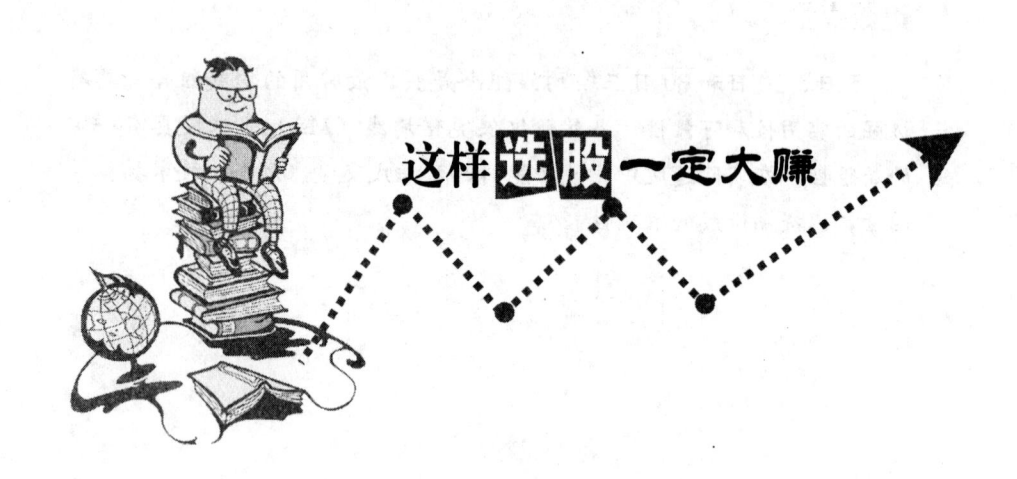

# 第六章
## 盘点选股"晴雨表"
### ——各典型市态下如何选股

> 在不同的市场走势中,选股的思路是完全不一样的,投资者一定要结合市场走势进行选股。牛市中选股一定要选热门股,最好是谁涨得好就买谁,不要怕追涨,要敢追涨,见涨就追。熊市中要多看,不做多,只关注大盘走势,了解盘中热点和政策转变,只选不买,为将来牛市到来选好准备中长线投资的主打股票,这种做法就是为将来寻找希望的种子。

# 一、选股要认清市场走势

在不同的市场走势中，选股的思路是否一样呢？完全不一样，投资者一定要结合市场走势进行选股。根据市场走势选股时，最重要的是把准行情选股。在不同的股市行情中，投资者应该有不同的思路和方法，其技巧和原则也不尽相同，例如，在牛市中选股和在熊市中选股就不同，介入者要根据当时的市场走势，把准行情，决不能千篇一律，生搬硬套。

## 1. 牛市

所谓牛市，就是在宏观经济面较好的推动下，市场整体行情看涨，买盘较多的市场情况。在这种市场现状下，由于大盘走势一般较为乐观，各种对市场的利好消息较为明朗。

## 2. 熊市

所谓熊市，是指行情看跌、股价低迷、指数下挫、卖盘较多的市场情况。

别太在意大盘的短期波动。有人"太在意"大盘几天内的短期波动甚至于每天、每时、每刻的涨跌。看大盘要抓住关键，股市处于牛市还是熊市？这才是最重要的。大盘的波动太平常、太频繁、太剧烈，目不转睛地盯着大盘波动，要么看晕了，要么把心态看坏了，这样是炒不好股票的。

实战选股中，重要的就是根据大盘的趋势来判断市场行情的总体趋势，而判断股市行情总体趋势最重要的是：这个阶段是否到了末期以及趋势是否即将反转？如果不是这么来进行选股的，那就可能踏入了"误区"。

牛市和熊市是有根本区别的，不要把牛市的思维带到熊市中来，也不要把熊市的思维带到牛市中去。

### 选股点金

股票市场是个零和游戏，如果没有过硬的"功夫"，大多数投资者注定亏损。表现在牛市行情中不敢重仓，踏错节奏，不敢坚定地持有。在震荡行情中不懂休息，频繁进出，追涨杀跌。在熊市中又不能持币观望反而重仓参与，火中取栗。

## 二、在牛市中如何选股

在牛市中如何选股呢？牛市不是常有的，中国股市也有近二十年的历史了，但是真正的牛市也就是那么几次。所以当真正的牛市来临的时候，选股一定要选热门股，最好是谁涨得好就买谁，不要怕追涨，要敢追涨。见涨就追，要看多，不断做多，这是牛市选股的一个基本方法和技巧。

牛市的发展分为三个阶段，在不同的阶段，选股的原则是不同的，投资者要想捕捉到最多次数的赚钱机会，就应该遵循不同阶段的选股原则：

### 1. 酝酿初期

这时大盘脚步刚刚企稳，虽然还需要一段时间休养生息，但下跌空间已被封杀，同时将来可能的热点还没有显现，在这个阶段，投资者不必为选什么股而苦恼和发愁，只要没有严重危机的股票即可作为投资对象。

### 2. 遍地开花期

这时牛市特征明显，已经被多数市场投资人士所认可，主流热点业已天下大白。热点此消彼长，轮番登上涨幅榜。这个时期，虽然绝大多数股票都有很大机会，但每只股票走势的强弱不同，预期上升空间也有很大的差别，所以选股就显得更加重要了。

在遍地开花期，投资者应该重点锁定以下三类股票：

（1）龙头股。龙头股是股市的灵魂和核心，牛市中的龙头股更是起到带领大盘冲锋陷阵的作用,往往在整个牛市中一直向上不回头,一旦龙头股涨势乏力,也许牛市就快到了尽头。投资者只要跟定龙头,一般均可收获不菲,而且风险较小。这一选股思路简单、易行,尤其对散户投资者来说,可操作性强。

(2) 选择超强势股。超强势股在牛市中犹如顺风扬帆、高速前进。超强势股一般有以下几个特点:①介入机构实力强大。②公司基本面情况有重大变化或情况良好。③社会公众对该股评价甚高。④该股在拉升前有一段较长的蓄势过程。

(3) 成交量最密集的股票。成交密集的股票大多是受到市场主流资金积极关注和建仓的,投资者可以在其成功突破成交密集区后择机介入。

## 3. 最后晚餐期

在牛市晚期很多股票出现最后的疯狂:股价大幅拉升、指标相当强势、成交量不断放大等。这种异常热闹的景象,很容易冲昏了投资者的头脑,令投资者完全失去了应有的警惕之心,没有觉察到可怕的顶部已经悄然而至。

例如:从2006年下半年开始的直至2007年下半年的牛市,因为这次牛市行情来之不易,经历了前几年的低迷期,饱受套牢的煎熬,才终于盼来了充满希望的春天。不过,牛市不可能长盛不衰,迟早一天会退潮,所以,投资者应该珍惜牛市里的每一时刻,这样才能不会丧失每一次赚钱的机会。而在牛市的末期,熊市的初期还抱定牛市思维的投资者也必将被再次套牢。

### 选股点金

牛市中由于大部分个股都在上涨,因此如果只要求获利即可,难度不是很大,但要获取超过大盘的涨幅,投资者则需要分清楚当前的牛市处在什么阶段,要考虑到酝酿初期、遍地开花期间和最后晚餐期如何选股。投资者应该明白:

(1) 有些股票先于大盘出现顶部。

(2) 有些股票滞后于大盘,当大盘顶部形成后,这类股票还在继续上升。

所以,即使是牛市选股也一定要因时而异。

## 三、在主升浪中如何选股

一般指在一轮行情中，股票或指数的涨幅最大、上升持续时间最长的那一段为主要上升浪，简称为"主升浪"。主升浪比较类似于波浪理论中的第三浪。主升浪行情往往是大盘或个股在强势调整后，展开的快速上扬阶段，它是一轮行情中投资者的主要获利阶段，绝对不可以踏空。

### 1. 主升浪个股特点

根据以往的个股表现情况来看，那些即将进入主升浪的个股具有以下几个特点：

（1）个股前期已经向上有了一定的涨幅，但步伐比较缓慢，走势比较温和。

（2）股价此时所处的位置并不低，有的是某段时期以来的最高位置，有的还创新高。

（3）在进入主升浪之前股价往往有横盘整理的时期，有的是小幅波动，有的则呈向上三角形走势，但无论哪种方式都经历了一定的盘整过程。

就成交量来说，主升浪个股除了初期放出巨量之后，后期的成交量反而是逐步萎缩的，行情启动之前的成交量都比较小。

### 2. 主升浪行情的特征

（1）多空指数指标呈金叉：主升浪行情启动时，BBI 将由下向上突破 EBBI 指标。如果 BBI 是从远低于 EBBI 的位置有力上穿的，说明上穿有效，主升浪行情即将来临；如果是 BBI 逐渐走高后与 EBBI 黏合过程中偶然高于 EBBI 的，预示上穿无效。需要指出的是 EBBI 的计算方法与 BBI 相同，但参数要分别设置为 6 日、18 日、54 日和 162 日。

（2）移动平均线呈多头排列：把移动平均线的参数重新设置，分别设置为 5 日、10 日、30 日和 60 日，这些移动平均线与常见的平均线相比，有更好的反应灵敏性和趋势确认性，而且，由于使用的人少，不容易被主力用于骗线。当移动平均线呈现出多头排列时预示主升浪行情的到来。如图6-1所示。

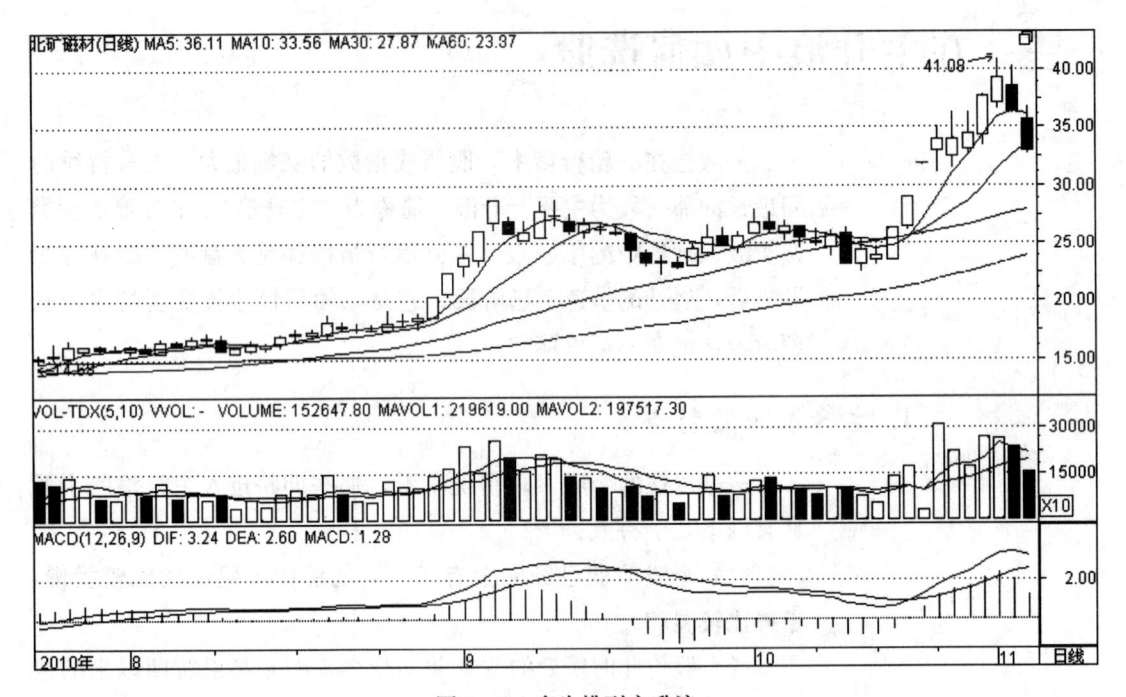

图6-1 多头排列主升浪

（3）MACD指标明显强势特征：在主升浪行情中，MACD指标具有明显的强势特征，DIF线始终处于DEA之上，两条线常常以类似平行状态上升，即使大盘出现强势调整，DIF也不会有效击穿DEA指标线。同时，MACD指标的红色柱状线也处于不断递增情形中。这时，可以确认主升浪行情正在迅速启动。如图6-2所示。

（4）随机指标KDJ反复高位钝化：在平衡市或下跌趋势中，随机指标只要进入超买区，就需要准备卖出。一旦出现高位钝化，就应坚决清仓出货。但是在主升浪行情中，随机指标的应用原则恰恰相反，当随机指标反复高位钝化时，投资者可以坚定持股，最大限度的获取主升浪的利润。而当随机指标跌入超卖区，投资者要警惕主升浪行情即将结束。

3. 主升浪行情的选股策略

第一种投资方式是在主升浪来临之前的盘整阶段低价买进，

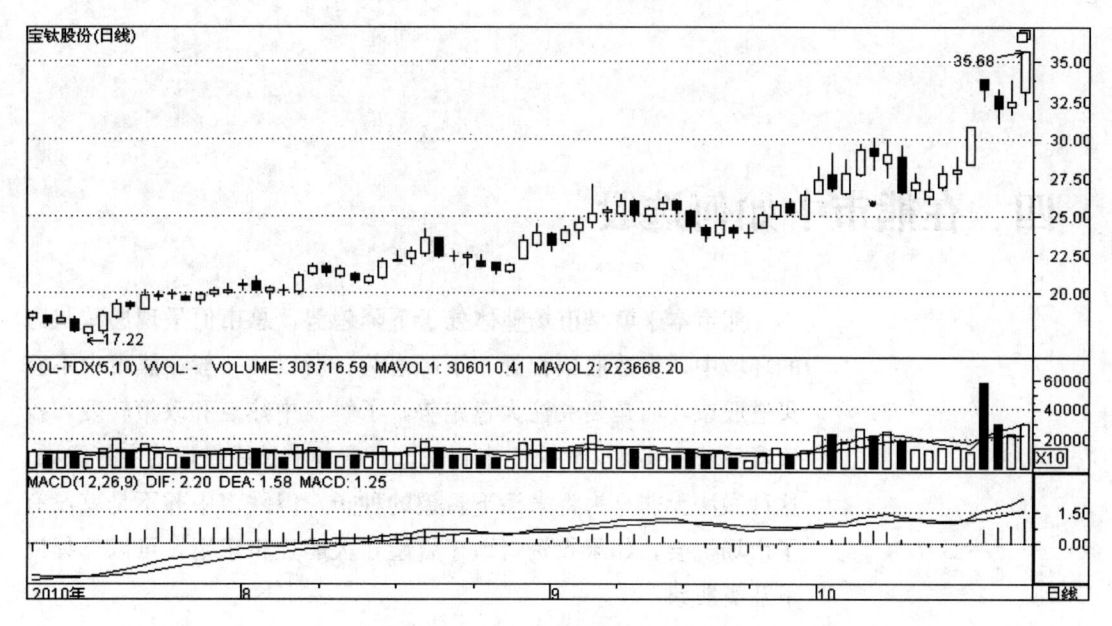

图 6-2 MACD 指标强势的主升浪

这种方式虽然冒险但收益远远大于冒险。

另一种方式就是追涨。追涨操作必须要制定周密的投资计划，并且采用适宜的投资技巧。

（1）投资者在主升浪行情中选股需要转变思维，要结合上涨的趋势来选股，要选择更有赢利机会的个股。

（2）当个股展开放量上涨之时，正是追涨的好时机。

（3）当均线系统均由向下发散转为即将形成多头排列，回落到 5 日、10 或 30 日均线附近受到强支撑，一旦开始放量上涨，投资者应在均线附近追涨。

（4）当随机指标反复高位钝化时，投资者可以追涨，最大限度地获取主升浪的利润。

**选股点金**

投资者在主升浪行情追涨时即使看好后市行情，也不宜采用满仓追涨的方法。安全的做法是投资者可以用半仓追涨，另外半仓根据行情的波动规律，适当地高抛低吸做差价。由于手中已经有半仓筹码，投资者可以变相地实施"T+0"操作，在控制仓位的同时，以滚动操作的方式获取最大化的利润。

## 四、在熊市中如何选股

熊市本来就是市场整体处于下降趋势，总市值呈现递减状态的环境中，多数股票都处于下降态势，所以，一般在熊市中不宜买进股票，而是要关注大盘走势，了解盘中热点和政策转变，投资者只选不买，为将来牛市到来选好准备中长线投资的主打股票，这种做法无非是为将来播下希望的种子。但跌市中并不是就没有了市场机会，如果投资者敢于冒险，大胆逆市求财，可以选择以下几类股票：

### 1. 短期底部股

从技术上来说，短期底部股比较容易在以下点位附近形成：
(1) 重要的历史点为点位和密集成交区。
(2) 均线系统的支撑位。
(3) 箱体的底部或前次浪谷的时间共振窗口。
(4) 股价的整数关口。
(5) 布林线、轨道线的下轨处。

投资者可据此来判断个股短期底部。另外，个股的止跌企稳总是与大盘的企稳保持一致，因此，在寻找个股底部时还必须密切关注大盘走势。

### 2. 暴跌股

暴跌后空方能量过度释放，导致股价远离平均成本。由于股价有向平均成本靠拢的趋势，远离均线的幅度越大，其回归的可能性和力度也相应越大。因此，暴跌之后常常有较大的反弹，是短线买入时机。个股的暴跌有时是以大盘的暴跌为背景，这时可选择有主力入驻的股票介入，因为，有主力的股反弹力度较大。个股暴跌的原因主要是突发性因素和主力出货两种，突发性事件造成的暴跌又可能产生强力反弹，而主力出货的暴跌则不会反弹。

## 3. 关注抗跌股

股票抗跌有两种，一种是大盘深跌但个股拒绝下跌，或仅仅是小幅下跌。这样的股票后市看好的可能性大。另一种是顺势回调，卷土重来。这类股票一般都处于上升通道中，虽然也随着大盘下跌，但并未放量，走势也未破坏上升通道。对这样的股票，大盘的回调仅仅起到了震仓的作用，大盘止跌后股价会迅速恢复到原来的位置，显示极好的弹性。投资者应该密切关注。

例如：2008年的大牛股隆平高科（000998），在2007年10月底到2008年4月大盘暴跌，跌幅将近50%的情况下，该股跌幅不过20%多点，期间更是创出新高，随后更是一路上扬，并在2008年5月14日创出47元的新高。如图6—3所示。

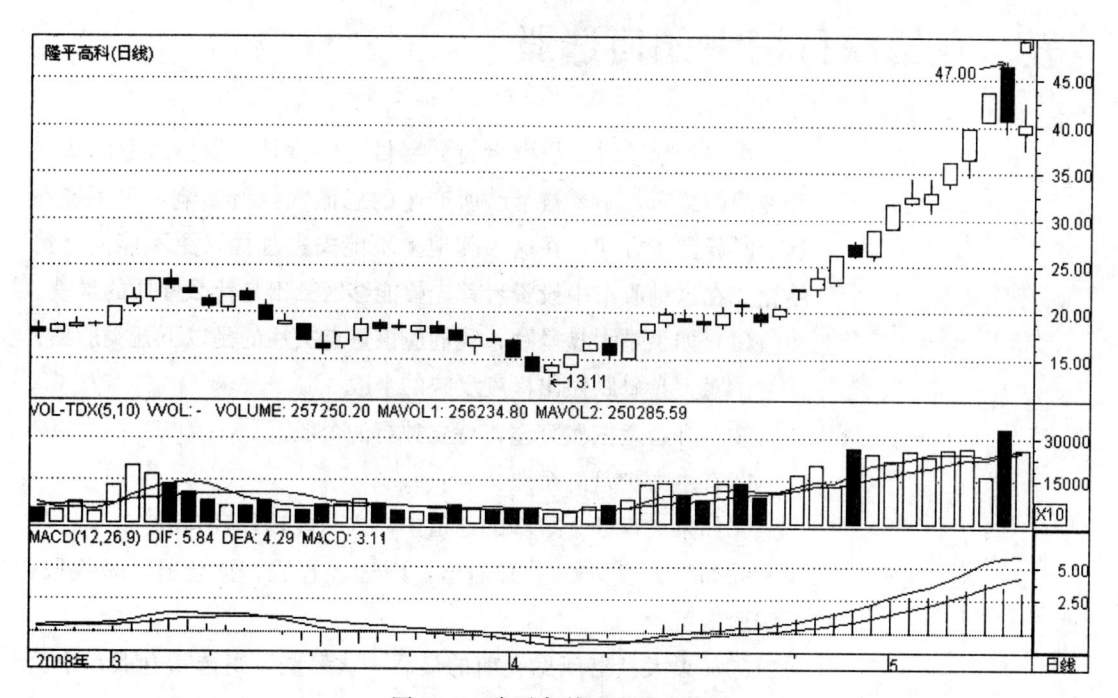

图6—3 隆平高科日K线走势图

## 4. 关注强势股

这类股往往在弱市中跌幅小于大盘或横盘不动，有时甚至逆市上扬。运用均线系统对比选择强势股，当大盘止跌回升时，再介入跌市中的强势股，静等主力拉升。

总而言之，在熊市中选股，一定要坚持谨慎原则，在总体上调低收入预期，评估某只股票是否有投资价值，也应根据当时的市场情况和平均市盈率水平来确定。

**选股点金**

熊市中选股难度比较大，因为股价总体趋势处于下降，所以必须在股价反弹前介入，才能获得利润。而等股价已经涨起来了再介入，必将导致重大亏损。

# 五、在暴跌行情中如何选股

在遇到暴跌时，投资者首先要做到的就是要保持清醒的头脑和冷静的意识，不要被暴跌所产生的恐慌气氛所影响，更不能在这个时候乱了方寸，在这个阵地上不能失去理性，更不能完全情绪化。在这种股市中投资者首先要能够区分出是什么性质的暴跌。

（1）如果是大盘暴跌，我们应该重点关注的是以下几类股票：

①对大盘暴跌做出极度反映的个股。

②上升通道依然完整，特立独行的个股。

③有主力护盘的个股。

④如果大盘处于下降的通道中，则只能选择轻仓股。

⑤如果大盘处于上升通道，则选轻仓股、重仓股、短线股、长线股皆可。

⑥如果大盘出现见底前的最后一次暴跌，则选重仓股、中长线、长线股皆可。

（2）如果是个股暴跌，则应该选择以下几种股票：

①股价处于底部的最后连续暴跌。

②暂时的利空消息所致。

③首次亏损消息所致。

④严重超跌，幅度越大越好。

⑤第一次暴涨后是否急速下跌。

⑥第一次放量上涨后的重返旧地。

例如：上海机场（600009）在 2010 年 9 月 29 日短期见底后，一路放量上扬，创出新高 15.29 元后快速下跌，跌至前期底部，在 12 月 23 日、24 日、27 日、28 日四个交易日再次连续下跌，跌穿前期低点。29 日见新低 11.78 元后，再次上扬。如图 6－4 所示。

图 6－4　上海机场日 K 线走势图

## 选股点金

在股市连连上涨，人气一片欢腾，多头气氛浓重时，好股票的价格通常不低，甚至被市场严重高估，已显示不出"好"。唯有在空头市场中，在连续暴跌中，在波段底部区域时，人人都害怕大盘还要跌，还有最后一跌，遂往往在低位还出现恐慌性的杀跌。

经验丰富的投资者通常是在此时去选择严重超跌的有价值的股票。即便在超低价埋伏，竟然也有人会把筹码"杀"给你。因为此时，许多原本是"精品商厦价格"的股票，会在猛然间，变成了"地摊价格"的股票，并且还有拣到便宜货的时机，此时是赚大钱的时机。

但是，其前提必须是：你在波段顶部、市场一片看好时，能功成身退。这样，才能在底部时拥有足够的抄地板价的资金，并且有极好的耐心，相信它今后一定能涨上去。

## 六、在反弹中如何选股

反弹行情是指形不成大势的上升行情，并且多数是反映下跌过程中的逆市弹升。不少投资者抓住反弹行情，屡屡抄到底，但获利却很少，有的甚至赚了指数赔了钱，问题就出在相错了"对象"。做长线投资，毫无疑问应当选择市盈率低、成长性高、风险小的绩优股。但反弹行情是短线投机行情、大多数投资者鞋底抹油，打一枪就开溜，因此，如何选股就很有讲究。

### 1. 选受利空打击股价大幅下挫的股票

此类股票，因受利空消息的影响，持股者大量抛售，股价受控方猛烈打压，跌得惨不忍睹。尽管如此，这类股票还是很受投资者青睐，这是因为被利空消息扭曲了股价，会在利空影响消除时，还其本来面目，恢复其合理价位。

### 2. 选有主力关照的股票

有些股票由于受主力关照，不因大市下行而下挫，或跌幅甚微。一遇大市回暖，主力必会全力拉抬，跟进者众多，反弹必快。但需注意此类股票要及时"下轿"，以免成为替罪羔羊。

### 3. 选有利好传闻但受大市拖累的股票

有的股票有利好传闻本应上涨，但受大市拖累该涨未涨，一旦大市回升，必会脱颖而出。

### 4. 选新上市的股票

老股票的套牢筹码多，反弹时解套者众，阻力重重。而新上市的股票套牢筹码少，反弹时解套压力小，并常常受到大户和主力机构的关照，往往跑赢大市。

### 5. 选绝对价位低的三线股

做反弹是一种短期的投机行为，投机炒作选股是不必考虑公司业绩的，并且适合做短线反弹的股票一般都是业绩不太好、价位比较低的三级股。原因很明显：这些投机股价位低，具有波动幅度大，交易手续费低的特点，并且其流通筹码一般相对较小，易于炒作。

**选股点金**

在反弹市道中有各种各样的操作策略，不同的人也可能会有完全不同的操作思路。有人说："真正的高手一般是不参与反弹的。"很多人对此觉得费解，当然还可能会有一些投资者，他们又经不起股指天天上涨的诱惑，跃跃欲试，叫他空仓等待实在比登天还难，要解决这个问题，最好的办法是什么呢？

你可以严格按照一定的步骤来进行，让我们看一下一些投资者的做法：

（1）控制仓位。进行反弹操作时一定要严格控制仓位，一般以五成作为极限，在这个范围内若自己有把握则可适当把仓位加至四成或五成，或自己心理没底则以一成或二成应之。

（2）严格执行止损。不管所介入的个股如何好，一定要设好止损，一到止损位必须无条件地执行，止损位不应设得过宽，一般以5％为限，这样即使错了也不致遭受过大的损失。

（3）一般不追高。由于是反弹，空间一般不会太大，若追高的话不但很难有利润，搞不好介入当天就会出现亏损，给自己的心理造成很大的压力。

## 七、在盘整中如何选股

在盘整市道中如何选股？在盘整市道中，大盘一般在一个箱体中运行，上有顶、下有底，上下震荡，这时要注意选择走势与大盘相仿的个股，进行一些短线操作。这类个股典型的形态是矩形，如果在矩形的早期，能够预计到股价将按矩形进行调整，那么就可以在矩形的下界线附近买入，在矩形的上界线附近抛出，来回作短线的进出，如果矩形的上下振幅较大，则这种短线收益也很可观。

盘整市往往让投资者感到十分为难，在这样的情况下常常不知道选什么才好，身在此种情况下，投资者的首要工作就是确定大市的基本性质，分析它到底是牛市还是熊市。

在牛市中盘整时，股指会在上升的途中出现暂时的震荡整理，这时投资者要注意：牛市中盘整结束后的突破方向将十分乐观，所以，投资者大可放心选股积极操盘。一般来说，可能会由于某些原因导致股指停顿不前，如果股指在暂时的高位遇到阻力，遭遇获利盘回吐的抛压和在不明朗的因素出现时并没有澄清的情况下，都会影响股指。

在牛市中出现盘整，投资者应遵循以下几个原则来选股：

（1）回调极深的个股。

（2）逆市推高的个股。

（3）强势平台整体的个股。

（4）冲高迅速回探的个股。

（5）有大单护盘的个股。

那么，在熊市盘整时又该如何应对呢？在熊市中一般是股指在下跌的过程中出现了暂时的震荡整理。投资者要牢记盘整结束后，指数最终还是会继续掉头向下，所以，要高度警觉这种情况，谨慎选股。

在熊市行情中出现盘整时，投资者选股要遵循的原则有以下几点：

（1）上升通道依然完整的个股。

（2）第一次接触到重要支撑位的个股。

（3）第一次触及历史新低的个股。

（4）出现连续暴跌的个股。在这种情况下，一般是公司的基本面并没有恶化，只是因盘内主力的抛空和大盘暴跌，这时，跌势越猛越好，跌幅越深越好，但要选择的只是那些轻仓股和短线股了。

### 选股点金

盘整市中，各类个股轮番表演，既有获利丰厚的主力为出逃时而拉一两根阳线"诱敌深入"，也有一些主力趁人们犹豫不决之际迅速完成主升段，另有一些主力在破位之际苦苦支撑，竭力护盘。在这"兵荒马乱"之际，要看紧自己的钱包，同时稳稳妥妥地赚主力的钱，首先要识别目前个股行情的性质、个股所处的阶段，再推测行情的持续性，从而确定相应的策略。

## 八、在震荡市下如何选股

在下列情况下都有可能引起股市的震荡：国际、国内的经济、金融形势变化，股市政策的调整，市场利多、利空的传言与突发事件，千家上市公司每年两次公布财务报表和分配方案，大投资基金、大券商、民营投资机构的多空大搏杀，数千万散户的买进和卖出，贪婪与恐惧等人性弱点造成的追涨杀跌的非理性行为等。

在震荡股市中，大盘大起大落，时而空头占据主动，时而多方展开猛烈反击，使人不知该加入多头部队还是该向空头投诚。不过，在大幅震荡中，亏钱的机会与赚钱的机会同时增多，此时超跌股有可能出现反弹，逆市走强股有可能强者恒强，横盘整理股则说明可能蛰伏着"大鳄"，这些都为投资者提供了更多的选择。将各类个股细细区分，把握其独特的走势特征，有利于我们在震荡市中趋利避害。

### 1. 超跌股中孕育反弹

怎样才算"超跌"，没有统一的标准。首先，超跌不能以绝对跌幅来判断，前期一直走下降通道的个股虽然累计跌幅巨大，股价不断创出新低，但仍应谨慎参与，此时即使已"超跌"，仍有可能继续超跌下去，股价屡创新低说明基本面上和技术面上肯定有这样那样的问题。其次，最好从近期保持上升趋势、仅仅由于大盘调整而出现较大跌幅的个股中选择，若下跌时量能萎缩，说明出逃的资金量不大，短期反弹的可能性较大。最后，重点关注最先跌至启动位置附近的个股，特别是刚启动不久便跌回原价的次新股。

## 2. 逆市走强股风险与机会同在

逆市走强股中，既有我行我素、勇往直前的强庄股，也有部分刻意诱人上钩再大幅派发的恶庄股，这要求投资者具备一双慧眼。一般来说，逆市走强的个股，若上涨时成交量过大、拉升过急、形态过于完美往往陷阱重重，一旦买入很易深深套住；一些保持缩量上行、进二退一格局的个股则机会多多。

## 3. 横盘整理股中潜伏"大鳄"

虽然大盘起伏较大，但有些个股却稳坐"钓鱼台"、不为所动，这些往往说明主力已充分控盘，仅仅是在等待拉抬的时机，此时即可重点跟踪观察。

例如：成飞集成（002190），在大盘2010年5～6月份暴跌之时，该股只是横盘整理，待到大盘转好时，该股一飞冲天。如图6－5所示。

面对震荡的股市，投资者应从以下几方面着手：

（1）切莫满仓。

投资者切勿在震荡行情中将资金"倾巢"出动，更不能集资借钱炒股，否则，万一出现大幅震荡，心理上自难承受。亦应克服短期暴富心理，以投资为重，切勿过度投机。若太注重短线交易，频繁进出，会心力交瘁，辛苦异常，适得其反。在参与震荡行情前，首先不应设计好能赚多少，而是先想清楚，自己心理承受能力能担负得起赔多少，准备持股多长时间。若对大盘趋向感到无方向，周围人赢利都很困难，不妨先作壁上观。震荡行情中，赢利的期望值不能太高。手中筹码若在短时间内获利10%，万一碰到涨停板，就应坚决获利了结，将胜利成果先拿到手。若在大盘上涨了一段后，手中的若干股票均有5%以上的获利，但大盘却是牛皮，来回折腾，无明显突破，不妨先卖出一半。万一行情下跌，这样便有余力加码，赚取差价；若行情续涨，则手中还有一半筹码，可扩大战果。此不失为进退自如的稳妥办法。**紧跟热**

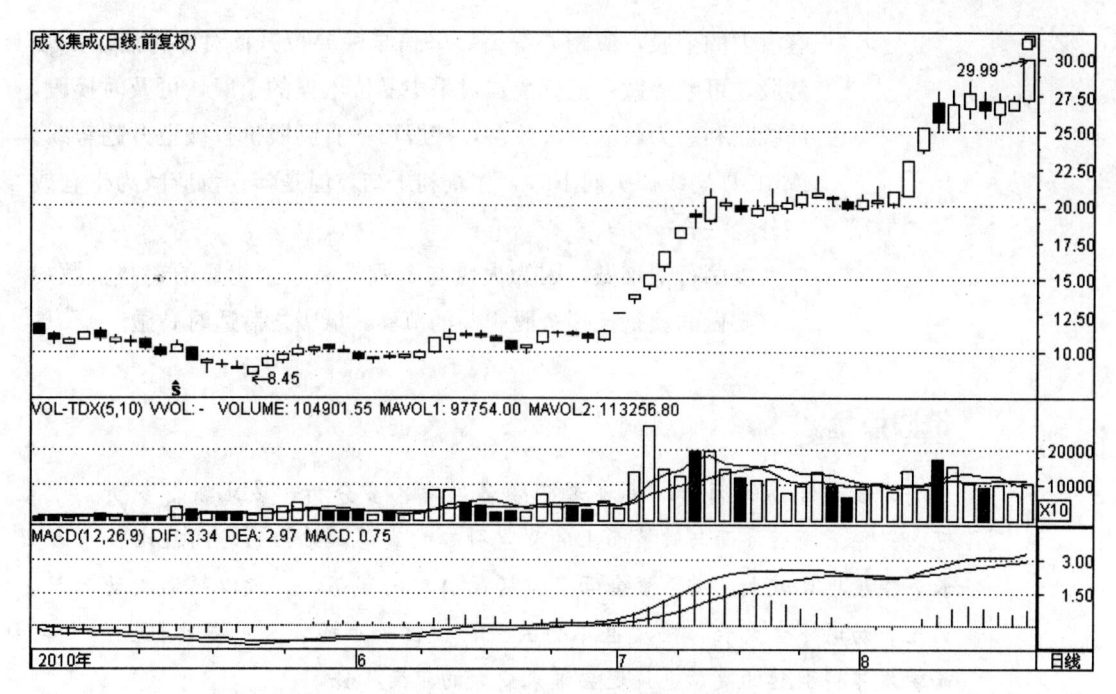

图6-5 成飞集成日K线走势图

点，盯住强势震荡行情中，获利的关键是抓准新的市场热点。波段底部领涨的热点板块若长期筑底成功，此热点可以追逐，并附带关注相关的板块，但不能去追逐已经筑顶或见顶回落的首期热点板块。当领涨的新的热点板块接近顶部，大盘又滞涨时，此轮上涨行情离结束亦为时不远，应不失时机地退场。在此基础上要抓强势股，尤其要关注的是天天有量、有强主力入驻其中的个股，开盘、盘中和尾盘每每有主力做盘的个股，无论是做T+0，还是T+1、T+2，获利的机会都比较多。

（2）控制仓位，分次操作。

震荡行情中，控制好仓位十分重要。一般而言，在震荡箱形底部可满仓，在中部宜半仓，在顶部宜三分之一仓或空仓。然而不少散户往往是在箱形底部清仓，在箱形中部建仓，而在箱形顶部满仓，以致赢的只是底部的"小头"，输的却是顶部的"大头"。

低位震荡中要不为小利而动心。当主力通过打压完成建仓任务后，便开始试探性地推高指数或个股。在快速拉高一次后，主力往往还要来回震荡几次，甚至将股价"打回老家去"，使抄底者在恐慌中被迫以微利抛出股票。

对已领先大盘涨到顶部区域的个股，就先予以了结；对手中有潜力的个股,应耐心等待,坚信早晚要拉升;对即将启动的强势股,可顺势做一把行情;对手中品位不佳的个股,可及时换股,曲线获利。为获取最大效益,持股可一直到股价打破上升趋势线。或10日均线掉头向下时,才获利了结。但是,仓位应减为半仓或三分之一仓。

震荡行情难做,因为大盘与个股没有一个明显的趋势,散户朋友要做的就是把握个股震荡的节奏,低吸之后适时高抛。

### 选股点金

对股市震荡的因素,投资者必须多思考、多分析、多比较、多研究。若系宏观经济面与政策面上的利空引起的震荡,维持的时间就比较长,幅度也比较大。若系资金面、市场面引起的震荡,一般以箱形波动为主,历时不会太长,幅度也不会太大,往往给市场带来更多的机会。而突发事件引起的震荡也许还会带来更大的市场机会。

# 九、在强势调整中如何选股

是指连续上涨几日的股票,在高点附近横盘整理一到三天甚至更多天时,然后继续上涨的股票,都可视为强势调整。如:股票A,用3天的时间从10元涨到15元,成交量持续放大,然后在13~15元附近波动4天,成交量迅速萎缩,之后继续上涨。

投资者在强势调整中选股先要区分强势调整与构造股价头部的区分,这样才能正确选股。

首先二者最重要的区别在于量的不同,强势调整时成交量通常会快速萎缩,而构造头部时往往在继续放量,形成所谓的高位放量。

其次K线图的不同。强势调整中的股价,调整幅度较为有限,通常不会超过20%,同时个股的周K线走势仍然健康,一般不会跌破4周均线,极端情况中也极少跌破10周均线。而构造头部结束后,股价周K线图以跌破重要支撑位为显著标志。

最后时间长短的不同。强势调整需要的时间短则一两个交易日，长则十来个交易日，很少有超过1个月的。而重要头部的形成，往往需要1个月以上的充分换手。如图6-6所示。

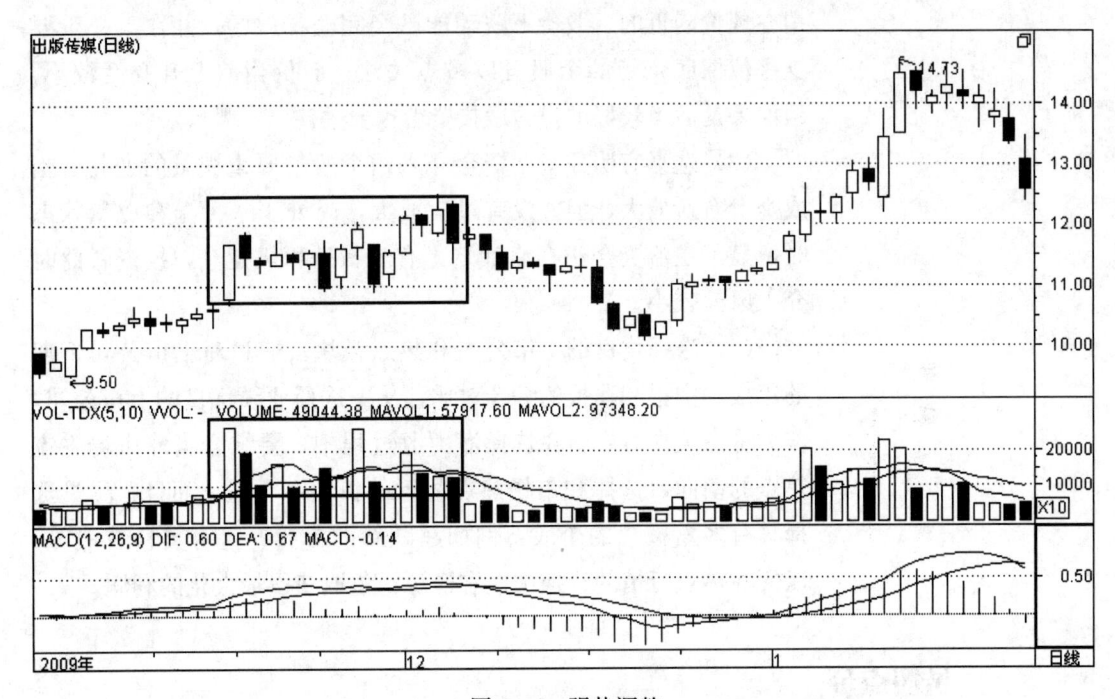

图6-6 强势调整

强势调整分为被动性强势调整和主动性强势调整。当股指已经抵达严重超买区，并出现明显见顶信号，或已经遭遇某种利空消息后出现的调整为被动性强势调整；当股指仅仅是接近超买区，见顶信号不明显，利空消息尚未完全显露时出现的调整为主动性强势调整。

通常情况下，主动性强势调整是一种以退为进的策略性步骤，这种主动性调整往往能够给投资者带来买入的机会，而且这种强势调整的持续时间不长，可能在三四天，或者一周之中即结束调整，继续运行在原有的上升趋势中。如果强势调整时间持续过长，市场趋势有转弱的迹象。

主动性强势调整中，投资者的选股方向重点是要选择蓄势较充分的个股，这类蓄势充分的潜力股常常能在上升行情中跑得比指数和其他个股快。具体的选股方法有以下四种：

（1）选择底部形态构筑时间较长的个股，底部构筑时间越长个股越坚固可靠,以圆弧底、头肩底和多重底等较为坚实的形态为主。

(2)选择股价前期下跌幅度较大的个股或当前股价涨幅不大,绝对股价不高的个股。股价已经严重超跌的市场平均成本基本集中在现价附近的、股价下跌动能已经完全释放的,并在某一重要支撑位探底走稳的个股可以重点关注;股价当前上升幅度较小,但如果是后市较好的潜力股投资者也要关注。

(3)选择有明显新增资金介入的个股时要重视量的变化。当成交量有所放大,但并没有过度放大,尚处于一种温和放量状态时,显示主流资金正在有计划、有步骤地积极建仓,投资者此时介入风险较小。

(4)选择优良的上市公司和热点板块。通过对上市公司近期的年报、中报和季报的综合对比,从中选择业绩优良的上市公司,作为重点关注对象。在选择潜力股过程中,要结合当前市场主流热点的动向,选择和市场热点相近的板块和个股。而且,尽量选择具有多重概念的个股,例如超跌新能源股、蓝筹类科技股等,以便在热点行情的转换中左右逢源,争取获得最大化的利润。

### 选股点金

在强势调整过程中,往往包含着行情热点的成功切换,有时是不同热点的切换,有时是同一热点内部不同板块之间的切换。因此,在强势调整过程中,投资者需要根据热点的转换特征,选择新的市场热点介入,及时卖出涨幅过大,有逐渐转冷趋势的热门股。利用调整的机会,改善持股结构,优化投资组合,这样才有利于在强势调整行情中争取最大化的利润。

# 十、如何发现龙头股

所谓的龙头股即在某一热点板块走强的过程中,上涨时冲锋在先,回调时又能抗跌,能够起到稳定军心作用的"旗舰"。其特征是:涨时易涨,跌时抗跌。上涨时,涨幅大,远远领先于其他同板块股票，而下跌时往往等同板块股票已经出现明显的头部时，它才开始破位下跌，因此操作龙头股是收益大、风险小。而且不可以以降低风险为由回避龙头股，而操作同板块其他股票，这样舍本逐末则是风险大于收益。

龙头股对于整个板块的走势起着决定性作用，其上涨带动板块中其他成员股上涨，其调整也导致板块其他成员股调整，它能通过对板块的影响而间接影响大盘指数的涨跌，是行情的风向标。龙头股通常是集团化资金大举介入的股票，对大盘走势起着举足轻重的作用，因此，有主力的特别关照，往往风险小，而涨幅很大，是实战操作中的上佳品种。

操作领涨龙头股也是任何市道下的一种有效的投资技巧。在实战中，如何才能发现龙头股呢？要从几个方面入手：

（1）市场条件。市场进入多头市场，人气比较旺盛，交投活跃，但没有到达行情中的中后期。

（2）历史区域。一般处在历史中、低位，在顶部的一般没有被大幅炒作过。

（3）市场表现。一般是市场第一个涨停的或连续第二天涨停，且涨停坚决，封单较大。

（4）龙头效应。跟风效应强烈，板块整体活跃，跟风股同样被市场推至涨停，且没有打开，而且有不断扩大的趋势。

其实，发现龙头股还有其他的绝招，那就是根据股市中最常见的经典底部形态进行分析，来寻找龙头股，这些经典底部形态通常有：圆弧底、V形底、双底、潜伏底、头肩底。圆弧底是指股价位于低价区时，K线的均价连线呈圆弧形的底部形态。V形底俗称"尖底"，形态走势像"V"形，其形成时间最短，是研判最困难，参与风险最大的一种形态。双底的股价走势像"W"字母，又称W形底，是一种较为可靠的反转形态。潜伏底的股价在一个极狭窄的范围内横向移动或缓慢阴跌，每日股价的高低波幅较小，且成交量亦十分稀疏，仿佛像冬眠时潜伏在底部的蛇，这种形态就是潜伏底。头肩底的形状呈现三个明显的低谷，其中位于中间的一个低谷比其他两个低谷的低位更底。

在运用底部形态的炒作过程中，决定成败最关键的因素是辨别底部形态的可信程度。

根据经典底部形态，研判出的几种技巧分别是：

（1）按照底部形态形成时间的长短，越是形成时间跨度长的底部形态，可信度越高，越容易形成历史性的底部。

（2）因为小盘股容易被主力控盘，所以，大盘股的底部形态相对而言比小盘股的底部形态可靠，指数的底部形态往往比个股的底部形态更加可信。

（3）底部形态构筑成功后，在右侧的上涨过程中，如果伴随成交量温和放大的，较为可信。

（4）底部形态的构筑过程中如果有些不规则形态，往往是一种自然形成状态，比较可信。相反，底部形态构筑的过于完美，反而有可能是主力的刻意所为，投资者必须提高警惕。

### 选股点金

在操作龙头股时需要注意以下几个事项：

（1）弱市中的机会极难把握，涨停后一般进入整理的居多，若没有明显的把握宁可放弃。

（2）龙头股涨停第二日并非全都涨停，甚至可能留下较长的上影线，这并不一定意味着行情已经结束。

（3）强势市与弱市或平衡市中龙头股的表现差别较大，弱市或平衡市中，强势股的行情比较短暂，不可有过高预期。

（4）强势股若在3个涨停板后出现长上影线或反复震荡，说明已到行情尾声，这时要掌握好高抛的机会，并严格执行止损（盈）纪律。

龙头股的发现需要眼光，所以，我们必须有一双"慧眼"才行。

# 十一、如何捕捉黑马股

黑马股就是那些长期被市场冷落、价低、成交稀疏，后出人意料地走出大幅上扬甚至股价翻几番走势的个股。许许多多中小散户投资者无不对如何发现黑马股兴致勃勃，因为他们知道，黑马股一旦上涨后速度快，且耐力持久。

黑马个股的启动不是一种偶然，其中必然有大主力潜伏于其中，在股价启动之前必然有主力的大规模建仓过程，或是长时间的隐蔽建仓，或是快速的放量拉高建仓，只有主力依靠资金实力收集了绝大多数流通筹码后，该股才具备了黑马个股的前提条件，在此我们不必去研究主力是如何建仓的，只要读懂黑马股启动之前的形态就够了，我们认为黑马个股启动之前的形态是：

（1）市场的浮动筹码减少，股价的震幅趋窄，如果主力今天休息则盘口的交易非常清淡，启动之前往往有连续多个交易日的阶段性地量交易过程。如图6-7所示。

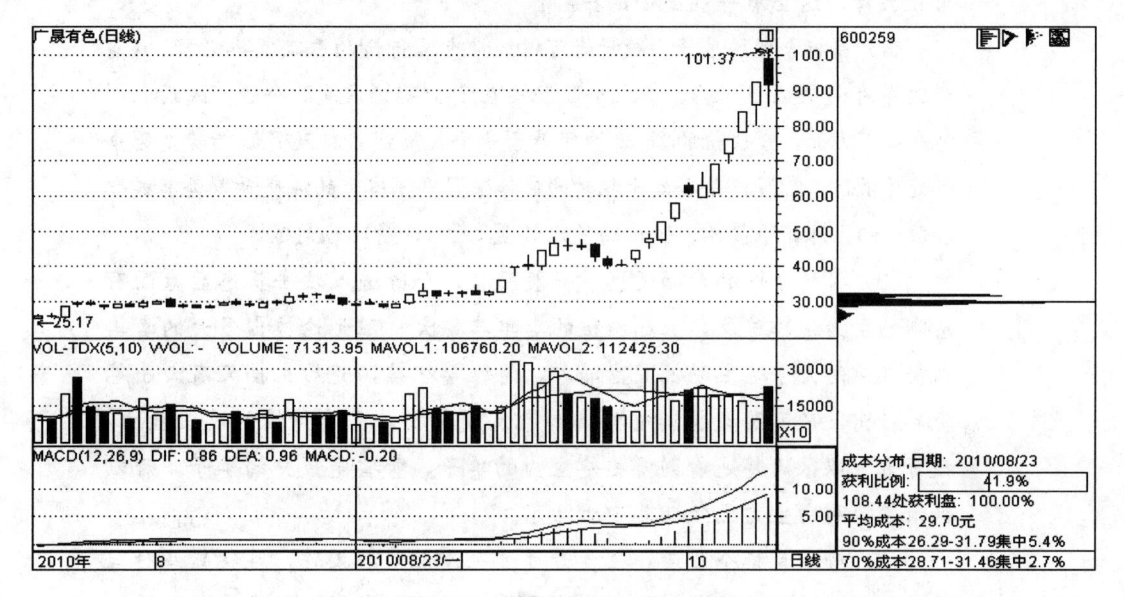

图6-7 广晟有色日K线走势图

（2）股价的30日均线连续多个交易日走平或者开始缓慢上移，30日均线代表着市场平均成本，如果一只股票的30日均线走平则意味着多空双方进入平衡阶段，30天之前买进股票的投资者已经处于保本状态，只要股价向上攻击，投资者就迅速进入赢利状态，由于市场平均成本处于解套状态，该股向上的套牢盘压力比较轻，并且刚启动时市场平均成本处于微利状态，相应的兑现压力也比较轻，因此行情启动之初主力运作将相对轻松。

（3）周线指标及月线指标全部处于低位，日线指标处于低位并不能有效说明什么，主力依靠资金实力可以比较轻松地将日线

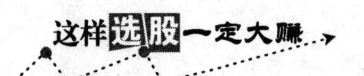

指标尤其是广大投资者都熟悉的技术指标如 KDJ、RSI 等指标做到低位,只有周线指标与日线指标同时处于低位,该股才真正具备黑马个股的潜在素质。

### 选股点金

如果投资者具有比较强的读盘能力,可以事先识别黑马个股,预先潜伏于其中耐心等待涨升机会固然是件美事,问题是股价何时启动不是投资者所能够知道的,那么投资者可以等待股价启动时迅速介入也可以与庄共舞,这里有一些小小的技巧:

(1) 目标个股的选择。投资者可以经常查阅行情的涨跌幅排名榜,(看盘软件的 61 键及 63 键),查找个股涨幅在 2%~4% 区间的个股,随后立刻观察以下方面:①股价的 30 日均线是否走平,周线指标及月线指标是否全部处于低位。②股价是否处于相对的底部位置。③当天的成交量是否有效配合股价的上涨,很简单,股价的量比必须大于 1,量比越大越好。

(2) 目标个股的盘面观察。一般而言,个股进入攻击状态后盘面有清晰的主力运作迹象,上挡挂出的卖单非常大,但无论挂出多大的卖单也会相应的大手笔主动性买盘涌入,将挂单吃掉,随后上挡又有大手笔卖单挂出,又有买盘将其吃掉,如此反复上扬,具有持续的攻击能力,投资者可以很清楚地看到哪些是主力的单子,哪些是散户的单子,可以很清楚地明白主力已经在其中干活了。

(3) 确认目标个股后,投资者可进入逢低吸纳操作。往往黑马股启动时股价运作都非常流畅,股价快速扬升而缓慢回调,投资者就股价回调时介入,一般而言强势攻击时股价不会跌破当天的均价,因此均价线上方稍高位置是投资者较好的买点。

# 十二、如何选择白马股

白马股是和黑马股相对的一个概念,指的是那些业绩突出、质地优良、成交活跃、红利优厚,而且在股市市场上的走势能对某一板块甚至大盘起到领涨作用的大公司股票。

白马股一般具有以下几个方面的特征：

（1）业绩题材等相关信息明朗化是白马股的最重要特征。

（2）白马股的又一特征是业绩优良。

（3）持续稳定的增长性也是白马股的显著特征。

（4）较低的市盈率和较低的风险。

通常白马股形成的概率较黑马股更低，这是由于产生"白马股"的原因较为单一。一般情况下，股市的运行周期较经济周期会提前半年出现。如果国家的宏观经济形势开始好转，股市就会有反转走强的要求。这时，为达到激活市场人气、吸收场外资金的目的，市场便会形成"白马股"。"白马股"实际上是大盘形成牛市行情的一种工具。当然，在一些中级的强势行情中，也有可能产生"白马股"。

由于上述原因，投资者在选择白马股时一定要注意以下因素：

（1）白马股有相当好的历史表现，换句话说，就是其股性比较活跃。

（2）上市公司应有较大的股本规模，否则难以聚集市场人气。

（3）公司业绩最好能保持稳定的增长势头，并且有较好的分配方案。

（4）一些本身业绩优良的公司通过资产重组实现"强强联合"，从而使它的业绩更上一层楼，这些股票也有可能成为"白马股"。

（5）"白马股"通常都是在同行业的上市公司股票中具有领涨地位的股票。

（6）通常指标股成为"白马股"的概率要高一些。

## 选股点金

白马股的形成与大盘的牛市行情联系非常密切，所以，白马股的行情通常也会存在一年到两年的时间，甚至可能会更长。投资者一旦在合适的价位上买进了白马股，就不宜进行短线操作，而应将其作为中长线投资的对象。只要在大盘的一轮牛市行情结束之前将其抛出即可获得丰厚的收益。

长期投资这样的股票，就算不考虑股价的变化，单单就分红配股来说，投资者往往也能获得很不错的收益。当然，如果在一轮牛市行情

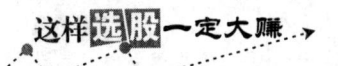

中，一些缺乏投资经验而且愿意做中长线投资的投资者投资于白马股，也不失为一种最好的选择。

# 十三、如何选择基金重仓股

如何选择基金重仓股呢？首先我们要认识它的概念，基金重仓股和重仓股是两个不同的概念，其内容也有很大的区别。

从概念上说，重仓股就是某一只股票被某一机构或大户大量买进并持有，所持股票占其机构或大户资产的较大部分。而基金重仓股则是一种股票被多家基金公司重仓持有并占流通市值的20%以上。也就是说这种股票有20%以上被基金持有。

从理论上说，基金对某一家个股敢于重仓，必对其基本面有相当透彻的了解，并对其未来成长有相当的预期。各家证券投资基金均有实力不菲的研究机构，对上市公司的行业、产品、市场占有率等有深入研究，从这个角度来说，真正具有潜力的成长股，往往可能同时被几家证券投资基金选中。由此可以看出，基金重仓股中容易出黑马，究其原因，则在于，基金重仓股往往是基金发掘的潜力股。

基金重仓不可避免地存在着很大的风险，所以，对于散户投资者来说，若无精力和条件去收集资料研究股票，最简洁的办法就是看那些投资基金主要持有什么样的股票，那么就可以选择适当的机会买进基金重仓的股票，然后守株待兔。这也不失为一种投资策略，所谓"大树底下好乘凉"。

### 选股点金

虽然基金重仓股有着很大的风险，但是，它在上涨一段时间之后，总有回调的趋势。这在近两年来是常常会出现的现象。基金重仓股"王者归来"成为市场最为显著的特征。

基金重仓股的崛起，一方面是因为在回调后，存在反弹的内在要求。市场整体价格中枢再上台阶的背景下，银行、钢铁等基金重仓股估值洼地效应非常突出。股指期货推出后,机构普遍会在基金重仓股上抢筹码,以便获得在股指期货中的话语权,而另一方面,不断发行的新基金也会把基金重仓股作为标的进行建仓。

## 十四、如何发现潜力股

潜力股就是指那些具有很大上涨潜力,而又未被人发现的股票。潜力股能够给投资者带来丰厚的回报。潜力股一般出现在以下个股中:

(1)低价股。因为只有低价股才能通过股价来体现潜力,任何意义的潜力,最终都是落实在股价会不会上涨上,然而,低价股最具上涨力,这样的话,也就不难理解低价股是最有可能成为潜力股了。

(2)小盘股。随着转配股全部开禁,进入流通,一些流通股较少的小盘股将成为珍稀绝版,再到国有股变现开始启动时,总股本小的公司必然也会吃香起来。

(3)获配股。这是指在上年度的下半年以后获准配股的公司,由于刚刚接受了输血,多多少少会有产出。

(4)题材股。主要是不久的将来可能发生一些政治、经济大事件的题材,如人民币升值受益题材、区域经济开发题材、新能源题材、三板市场题材、石油涨价题材、增发新股题材、新材料题材等。

潜力股既然存在于以上个股中,那么在实际操作中如何找到它们呢?这就需要把握寻找潜力股的几个要素:

(1)当日成交量非常重要,它记录了当日多空双方在战斗中所投入的兵力及消耗的印花税、手续费。当K线、技术分析指标与成交量在预测后市发生矛盾时,以成交量为准。

(2)若干日内平均成交量的概念要牢记,当若干日内平均成交量非常接近一致时,表示主力在上攻之前成交量已调整到位,浮码已清除干净。经过观察发现,5日成交均量与10日成交均量相配合,在股价上涨之前发出的买入信号比较明确。

(3) 成交量温和放大伴随股价小幅上涨,这种组合是大涨的前兆,后市一般会连拉几根大阳线。

(4) 成交量放大伴随股价上涨,回挡时跌幅较浅且成交量急剧缩小,这种组合表示持股者惜售,预示着大行情即将产生。

(5) 5日成交量均线低于10日成交量均线,表示近期内成交量一直在萎缩,而后成交量突然放大伴随股价上涨,超过5日甚至10日的成交均量,这通常是主力的试盘行为,在回挡中赶快买入,大幅拉升即将开始。

(6) RSI指标显示底背离时,成交量放大,5日成交均量超过10日成交均量,表示主力此时已是出少进多,底部承接盘踊跃,买气旺盛,大底出现了,最佳买入时机已到来。

(7) 前一阶段成交量一直呈豆粒状,伴随股价横盘整理,每日起伏很小,而后成交量突然放大,表明大行情来临,股价回挡时赶快吃进。

### 选股点金

在实际操作中,潜力股的交易策略也不容忽视,正确的交易策略是设立一个追涨止损价,以一日收盘价为基础,设定当日内该股股价上升3%～5%为追涨止损价(可根据自身承受能力拟定这一比例)。一旦股价涨幅超过止损价位,即追买该只股票。买入该只股票虽少赚了3%～5%的利润,却保证了资金的安全性。

# 十五、新股中如何选股

在中国股市中,出现黑马股机会最多的是新股板块。在多头行情中,新股中黑马真可谓此起彼伏,令人眼花缭乱,在反弹行情中,率先启动,一马当先的也常常非新股莫属。因此,有人认为,新股是藏龙卧虎之地,选股首先就要盯住新股板块。

新股的发行市场与交易市场是相互影响的,了解和把握其相互影响的关系,是投资者在新股发行时,正确进行投资决策的基础。

在交易市场的资金投入量一定的前提下，新股的发行，将会抽走一部分交易市场的资金去认购新股。如果同时公开发行股票的企业很多，将会有较多的资金离开交易市场而进入股票的发行市场，使交易市场的供求状况发生变化。但另一方面，由于发行新股的活动，一般都通过公众传播媒介进行宣传，从而又会吸引社会各界对于股票投资进行关注，进而使新股的申购数量，大多超过新股的招募数量，这样，必然会使一些没有获得申购机会的潜在投资者转而将目光投向交易市场。如果这些潜在投资者经过仔细分析交易市场的上市股票后，发现某些股票本益比、本利比倍数相对低，就可能转而在交易市场购买已上市股票，这样，又给交易市场注入了新的资金量。

虽然在直觉上可将新股发行与交易市场的关系做出上述简单分析和研判，但事实上，真正的相互影响到底是正影响还是负影响，是发行市场影响交易市场，还是交易市场影响发行市场，要依股市的当时情况而定，不能一概而论。

一般来讲，社会上的游资状况、交易市场的盛衰以及新股发行的条件，是决定发行市场与交易市场相互影响的主要因素。这些因素的具体表现是：

（1）社会上资金存量大、游资充裕、市况好时，申购新股者必然踊跃。

（2）市况疲软，但社会上资金较多时，申购新股者往往也较多。

（3）股票交易市场的市况好，而且属于强势多头市场时，资金拥有者往往愿将闲钱投在交易市场搏击，而不愿去参加新股申购碰运气。

（4）新股的条件优良，则不论市况如何，总会有很多人积极去申购。

## 选股点金

新股中蕴含着机会，也存在着风险。它也和老股一样，其涨跌是由买卖双方供求关系决定的。它也和其他证券投资品种一样，其走势必定和市场大多数人预料的相反，当众人看好它时，它就来个高开低走、平开低走，或低开低走；当众人看淡它时，它就来个高开高走、平开高走，或低开高走。因此，我们买新股一定要了解买卖双方的供求关系，洞悉市场大众的投资心理，这样才有可能立于不败之地。

# 十六、根据股价如何选股

在股票市场上，股价不是一个孤立的概念，它与上市公司经营业绩、平均利润率、净资产含量的关系都非常密切。这里说的三个因素都是股价变动的理性动因。由于这些动因，股民才会调动资金买入股票或抛售股票以追求更高的投资收益。但实际上，股票的涨跌是由于资金运动的结果，有了某些动因以后，才有人买进或者卖出，引起供求关系的变化，从而导致股价的涨跌。下面我们来分析一下投资者应如何在这三个方面利用股价来选股。

## 1. 经营业绩与股价

股民炒股，虽然有各种各样的题材，但总的来说，一般都是炒经营业绩或与经营业绩相关的题材。所以在股市上，股票的价格与上市公司的经营业绩呈正相关关系，业绩愈好，股票的价格就愈高；业绩差，股票的价格就要相应低一些。但有时也并非完全如此，有些利润就非常低，其价格就比业绩胜过它几十倍的股票还高，这在股市上是非常正常的。

## 2. 平均利润率与股价

平均利润率是关于资金流动的一条客观定律，其大意为：当两个部门间投资利润率存在差别时，资金就会从利润率低的部门向利润率高的部门流动，直到两部门的投资利润率基本相等。简单地说就是：水往低处流，资金向利润率高的地方走。股票的价格是直接受资金的供给情况影响的，当进入股市的资金增加时，股票的价格就会上涨。

平均利润率规律对股票价格的影响有以下几个方面：

（1）给股价定位。当资金运动的结果使股价收益率接近于其他领域的平均水平时，股民购买股票与进行其他投资的收益就基本相等，此时资金的流动就会趋向于平缓，股价就会维持在一个相当的水平，既不上涨，也不下跌。所以，平均利润率规律有给股价定位的作用。

(2) 引起股价涨跌。股市内部资金的转移也可导致股价的涨跌。当股民认为某只股票具有投资价值时，相应的资金便会涌入该股票，从而促使其价格的上扬；而当一只股票的前景不佳时，股民便会抛售该股票而从中抽出资金，从而导致该股票价格的下跌。

(3) 导致股价的回归。当一个股市的股价上涨过快时，股票的价差收益就会明显超过其他领域。在高额利润的诱惑下，外围的资金就会纷纷涌入，从而进一步抬高股价，推动股指的上涨。而由于涌入资金的惯性，股指往往会涨到一个相对高点。此时，进入股市的资金已相对过剩，市盈率偏高，过高的股价对资金已不再具有吸引力。相对于周边投资市场，股市的投资收益率已明显偏低。这时，平均利润率规律又将作用于股市，它将引导资金从股市向其他投资市场流动，一些较为理智的投资者就会率先撤出资金，股价开始下跌，从而引起连锁反应，最终导致股市的暴跌，使股指又回到一个与周边领域投资利润率相适应的水平，这也就是股票市场暴涨之后必有暴跌的原因所在。反之，当股市暴跌而出现股价过低时，股价收益率提高，市盈率降低，股票的投资价值就会明显高于其他投资市场。此时，在平均利润率的作用下，资金又会从周边市场向股市转移，导致股价的回升。

## 3. 净资产与股价

股票的净资产是上市公司每股股票所包含的实际资产的数量，又称股票的账面价值或净值，指的是用会计的方法计算出的股票所包含的资产价值。它标志着上市公司的经济实力，因为任何一个企业的经营都是以其净资产数量为依据的。如果一个企业负债过多而实际拥有的净资产较少，它意味着其经营成果的绝大部分都将用来还债；如负债过多出现资不抵债的现象，企业将会面临着破产的危险。只有当股票的平均价格不超过每股净资产的1.5倍时，投资于股市的收益才能和银行储蓄或其他投资的平均值相当。而当股价超过上市公司平均净资产值的1.5倍以后，购买股票的收益就不如其他投资了。

以上分析了选股时要考虑到股价的理性动因,其实,心理因素对选股的影响也不可忽视。投资决策直接会受到投资心理的影响。股民在根据股价选股时一定要谨防以下几种投资心理:

(1) 万万不可陷入从众心理。

服从多数是现代社会生活及经济生活的一项准则,在证券市场上,绝大部分股民都认为多数人的决定是合理的,于是就在自己毫不了解市场行情及股票情况的状况下,盲目依从他人跟风操作和追涨杀跌,这就是股市中的从众心理。从众心理对股价主要起着放大的作用。在牛市阶段,有些股民看见别人购进股票,就轻易地认为股票行情一定看好,唯恐落后,失去获利的机会,在对市场前景毫无把握的情况下就急忙购进,从而导致股票价格的上涨。而由于买入股票赢利的影响,越来越多的股民受他人的影响,也不管实际的宏观经济形势如何,对上市公司的经营也不作分析研究,就开始买进股票,推动股价的进一步上涨。随着炒股赚钱效应的逐渐扩大,入市的股民就越来越多,最后连一些平常对股市和金融漠不关心的市民都入市了,从而将股价推向一个不合理的高度,形成了一个短期牛市。在牛市向熊市转换阶段,一些较为理智的股民会率先将资金从股市上撤出,引起股价的下跌,其他股民看见别人卖出股票,又认为股市行情一定看跌,深怕自己遭受损失,跟着别人立刻做出售出的决定。随着股票下跌幅度的进一步加深,越来越多的股民就跟着卖出股票,最后引起股市的暴跌。

(2) 一定要小心预期心理。

预期心理是指股民对未来股价走势以及各种影响股价因素变化的心理预期。在股市低迷时,股价已跌至相当低的水平,大部分都跌至每股净资产以内,但绝大多数股民都无动于衷,持谨慎观望态度,致使股价进一步下跌。而一旦行情翻转,股民在预期心理的作用下,却愿以较高的价格竞相买入股票,果然促使股价一路上扬。相反,在股价的顶部区域,股民都不愿出售,等待股价的进一步上涨,而当股价开始下跌时,又认为股价的下跌空间很大,便纷纷加入抛售队伍。

(3) 提防偏好心理带来的不良影响。

偏好心理是指股民在投资的股票种类上,总是倾向于某一类或某几种股票,特别是倾向于自己喜欢或经常做的股票。当机构大户偏好某种股票时，由于其购买力强或抛售的数量多，就会造成股票的价格脱离大势，呈现剧烈震荡现象。

（4）切忌博傻心理造成的不良后果。

在股市上有一种流行的说法，就是股票交易是傻子与傻子竞技，不怕自己稀里糊涂以高价买进或低价卖出，只要有人比自己更傻，愿意以更高价买走或更低价抛售，自己就能有所赢利，这种心理就是博傻心理。由于博傻心理，许多股民并不研究上市公司的财务状况和股票的投资价值，只要有人买就跟着买，有人卖就跟着卖，造成股价的大幅震荡，市场风险极大。

**选股点金**

在股票市场，有一些机构大户常常利用自己雄厚的资金实力来拉抬或打压股价，这就是股市的操纵。具体体现是通过大批量的买进或抛出，引起某只股票资金供应量的变化，导致股价的急剧涨跌。机构大户操纵股价的行为之所以能够得逞，其原因就是中小散户的直线思维，即看到股票价格上涨以后就认为它还会涨，而看到股价下跌时认为它还会跌。而机构大户将股票炒到一定价位必然要抛，将股价打压到一定程度后必然要买。散户股民对股市的这种操纵行为应多加提防，而不宜盲目跟风，以免吃亏上当。

所以，投资者在根据股价选股时，在把握住它的三个动因、不忽视心理因素存在的前提下，一定要小心落入机构大户操纵股市的陷阱。

# 十七、从比价中寻找机会

俗话说"谁比谁差多少"，这句话用到股市中也很贴切。在股市行情中，有不少的个股基本面相似，技术走势也有可比之处，特别是行业相似、地域相同、盘子相同的两只个股，可称为股市"同胞兄弟"，其价格就有可比性。一只股票拉高，与之相似的另一只股票如果与之价位相差太大，便会产生一轮补涨行情，即为"比价效应"。

中小投资者也可利用"比价效应"捕捉主力心态，获取利润，"比价效应"一般有：

（1）同行业比价。相同行业的个股由于产品市场价格基本一致，一家企业业绩提升而股价大涨，同行业其他个股尽管成本存在差异，业绩也应有不同程度地提升，也就会不同程度地上涨。

（2）同题材比价。相同题材个股由于含金量相似，价格视股本大小应差异不大。

（3）同主力比价。有一些超级机构操作几只股票，常采取轮番炒作的策略，先炒一只个股，再炒后几只个股，将一只个股拉到更高位，后几只个股再跟上，周而复始。

（4）同盘子比价。比价较适应小盘股，在一波行情中大多数小盘股站到高位，剩下的小盘股便会补涨。

（5）同业绩比价。业绩相同，而股价相差较大时。股价低者会得到补涨的机会。

以上的办法可以叫做"横向比较法"，意思是在统一时间内，通过相同条件下的两个相似的个股的比较来找寻投资的机会。在比较的方法中有另外一个方法叫做"纵向比较法"。什么是纵向比较法呢？顾名思义，就是拿历史上发生过的事情，同正在发生的事情进行纵向比较，以此来观察、分析事物的一种方法。因为，一方面，历史有惊人的相似之处，现在大盘或个股行情启动的背景及走势，只不过是某个历史片断的"翻版"而已。另一方面，纵向比较的参照物一定要与所研判的对象在性质、特点上具有一定的相似性，否则就会影响到研判的准确性。

**选股点金**

比价效应是股市运动的内在规律，不管是用"横向比较法"，还是用"纵向比较法"，都应该选择盘子比较小的股票进行投资。

# 第七章
## 开启选股"顺风耳"
### ——通过题材分析选股

跌久必涨和涨久必跌是股市中永恒的真理。题材股大多业绩差股价低,因此,对于股市中的这些死亡板块投资者完全没有理由忽视它。投资者可适量买一点,但宜少不宜多。何时买呢?这里要掌握两个原则:一是在察觉到主力在吸筹时,主力吸筹有一个过程,可能几个月,也可能是一两年。二是题材股往上突破时可以先买一点,但买进量不能太大。一般来说积弱很久的股票第一次往上突破,都以主力试盘或假突破的居多,股价第一次突破后会回落,经过一段时间蓄势之后再出现第二次、第三次往上突破,这时就可以大致确定该股要往上走了,买进后一定要把股票捂住,尽量少动。

# 一、无声之处响惊雷的冷门股

冷门股票是指那些交易量小、周转率低、流通性差、股价变动幅度小，因而较少人问津的股票。冷门股也不是绝对冷，有时碰上机遇，"爆出冷门"的情况也是有的。

在多头市场中，股票涨价的规律是：市场景气看好的时候，绩优股抬头；景气欠明朗的时候，冷门股票走俏，价位上跳。

依据基本分析的观点，经济景气不佳，股价就不可能上涨，不过，如果多头意欲稳住局势，或者主力大户持股未出，非将行情撑住不可，那么就只有选择"冷门股票"来充场面了。这是因为冷门股票的涨跌往往与其业绩好坏关系不大，所以不管经济景气好坏，冷门股票要涨就涨，没有什么道理可言。

冷门股在市场中流动的筹码较少，外面持有该种股票的人不多，因而比较容易操作，主力大户可以为所欲为地拉升股价，而且一路顺风地不断涨停板。因为，冷门股一般不会有卖盘压力，除非经营者见涨心喜，不做股东了，全盘抛出，否则，在行情上扬中就不会碰到上挡压力，炒作起来势如破竹，在景气不佳的时候，显得一枝独秀，引人注目。

冷门股的特性是"冷"，平日没有动静，但涨起来很厉害，因此投资冷门股需要耐心，看中一只冷门股，要很有耐心地一手、两手地慢慢吸进；同时也正是因为冷门股的特性冷，不易成交，成交后也不易出脱，因此，持股绝不能多。

通常持有冷门股的比例，绝不能超过投资资金的10%，即使您对标的冷门股，已经作过长时间的透彻分析，认定它将是一只很有投资价值的股票，也不能持仓过重。

因为冷门股的股性冷，一般投资者大多不愿碰它，投资者必须考虑到，如果投入之后，股价3年不动怎么办？

事实上，3年不动事小，如果您急需用钱，卖出却没有接受，或是连续低价卖出，降价10%到20%才成交，那才是真正的得不偿失呢！

假若你手中所持的冷门股，不过5手、10手，即使因用钱，而必须卖出时，也比较容易找到成交的机会。

投资冷门股的最佳时机为景气不佳时，大户为热络股市交易，必须操纵股价，一旦涨升，获利匪浅。但是冷门股持有时间不易过长，否则会竹篮打水一场空。

### 选股点金

有些投资人贪"冷门股"的低价位，认为买这种股票会赚大钱。殊不知股票如果没有实质业绩作基础，就不仅不会上涨，反而还会下跌，今后的价位可能还不如现在的价位高。退一步说，如果投资者生性爱赌，非要去碰碰问题股不可，那么，你最好只拿出一小部分资金去试验一番，并且还要在心理上作好血本无归，把钱扔到水里去了的打算，因为对这种"冷门股"，除了你自己感兴趣之外，其他感兴趣的人恐怕寥寥无几了。

对于那些因外部原因而受冷落的股票，投资者也最好慎重从事。一般来说，冷门股中的绝大多数之所以受到冷落，是由于经济发展和政府的政策所造成的。在特定的经济环境下，某些行业注定不景气，这些行业的股票就必然会受到冷落。不过，随着经济环境的好转，这些股票又有可能重新为人们注目。因此，遇到这类股票，投资者应当考虑它是否有较好的可投资性，如有，则不妨买进；如没有，就不要惹它。

## 二、如何捕捉热门股

所谓热门股就是指那些交易量大、交易周转率高、股价涨跌幅度也较大的股票。热门股领导潮流趋势，代表的是市场大势。一般情况下热门股有以下几点特征：

（1）有阶段性时限。受政治、经济、社会、财政等因素而诱发的热门股，由于事出有因，所以热度有限。

（2）受预期赢利和实际赢利而股价波动。在预期利润高时上升较强，而一旦实际赢利与预期产生差距，股价则回落。

（3）与企业实际营业业绩密切相关。尤其是能否有持续性经济增长点及新的经济增长点。

由于热门股的强势往往超过大盘的走势，所以，寻找到了热门股便是抓住了机遇，是获取收益的关键。但关键是投资者如何捕捉热门股。

一般而言，判断是否属于热门股的有效指标是换手率，换手率高说明近期有大量的资金进出该股，流通性良好。投资者可将近期每天换手率连续超过3％的个股，列入备选对象之中，这样大大缩小了选股范围，再根据一些辅助规则，从高换手率个股中精选出最佳品种。操作中可利用以下几个辅助原则：

## 1. 换手率能否维持较长时间

若在较长的一段时间内保持较高的换手率，说明资金进出量大，热度较高，一些个股仅仅有1～2天成交量突然放大，其后重归沉寂，并不说明该股股性已转强。

## 2. 从走势形态、均线系统作辅助判断

换手率高，有可能表明资金流入，也有可能为资金流出。一般来说，在出现较高换手率的同时均线系统保持多头排列、重心上移，表明资金从该股流入，后市以涨升为主。如图7-1所示。

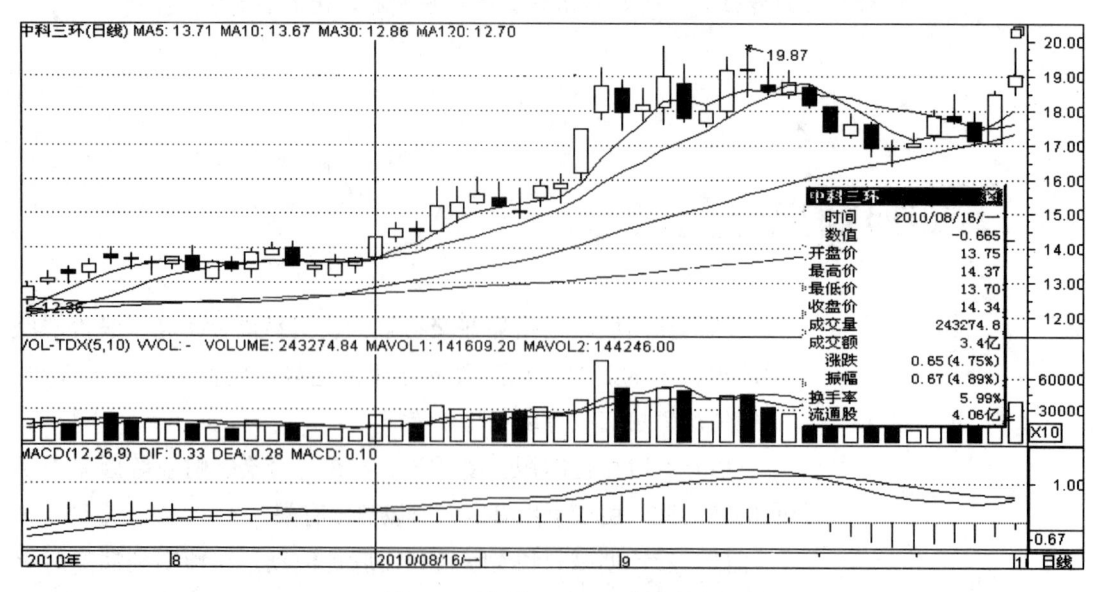

图7-1 中科三环日K线走势图

### 3. 从价量关系来看

一些热门股上涨过程中保持较高的换手率，这时继续追涨风险较大。投资者可重点关注那些近期一直保持较高换手率、而股价涨幅较有限的个股。根据"量比价先行"的规律，在成交量先行放大，股价通常很快跟上量的步伐，即短期换手率高，表明短期上行能量充足，量比价提前发出买入信号。

### 4. 从宏观基本面来看

一些热门股基本上是符合国家产业政策，或者有市场炒作的题材，热门股的媒体曝光率一般比较高。

在寻找热门股时，应注意以下几点：

（1）要有先见之明，在判断预测上先人一步。
（2）关注市场效应，注意市场变化。
（3）提高应变能力，反应迅速。

热门股不可能永远热下去，冷与热在股市中是经常转换的。所以，如果抓住了热门股而不注意市场变化，结果往往会适得其反。

**选股点金**

热门股一般可以作为中短期投资对象。热门股中的那些公司经营良好、又有发展前景的领头股，由于跌幅不会很大，也适合长期投资。

## 三、如何选择蓝筹股

蓝筹股是指在其所属行业内占有重要支配性地位、业绩优良、成交活跃、红利优厚的大公司股票。"蓝筹"一词源于西方赌场。在西方赌场中，有三种颜色的筹码，其中蓝色筹码最为值钱，红色筹码次之，白色筹码最差，投资者把这些行话套用到股票就有了蓝筹股之称。美国通用汽车公司、埃克森石油公司和杜邦化学公司等股票，都属于蓝筹股。

不过目前中国股市的蓝筹股，其意义并不完全等同于世界公认的蓝筹股。只要盘子大、业绩较好、甚至业绩虽不算优但有发展前景的公司股票，都归属到蓝筹股之中。

蓝筹股在股市中无疑是最有影响力和号召力的领头板块了。它作为市场中的一种炒作题材，得到投资者广泛认同和积极追捧，这是蓝筹股自身特点造成的。蓝筹股的特点是：投资报酬率相当优厚稳定，股价波幅变动不大，当多头市场来临时，它不会首当其冲而使股价上涨。经常的情况是其他股票已经连续上涨一截，蓝筹股才会缓慢攀升。而当空头市场到来，投机股率先崩溃，其他股票大幅滑落时，蓝筹股往往仍能坚守阵地，不至于在原先的价位上过分滑降。对于蓝筹股，投资者要采用相应的投资策略是：一旦在较适合的价位上购进蓝筹股后，不宜再频繁出入股市，而应将其作为中长期投资的较好对象。虽然持有蓝筹股在短期内可能在股票差价上获利不丰，但以这类股票作为投资目标，不论市况如何，都无需为股市涨落提心吊胆。而且一旦机会来临，却也能收益甚丰。长期投资这类股票，即使不考虑股价变化，单就分红配股，往往也能获得可观的收益。

要把握绩优蓝筹股的投资技巧，关键在于把握好它的三个波动节奏。

## 1. 把握住市场整体运行趋势的节奏

蓝筹股行情和大盘的走势之间存在着密切的关系。蓝筹股的业绩有的时候和宏观基本面有着密切的联系，所以作好宏观基本面分析是选择蓝筹股的工作之一。一般来讲，在大盘低迷时蓝筹股的价值会被低估，而在大盘涨幅较大时，蓝筹股的价值会被高估。蓝筹股的价值如果被低估，一般需要3～6个月的时间才会上涨，而一旦蓝筹股的价值被高估，通常需要6～12个月才能调整到正常水平。因此，投资者需要根据蓝筹股的这种惯性特征，在蓝筹股价值被低估时买入，而在价值被高估时果断获利了结。

## 2. 把握住蓝筹股整体板块的节奏

因为目前股市中的蓝筹股大多只是绩优股和大盘股，并不是具有长期回报的真正蓝筹股，因此，目前的蓝筹股中炒作题材的成分相对较大，其中的绝大多数不具有长期持有的投资价值，所以参与蓝筹股行情，采用长时间的捂股不动操作方式是非常被动的，蓝筹股同市场中的其他热点股一样有着涨跌起落，这就需要投资者根据蓝筹股整体板块的涨跌节奏，进行波段操作。

### 3. 把握住蓝筹股内部板块轮动的节奏

由于蓝筹股的板块容量较大，目前归属于蓝筹股旗下的个股数量大约在百只左右，其中已经细分为多个板块，包括有钢铁、石化、医药、科技、汽车、金融、能源等，投资者需要借助蓝筹股中不同的细分板块轮动特点，把握蓝筹股内部板块轮动的节奏，顺势而为地在不同板块之间实施套利操作。

在选择介入蓝筹股时，还需要注意以下投资要点：

（1）明确蓝筹股的投机价值。

蓝筹股一般都具有业绩优良、市盈率较低、上市公司基本面情况向好等投资价值的特点，同时它还具有一定的投机炒作价值，也就是必须还具有股价偏低、未来有较大上升潜力等特点，这样才能为投资者带来丰厚利润的个股。

例如：在2010年10月份建设银行（601939）配股之前，明显有大资金进场抢筹。如图7—2所示。

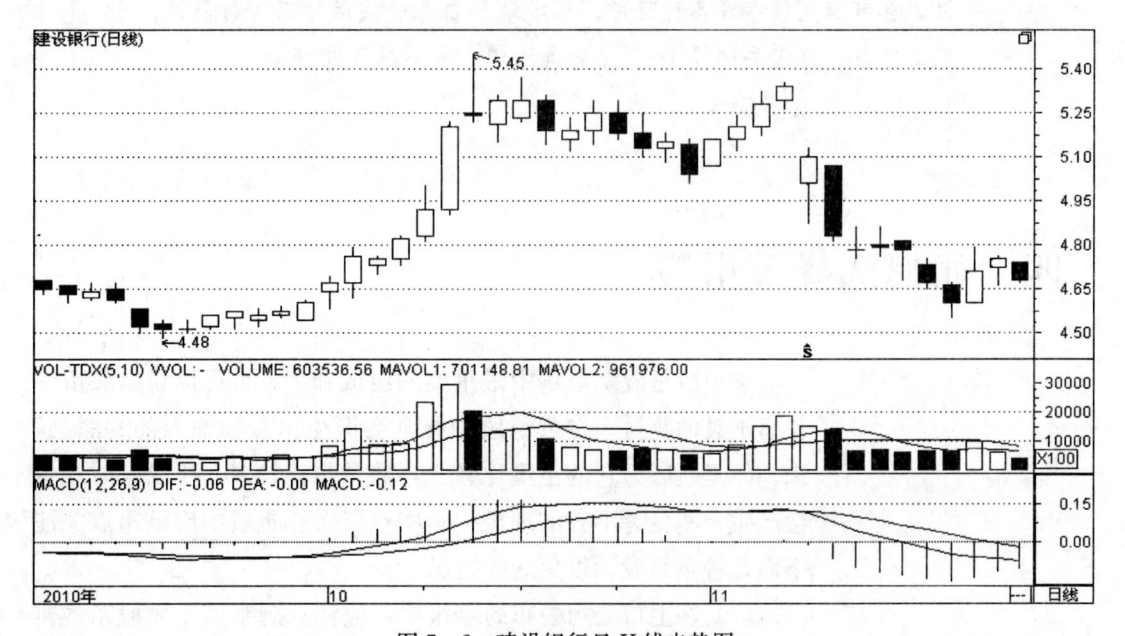

图7—2 建设银行日K线走势图

(2) 明晰蓝筹公司的回报情况。

每一个股民投资蓝筹股的目的都是一样的，他们归根到底都需要得到回报。真正的蓝筹股不仅要有良好的业绩和回报能力，关键还在于其是否愿意对持股的投资者付出这份回报。如果，某家上市公司一味地在市场中圈钱却不愿付出回报，那么这样的蓝筹股是否值得投资已经是一个问题。

(3) 正视蓝筹股投资的风险性。

任何投资都有风险性，而蓝筹股投资也不例外。价值投资是一个长期的过程，当蓝筹股受到市场过度追捧，股价高企时，就会出现价值高估的风险。因此，即使对于上证50蓝筹股，投资者也需要仔细鉴别、区别对待，不然，我们的投资就完全没有了保障。

### 选股点金

蓝筹股的选择不是一件容易的事。投资者需要了解我国的政治经济政策、各行业的发展状况、企业的经营情况、管理情况、企业背景等各方面的资料，这就要求投资者对经济学、企业管理、项目投资、财务等各方面的知识都有一定的了解。但是，如果投资不能达到这个水平，那么，也可以直接参考各种股评，然后结合自己的实际情况进行筛选。一般情况下，只需要选择1~2个蓝筹股进行长期投资即可。

# 四、如何选择重组股

重组股是股票市场中最重要的组成部分，也可以说是股市中长盛不衰的题材。在重组股中常常会诞生出涨幅惊人的"黑马"来。但是，因为它的范围比较大，数量也比较多，所以有时难免会产生一些良莠不齐的现象。一些投资者在选股中应该重点关注下面几种重组股，以免造成失误。

(1) 在上市公司公布的年报中，应注意观察前十大股东的排列构成。对于第一大股东持股比例较低的，前几大股东持股比例

第七章 开启选股"顺风耳"——通过题材分析选股

比较接近的股票，需要重点关注，这类股票重组的可能性会比较大。

（2）关注小盘的重组类个股。一般来说，小盘股重组的成本比较低，也比较容易被重组。而且便于主力控盘和拉抬股价。在市场上，更容易受主流资金的垂青。一旦被主力选中，上升速度之快可想而知。

（3）关注因为国有股权的转让而给上市公司带来资金重组机遇的个股。

（4）要关注低价位的重组类个股。特别是在熊市中曾经严重超跌，而目前却涨幅不大的个股。以前有过涨幅翻番行情的重组股，大都是从股价较低时崛起的，这是在历史上都曾经出现过的现象。

（5）关注那些业绩差、年度收益最多只能是微利的重组股。如果是一些亏损的或者是即将被特殊处理的就更好。上市公司越是亏损或者是面临着被特别处理及退市等原因时，重组压力就越大，上市公司也就越容易被重组。如图7-3所示。

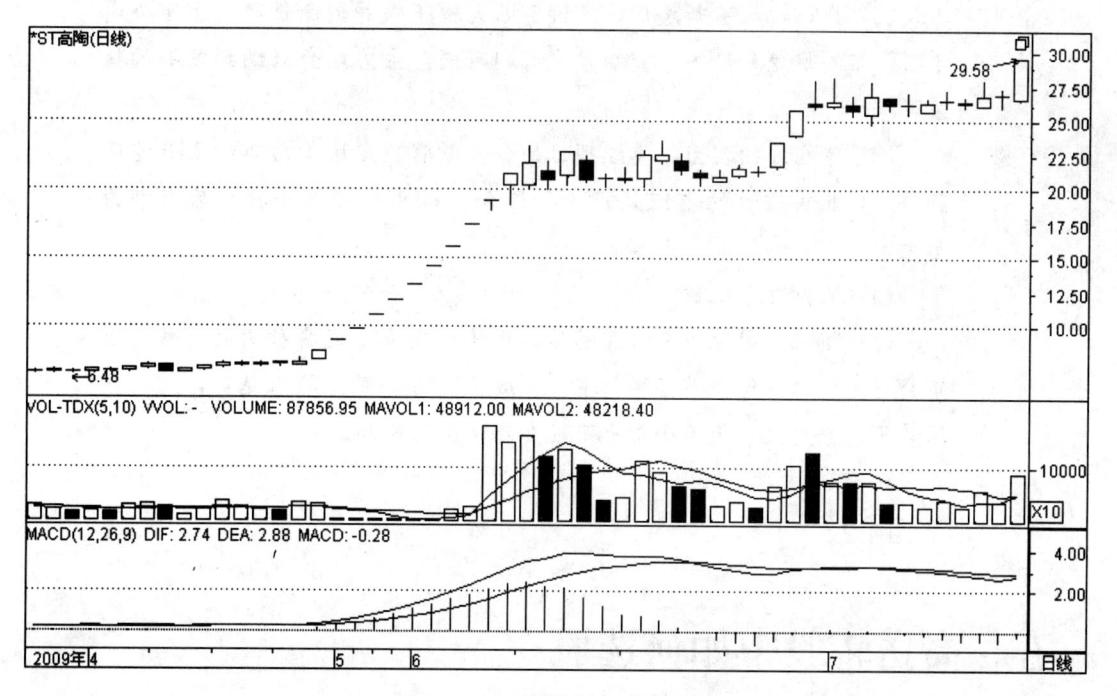

图7-3 ST高陶日K线走势图

我们在重点关注以上几种重组股的同时，还要掌握重组股的规律。那么重组股都具备哪些规律呢？下面几个方面告诉了投资者最好的答案：

(1) 经营上陷入困境的公司，最易成为重组的对象。

(2) 股权转让是重组的前奏。新股东以转让股权的方式成为第一大股东，表明重组已开始。

(3) 第一波行情不宜介入。第一波行情往往是知道内情的人入场抢筹码所致，随后必然会出现一次急跌洗盘的过程。

(4) 第一波行情冲高之后急跌，伴随着基本面的利空消息，如公布亏损累累的报表等，这是最后的利空，公司往往将各种潜亏全部计提，也因此出现最后一跌，成为参与的最佳时机。

**选股点金**

选择重组股还要特别把握以下几点：

(1) 具有壳资源的价值是重组的前提。总股本和流通盘偏小，资产质量相对较好，债务包袱不过于沉重，重组起来才相对容易。

(2) 公司情况不断恶化，股价不断大幅下跌并创新低时，上市公司才有重组的愿望和动力，重组方才有利可图，主力才会吸纳到足够的低廉筹码。

(3) 重组方的实力，重组项目的含金量将决定股价后市的上升空间和潜力，非实质性的重组只是为了配合二级市场短炒一把，后市潜力不大。

(4) 股价处于低位。

(5) 随着公司上市变得容易后，退出机制真正发挥效力的时候，上市公司壳资源的价值将不断降低，"咸鱼"将会变得越来越臭，这时候黑马可能会更大，但不小心也可能会踩上一匹死马。

# 五、高送转股中如何选股

我国上市公司的分配方式有派现、送红股、转赠股本或这几种方式的结合。派现和送红股的来源都是未分配利润，转赠股本则不是利润分配方式，而是将属于全体股东的资本公积转为股本，而资本公积的主要来源是募集资金过程中超过面值的超募部分。

上市公司在准备分配方案时，必须考虑公司当期赢利状况、以前积存的未分配利润和资本公积金以及公司将来的发展速度等。一般来说，当一家公司的赢利能力非常强，现金回流情况良好时往往会考虑用派现的方式直接回报股东。派现的方式比较灵活，可以根据公司的实际情况来执行。如果这家公司不但当期赢利能力很好，而且预期接下去几年的发展速度很快时，可能会考虑用送红股或转赠股本的方式实施规模和股本的同步扩张。

实际上，高比例送红股或用公积金转增股本，不过是上市公司的一种数字游戏而已，它对上市公司的现金流不产生丝毫影响，对投资者也没有任何现金收入。但是却非常受投资者的欢迎，因为高比例送转股降低了上市公司的股价，打开了个股的炒作空间。同时，这也是受上市公司欢迎的分配方式，因为，高送转有利于相关上市公司未来的再融资规划。由于配股和增发相关规定的限制，股本扩张可以给未来扩大融资规模提供便利。高送转概念股，曾经造就了许多辉煌一时的大黑马，是中国股市中是长盛不衰的炒作题材。如图7-4所示。

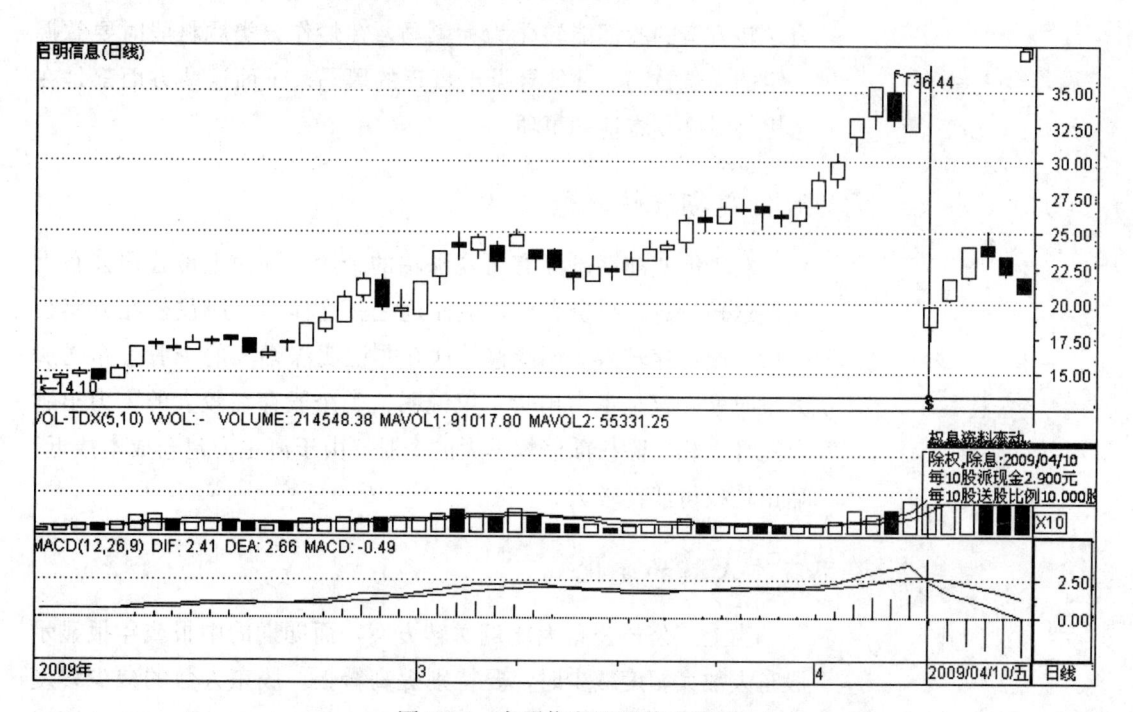

图7-4 启明信息日K线走势图

那么，高送转股中的黑马一般容易在哪些个股中产生呢？据研究，容易推出高送转方案的个股往往具有以下几个方面的特征：

（1）股本小。总股本一般小于1.5亿股，流通股本一般小于6000万股。

（2）次新股。一般是上市时间不足两年，尚未实施二次融资的次新股。

（3）上一会计年度未进行过高比例送转的个股。

（4）有充足的资本公积金和滚存的未分配利润，这是实施高送转方案的物质基础。

（5）由于受增发或配股的比例限制，净资产值高、业绩优秀，而且日后希望更多融资的公司，往往会积极实施高送转方案。

（6）主力介入程度较深，建仓比较充分的个股，常会借助高送转题材炒作或出货。

要想在高送转股选黑马，就必须先对高送转股的特征有个很好的了解，了解了它的特征之后，才能总结出选黑马的技巧。随着从高送转股中选黑马的常见模式的普及，近年主力的操作手法明显改变，经常是先提前炒作到位，等公布高送转消息时，利用散户盲目炒作高送转题材，乘机配合主力出货。因此，不是每个有送转方案的股都能转化为大黑马，在炒作该类题材股时要掌握一定的筛选技巧，才能寻觅出真正的黑马。下面这些方面都是在选黑马时必须看清的事项。

## 1. 了解股价前期涨幅

对于那些前期已经有可观涨幅的个股，即使上市公司公布大比例送转消息，投资者也要敬而远之。这样的个股往往在方案公布后，便迅速转入短期调整。这并非说明涨幅大的个股公布送股方案时就一定是主力出货，仅说明这类个股存在较大的主力出逃可能性。相反除权前涨幅不大的个股，由于离主力建仓成本接近，后市填权可能性较大。

## 2. 警惕股东人数的变化

当上市公司公布大比例送转方案，而同期的中报或年报显示股东人数大幅度减少时，要特别提高警惕。股东人数的减少程度往往相对说明主力建仓的程度，如果股东人数减少到极限的同时股价前期又暴涨过，就要特别当心。因为，这说明主力已经完成建仓和拉高环节，此时公布送转方案的意图可以说是昭然若揭。

### 3. 是否有后续题材

上市公司高送转后是否还有后续题材以及后续题材是否能及时跟进，都将直接影响到高送转后是否能填权。

### 4. 明晰大盘运行趋势

送转股除权后价格的走势受大盘运行趋势的影响很深，当大盘处于阶段性牛市中时，股价常常会填权。而当大盘处于阶段性调整中时，股价贴权的概率很大，一般这时不适宜炒作高送转题材股。

### 5. 除权前要细心地进行横向比价

在高送转除权前用假设已经除权后的个股价值进行横向比价，具体分为投机价值比较和投资价值比较。主要通过除权后的股价、被稀释的业绩、流通股本、市盈率水平等方面和市场中同类股票进行比价，评判该股除权后是否还有进一步炒作的价值，据此决定是否参与该股送转题材的炒作。

### 6. 关注除权后量价变化情况

除权后应重点关注量价变化，识别主力是真填权还是假填权，如果股价缓缓上涨，走出试图填权的形态，但价格累计升幅不大，量能却持续性的放大，则可以判断为假填权。凡是遇见假填权或无力填权的送转除权股，投资者都必须及时果断收场，切不可贪心。

## 选股点金

大比例高送转题材往往是高收益中蕴含着高风险，所以，在炒作该类股票时，一定要建立风险控制机制，设置止损价位，一旦发现自己在操作时失误，就要迅速撤离，避免深陷其中，不可自拔。毕竟机会无限而资金有限。

在投资高送转股时，投资者要注意控制风险，掌握高送转股的卖出技巧：

(1) 当上市公司在未公布高送转方案，股价就已经大幅飙升的，一旦公布具体的高送转股方案时，投资者要谨防"利好出尽是利空"，要坚决地逢高卖出。

(2) 当上市公司公布高送转股方案时，如果个股涨幅不大、股价不高、未来还有扬升潜力的股票，投资者可以等到除权前后时，再择机卖出。

# 六、次新股中如何选黑马

股市如海，其大其广不言而喻，我们要想在股市中如鱼得水，就要掌握行情，注意方法。经过对历次行情中走势强劲的次新股的统计和比较，得出了一个这样的结论，那就是在次新股中选黑马要从四种角度和五类原则中去把握。

## 1. 四种角度

(1) 从次新股的基本素质选股。投资者要从次新股的基本素质选股就要选择流通盘较小，业绩优良，具有高送转、高派现题材的次新股。

(2) 从次新股的技术指标选股。炒作次新股要重点参考人气意愿指标 ARBR，其中人气指标 AR 可以反映次新股买卖的人气，意愿指标 BR 可以反映次新股买卖意愿的强度。

(3) 从次新股的放量特征选股。次新股放量上涨过程中，投资者仍可以积极选股，把握时机，适度追涨。但是要注意成交是否过于放大，如果成交放量过大，会极大地消耗股价上攻动力，容易使股价短期见顶，转入强势调整。

(4) 从次新股的历史特征选股。这方面，投资者需要关注以下几点：①次新股上市时间的长短。由于新股上市接连不断，该板块的容量不断扩大，有些上市时间稍长的次新股也将渐渐演变成老股，和次新股板块之间逐渐缺乏联动性。②次新股是否曾经被疯狂炒过。要尽量选择还没有经历过疯炒的次新股，其炒作潜力更大。③次新股业绩是否稳定。目前一年绩优、两年绩平、三年绩差现象比比皆是,甚至上市不到一年就变脸的次新股也并不鲜见,投资者要注意选择经营运作良好的次新股。④上挡是否有沉重的套牢筹码。部分次新股上市之初,做过大量的宣传工作和各种投资分析报告,上市后,受到散户的大力追捧,结果造成上挡沉重的套牢筹码,使股价很难有所表现。

## 2. 五类原则

掌握了次新黑马的四种选股角度以后,投资者还需要掌握选择次新黑马的五大原则。

(1) 选择在低迷市道中上市,定位明显偏低的个股。

(2) 选择新一轮行情中率先启动的龙头类次新股。如:本轮行情中率先启动绩优、蓝筹、指标股等。

(3) 选择一些经过深跌的次新股。可以关注其中调整时间较长,下跌幅度远远大于指数的低价超跌类次新股。

(4) 选择上市后没有经历过大幅炒作的次新股,这类个股上挡没有套牢盘和成交密集区,上升阻力小,一旦大势走好,容易有出色表现。如图7-5所示。

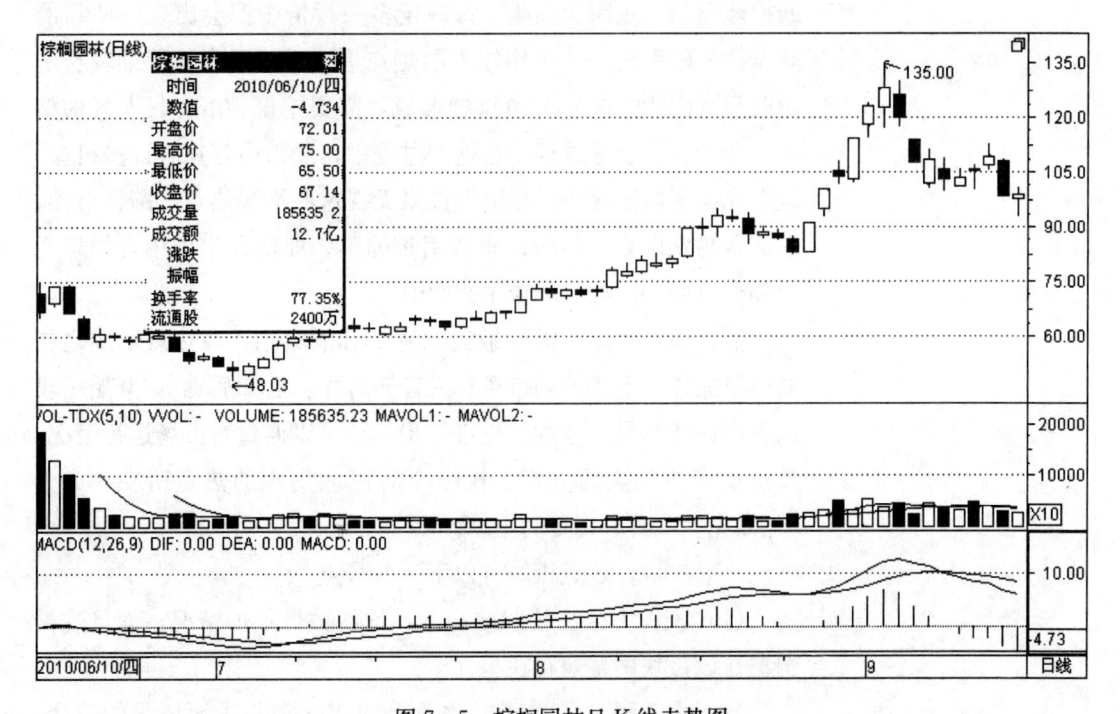

图7-5 棕榈园林日K线走势图

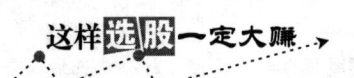

（5）选择流通盘与总股本均不大，有多年滚存利润和丰厚公积金的次新股。这类次新股具有较强的股本扩张能力，能为将来的强劲走势提供有力的题材支持。

**选股点金**

就短线获利机会而言，次新股比老股具有更多的题材和短线炒作行情，我们的股市历来有新股不败的传统。新股（次新股）由于上市不久，未经过充分炒作，上挡没有留下大量套牢盘，拉升起来比较轻松。且大市不好时，次新股也往往成为资金的避难所和炒作对象，因而在不同市道都可能成为炒作对象，都会有行情。

# 七、市场热点中如何选精股

事物总是在不断变化之中，股市也同其他事物运动一样在不断推陈出新。正因为如此，每一轮多头行情中都会出现一些新的热点。一般而言，一个比较大的热点形成后，通常要持续较长一段时间，因为一个较大热点的形成，需要挖掘、培育、人气的聚集、持续、反复等过程。在这个过程中，股市中存在着许多机会，就看你能不能把握住。投资者如果无视这些市场热点，踏错节拍，那么若想获取高额利润是非常困难的事。即使在牛市中，如果逆市场热点而动，也只能望牛兴叹。

捕捉市场热点，需要敏锐的感觉和洞察力，在热点形成之初就尽早抓住，不要等到市场尽人皆知时才"后知后觉"，开始一段的利润往往是最丰厚的。更进一步，还可以通过对市场运行情况、特点及当前热点的分析，找出今后可能出现的热点所在，成为"先知先觉"者，则更为主动。

一般来说，热点板块有以下一些特点：

（1）该板块存在长期被冷落、价值被低估的情况，而且这种情况在该板块中普遍存在。

（2）由于科技的进步或政策上的变化等基本面情况的改变，

形成新的热点。如:作为战略性新兴产业之一的物联网或将成为市场热点。物联网行业潜力巨大,被视为继通信网、互联网之后的新兴网络。目前我国已将物联网明确列入《国家中长期科学技术发展规划(2006~2020年)》和2050年国家产业路线图。顺应这一潮流,物联网概念股也表现突出。如图7-6所示。

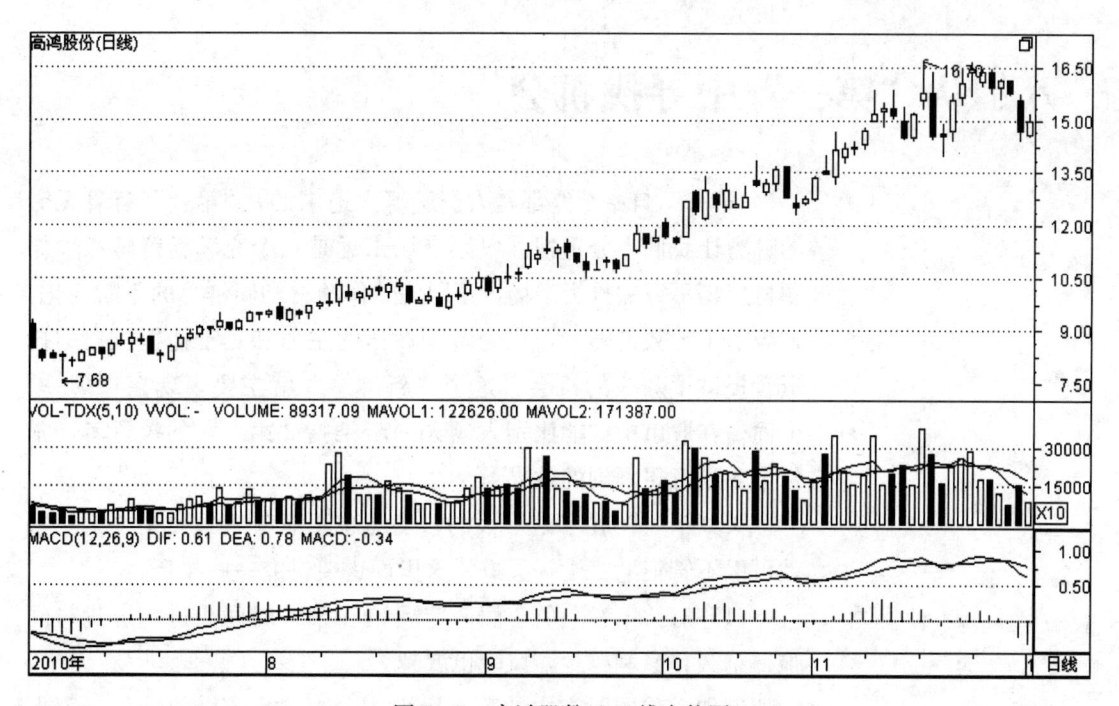

图7-6 高鸿股份日K线走势图

(3)该板块中存在超强势股,即板块的领头羊。

(4)市场对该板块的兴趣越来越浓,最终达成共识。或者突然出现的热点,市场有顿悟的感觉,认同度极高。

(5)热点板块中的个股,经常不能用业绩和市盈率的标准来衡量股价的高低,而与市场认同程度的高低有关。

**选股点金**

我们应清醒地认识到,市场的热点经常带有盲目性和狂热性的特点,往往热点来时如急风骤雨,去时如流星闪过,就像玫瑰花上的刺,稍不留意,手就会被扎破。如:在1999~2000年全球网络热潮中,由于人们的极度狂热和媒体等推波助澜,给网络股吹出了一个大大的泡沫,美国的一些网络股股价上涨几十倍甚至上百倍,在我国股市中也出现了股价翻两番的个股。但是，在随后而来的调整中，美国的网络股甚至有从几百美元跌至不到1美元的惨痛经历。看来，追随市场热点也不是那么容易的，如果节拍踏不准，很可能就被搞得筋断骨折。

# 八、从"第一"中寻找机会

"第一"自始至终都是人们所努力追求的，"第一"有着无穷的魅力让我们十分重视。股票市场永远是一个充满新鲜感和炒作题材层出不穷的投资市场，正因为炒作题材和新鲜感的不断变化，才吸引了无数追随者，也为善于炒作的主力和勤于捕捉机会的投资者提供了赚钱的机会。这个"新鲜感"就主要表现在"第一"上面。在股市中如能比别人领先一步染指"第一"的投资者，常常会收到意想不到的效果。

买"第一"胜率是很大的，当然也不意味着只要是"第一"，就可以不管三七二十一买进，这里面也要讲究一些技巧。

（1）对"第一"的东西一定要抢在第一时间买进。进货时间拖得越久，赢利越少，风险也就越大。

例如，我国股市中的第一家上市公司"宝安"收购另一家上市公司"延中"事件中，消息公布后，马上买进"延中"的，在后来的几个星期中，至少有100%~200%以上的利润可赚，而几个星期后再追涨买进的投资者反而一个个被深度套牢。

（2）越是过去从未发生过的，朦朦胧胧的"第一"，其潜力越大。

例如，上海第一次发放"认购证"，30元一张。投资者对这些认购证都持有怀疑观望的态度，在它当初发行时并不被大众看好。但30元一张的认购证，后来竟能炒卖到1万元。而当上海发行第二批认购证时，市场中"第一效应"消失了。上海第二批认购证中签率只有千分之几，致使买进100张认购证血本无归的事竟然真的发生了。可见，朦朦胧胧的"第一"，才最有潜力。

（3）只有具有正面影响的"第一"，才能受投资者关注。虽然，"第一"会给投资者带来赢利的机会，但这个"第一"一定要有积极意义，而那些有负面影响的"第一"，投资者就不值得参与。

比如，2000年2月，"亿安科技"成了沪深股市自股价拆细以来第一个冲过百元大关的股票。但这"第一"反映了市场极端的狂热情绪。因为该股本身没有什么高科技含量及过硬的业绩，稍有投资经验的人一看就知道是主力在操纵这只股票，其过度投机，恶意的行为对大盘、对市场方方面面都会带来很大的负面影响。该股100元以上的股价纯粹是一座海市蜃楼，像这种对市场只有负面影响而无任何积极意义的"第一"就不能碰，若硬要去碰就会碰得头破血流，给自己投资带来重大损失。

### 选股点金

股市上的"第一"蕴藏着极大的投资机会，但也不是所有的"第一"都能参与的。"第一"也有真假之分，只有对市场带来正面影响的"第一"才是真的，才值得投资者参与。当然，参与"第一"也要讲究实际、讲究策略。若要做到抓准抓好，为投资者创造赢利机会，一方面需要投资者有独到的见解和勇气，另一方面也需要投资者有驾驭"第一"的娴熟技巧，两者缺一不可。

## 九、从死亡板块中寻找机会

死亡板块就是指那些每半年或每年跌幅前30名的个股。这些板块之所以被称为死亡板块，主要是因为人们大多认为这些板块尽管曾有过大幅上升或受市场追捧的情形，但如今却是扶不起来的阿斗。

其实，这种看法不完全正确。股市的运作，说到底就是风水轮流转，有些股票今天走得很牛，说不定明天它就跌在前面，成为一个人见人弃的熊股。同样的道理，有些今天被市场遗弃在一旁的熊股，说不定哪天摇身一变，就会成为市场中的人见人爱的大牛股。正所谓股市中没有绝对的牛股、熊股，一切都是相对的，它们在一定条件下相互转化。熊股熊到最后就会被市场遗忘，就成了"死亡板块"。正是因为市场投资大众对它彻底失去信心，它才会绝处逢生，被市场主力相中，一旦"时机成熟"，各种题材就会不请自来，主力借势发力，这些被遗忘的熊股转变成为牛股就是水到渠成的事儿了。因此，以辩证的观点来看，死亡板块绝对是个淘金的好地方。

例如：大盘从2007年10月16日见顶，至2008年10月28日见底，我们可以选出在此区间跌幅最大的个股。如图7－7所示。

区间分析报表－涨跌幅度：深沪A股区间：2007－10－16至2008－10－28

|   | 代码 | 名称 | 涨跌幅度↑ | 前收盘 | 最高 | 最低 | 收盘 |
|---|---|---|---|---|---|---|---|
| 1 | 000758 | 中色股份 | －54.80<br>－91.49% | 59.90 | 61.58 | 4.85 | 5.10 |
| 2 | 000878 | 云南铜业 | －80.70<br>－91.29% | 88.40 | 92.73 | 7.33 | 7.70 |
| 3 | 600961 | 株冶集团 | －37.17<br>－90.44% | 41.10 | 41.10 | 3.69 | 3.93 |
| 4 | 000617 | 石油济柴 | －52.69<br>－90.38% | 58.30 | 62.97 | 5.19 | 5.61 |
| 5 | 601168 | 西部矿业 | －54.06<br>－90.33% | 59.85 | 59.20 | 5.49 | 5.79 |
| 6 | 000612 | 焦作万方 | －56.90<br>－89.80% | 63.36 | 67.54 | 6.08 | 6.46 |
| 7 | 601600 | 中国铝业 | －51.31<br>－89.67% | 57.22 | 57.30 | 5.91 | 5.91 |
| 8 | 000751 | 锌业股份 | －22.54<br>－89.66% | － | － | 2.41 | 2.60 |
| 9 | 600459 | 贵研铂业 | －60.19<br>－89.58% | 67.19 | 68.13 | 6.58 | 7.00 |
| 10 | 000602 | *ST金马 | －30.27<br>－89.40% | 33.86 | 45.18 | 3.39 | 3.59 |

图7－7 跌幅最大个股排行

我们再来看下跌幅最大的中色股份（000758）在大盘见底后的走势。从最低点 4.7 元涨至 40 元以上，如图 7-8 所示。

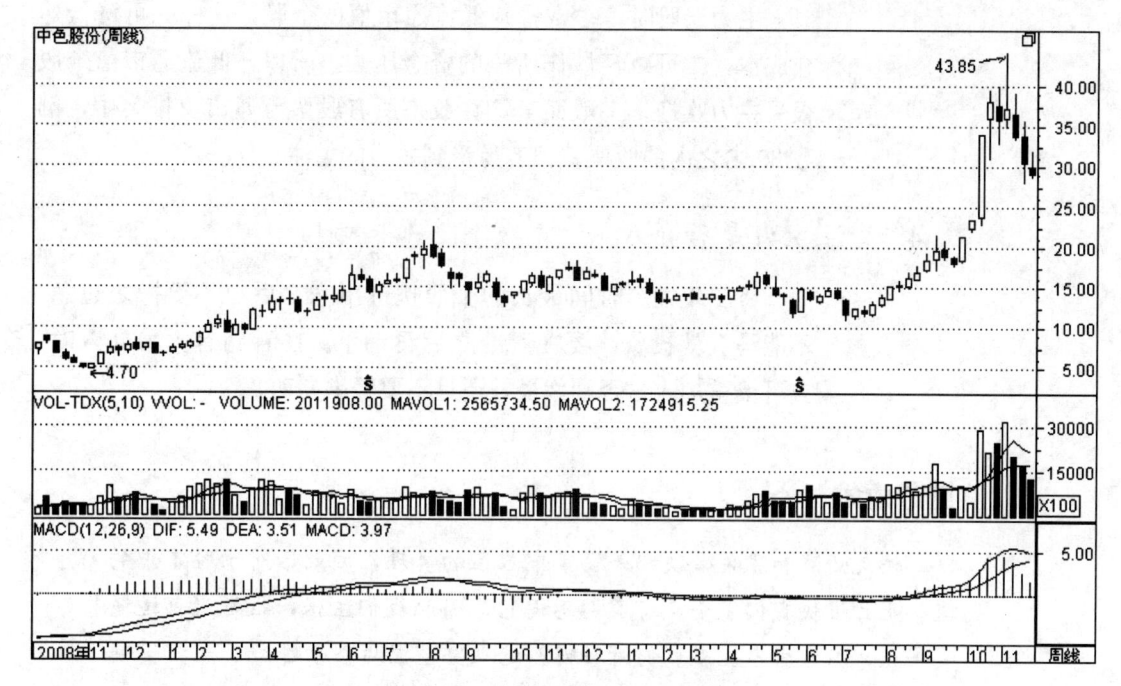

图 7-8 中色股份周 K 线走势图

那么如何从死亡板块中发掘投资机会呢？方法如下：

## 1. 给死亡板块排排队

从相关的证券报刊或证券网上找到每半年或每年跌幅前 30 名的个股后，对这些死亡板块进行分析整合，按死亡时间长短对其进行排列。一般而言，"死亡"时间最长的个股可作为重点关注的对象，因为"死亡"时间越长的个股就越有机会。

## 2. 分析死亡板块基本面

天下没有只涨不跌的股票，亦没有只跌不涨的股票。涨多了就要跌，跌多了就要涨。下跌已久的死亡板块终有一天要涨，问题是股价是否跌得够惨，基本面是否见底？如果基本面情况继续恶化，那么股价只有反弹而不会反转；如果基本面情况已渐趋好转，甚至日后将有大发展，那么目前的低位有可能成为历史大底。因此，对待死亡板块要具体问题具体分析。

### 3. 测算死亡板块的流通市值

主力选股时，常常青睐低流通市值的个股，这样一可降低建仓成本，二可减轻炒作所需的资金压力，所以，低流通市值个股很受主力欢迎。一般而言，在股市所有股票流通市值排名中，倒数30名之内的股票就很容易受到主力的关注。

### 4. 关注主力是否介入

将"死亡"时间最长的个股挑选出来之后也不要操之过急，不能马上就投资，要在看准之后再动手。在看到有主力介入时，方可慎重加入，否则你最好还是不要轻举妄动。

**选股点金**

跌久必涨和涨久必跌都是股市中永恒的真理，因此，对于股市中的这些死亡板块我们完全没有理由忽视它。因此我们主张，投资者可适量买一点，但宜少不宜多。何时买呢？这里要掌握两个原则：

（1）在察觉到主力吸筹时，不要马上动手，因为主力吸筹有一个过程，可能几个月，也可能是一两年。

（2）在个股往上突破时可以先买一点，但买进量不能太大。一般来说积弱很久的股票第一次往上突破，都以主力试盘或假突破的居多。

那么，什么时候买进把握比较大呢？通常股价第一次突破回落，经过一段时间蓄势之后再出现第二次、第三次往上突破的时候，就可以大致确定该股要往上走了，这时候你就可以多买一些。当然一只股票能不能往上走，最主要的还是要看它有没有形成上升趋势，只有上升趋势形成了，股价才能持续向上。当你看到了这个情形后，就可以大胆地买进了．买进后一定要把股票捂住，尽量少动。

# 十、ST股中如何淘金

在沪深股市的行情表上，有一类前面冠以ST的股票，它们一会儿搞几个跌停，一会儿又拉几个涨停，时起时落，活跃不已。

ST板块是1998年4月开始出现的。当时，沪深证券交易所针对最近两年连续亏损或经营状况出现异常的上市公司的股票，宣布进行特别处理另板公布交易行情，股票简称前加"ST"，"ST"是特别处理的英文"specialtreatment"的缩写。特别处理的内容包括：公司股票日涨跌幅限制为5％，中期报告必须经审计，股票的行情显示有特别提示。特别处理期间，公司的权利义务不变。

自从1998年4月28日辽物资成为第一家被特别处理的上市公司之后，ST的阵容不断扩大，老亏股、新亏股、连亏股、巨亏股……统一戴着ST的花冠，以与众不同的步调在行情显示板上跳着"小步舞"，形成一个独特的板块。

按理说对于这些一亏再亏直至资不抵债的股票，投资应该是惧而远之才对，但事实恰恰相反，许多投资者却偏要涉足其中。这是因为，ST股虽然是亏损股，但却不是"死亡"股，而是"活跃"股。确实，一部分ST类个股在二级市场走势表现得异常活跃，如ST国农、ST深泰、ST马龙、ST甘化、ST金瑞等等，均成为弱市行情中的局部亮点。ST股在近年的市场行情中属于获暴利的机会较大，同时投机风险也相应较大的板块。

ST股走强，也不是毫无理由的，总的来看主要有以下几个原因：

（1）ST类上市公司濒临退市边缘，如果不能如期扭亏为盈，必将招致退市的命运，因此，不排除有部分ST上市公司采取突击重组的方式来摆脱困境，这样就会为ST股的炒作平添一定的炒作题材与机会。

例如：ST甘化（000576）2007年、2008年连续两年亏损，2009年通过出售资产等方式实现1291万元净利润，避免了暂停上市的命运，但是公司主业每况愈下，2010年三季度亏损2324万元。2011年1月14日，江门资管局筹划资产重组，德力西集团将以每股6.59元价格收购ST甘化6400万股股份，转让价款合计4.21亿元。此次转让完成后德力西集团将成为ST甘化第一大股东，此后该股一路飙升。如图7-9所示。

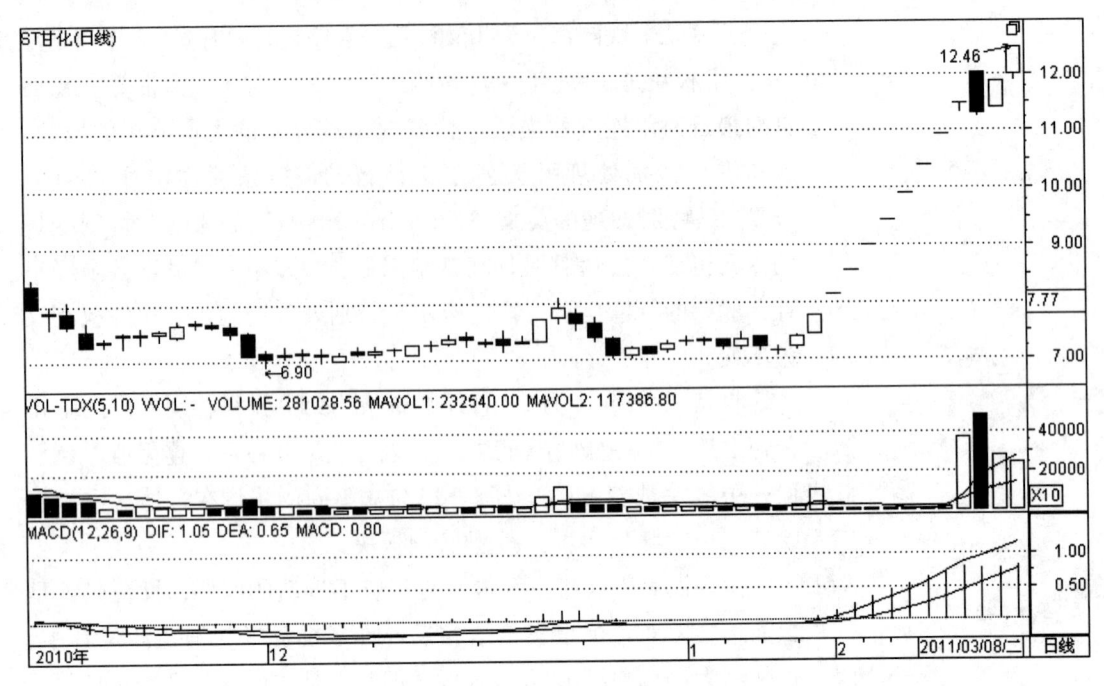

图7-9 ST甘化日K线走势图

(2) ST类个股和市场整体行情以及主流热点的涨跌状况已经形成鲜明的跷跷板走势，每当市场行情走弱，主流热点个股回落时，都会有大量流通性较强的短线资金流向ST类个股进行投机，使得ST类个股往往会有良好的表现。只是短线投机资金在充当"山中无老虎、猴子称霸王"的角色。

(3) 恢复上市后的ST个股的良好表现，对于ST板块的其他个股形成良好的示范效应。ST类个股在恢复上市之后的良好表现，刺激和带动了整个ST板块个股行情趋于活跃。

(4) 短线投机资金高速流动的结果。每当市场行情走弱，主流热点个股回落时，都会有大量追求高效率、流通性较强的短线资金流向ST类个股进行投机炒作，使得ST类个股往往会有良好的表现。

(5) ST个股的摘牌退市对当地经济的负面影响，已经引起各级地方政府的高度重视，从而加大其重组力度和实现重组的概率。

尽管如此，ST股也并非只只都是黑马，要想从中获利，就要多注意以下个股：

(1) 有实质性重组题材的ST股，或者具有投机价值的ST股。有些ST股票，虽然本身重组潜力不大，但是往往会被主力用来作为蓄意炒作的题材。在操作方式上，要尽量以短线操作方式为主，通过快进快出的快节奏操作模式，规避 ST 股的炒作风险。即使是对有实质性重组题材的 ST 股，也应以波段操作为主。

（2）戴帽时间不长的 ST 个股，这类个股是因为连续两年亏损、每股净资产低于面值或者财务状况异常而被戴帽。它们由于离退市相对有段时间，重组压力轻，退市的风险相对较小。而且，由于刚刚戴帽，股价遭受严重抛压，严重超跌，存在报复性反弹的强烈要求。一旦客观环境转暖，往往会出现连拉涨停的急速飙升。

（3）中报已经预告赢利的 ST 个股，这类 ST 股透明度较高，虽然获暴利的可能性不大，但却大幅减低了投资风险。

### 选股点金

尽管有许多 ST 股死马变成黑马的个案，但还是要请投资者注意，有不少 ST 股的炒作是主力的圈套，而并不是有实质性的重组题材。特别是一些上市公司本身总股本就较小，只要有心的机构随便往其装入一块资产进去，使其业绩提高，就能在二级市场上获取高出几倍的利润。因此，投资者在进行 ST 股炒作时，一定要注意将 ST 股的净资产和亏损程度进行比较分析，只有那些虽然股票出现了严重亏损，但是净资产较高的个股，因为可以相互抵消亏损面，使外来重组者风险减小，才会有更高的重组成功率。

而且投资者在操作 ST 个股时，要有保护性措施。ST 股除了能带来弱市赢利机会的同时，也相应会增加一些投资的风险。如果重组失败或继续亏损，ST 股将面临退市的风险。因此，在操作前要预先设置止损计划和具体标准，严格控制投机风险。

## 十一、题材股炒作中应该注意的事项

题材就是炒作股票的一种理由。投资者要想短时间内在股市中获得更多的收益，关注市场题材的炒作和题材的转换是非常重要的。虽然各种题材层出不穷、转换较快,但仍具有相对的稳定性和一定的规律性,只要把握得当,定会有丰厚的回报。

近年股市炒作的题材像走马灯似的变换,概括地说,我国股市中的炒作题材大致可分为以下几类:

(1) 业绩大幅增长的绩优股。业绩是市场永恒的题材,近年,这类题材逐渐被冷落,近期又有抬头趋势。有时,对业绩增长的预期比业绩真正的增长对股价更有影响力。

(2) 国家政策扶持的行业或板块。这类题材往往使个股受惠于国家产业政策,使公司基本面开始转好。同时许多个股会受益于地域因素,如国家政策重点扶持的地区。

(3) 高新技术行业。这类题材近年在市场中有极大的号召力,形成了高科技、网络、生物制药、新能源、新材料等诸多概念,并造就了很多黑马。

(4) 送配题材。这类题材长盛不衰,尤其是大比例送配股,但这类题材在牛市中是利多,在熊市中则贴权较大,应以回避为主。

(5) 合资题材。上市公司与海外著名机构合资办厂或合作生产配件产品,对个股的价格有较大的提升作用。

(6) 股权转让题材。就是所谓的借壳上市。这类题材自1998年开始盛行,在2007年达到鼎盛。

(7) 转配上市或内部职工股上市。这类题材要视转配股筹码或内部职工股筹码在一级市场中是否已经集中在主力手中。若筹码集中,则对主力股构成利多支持;反之,股价下跌的概率较大。

(8) 整体上市题材。股份公司想要上市必须达到一些硬性的会计指标,为了达到这个目的,股东一般会把一个大型的企业分拆为股份公司和母公司两部分,把优质的资产放在股份公司,一些和主业无关、质量不好的资产放在母公司,这就是分拆上市,股份公司成功上市后再用得到的资金收购自己的母公司,称为整体上市。

(9) 借壳题材。买壳上市,是指一些非上市公司通过收购一些业绩较差,筹资能力弱化的上市公司,剥离被购公司资产,注入自己的资产,从而实现间接上市的目的。例如:西南证券借壳长运股份(600369),广发证券借壳延边公路(000776)等。

投资者在选择题材股时,要注意以下要点:

(1) 注意题材的时效性。每一种题材都不是永恒的,只能在一段时期内独领风骚,因此,这类题材在市场中如热炒太久,则应谨慎介入，当此类题材开始在市场中失去号召力时，则应以观望为主。如2010年年初区域经济题材风行，众多个股涨幅惊人，时间一长，此类个股开始退潮，因此，对后来的个股则应谨慎介入。如图7-10所示。

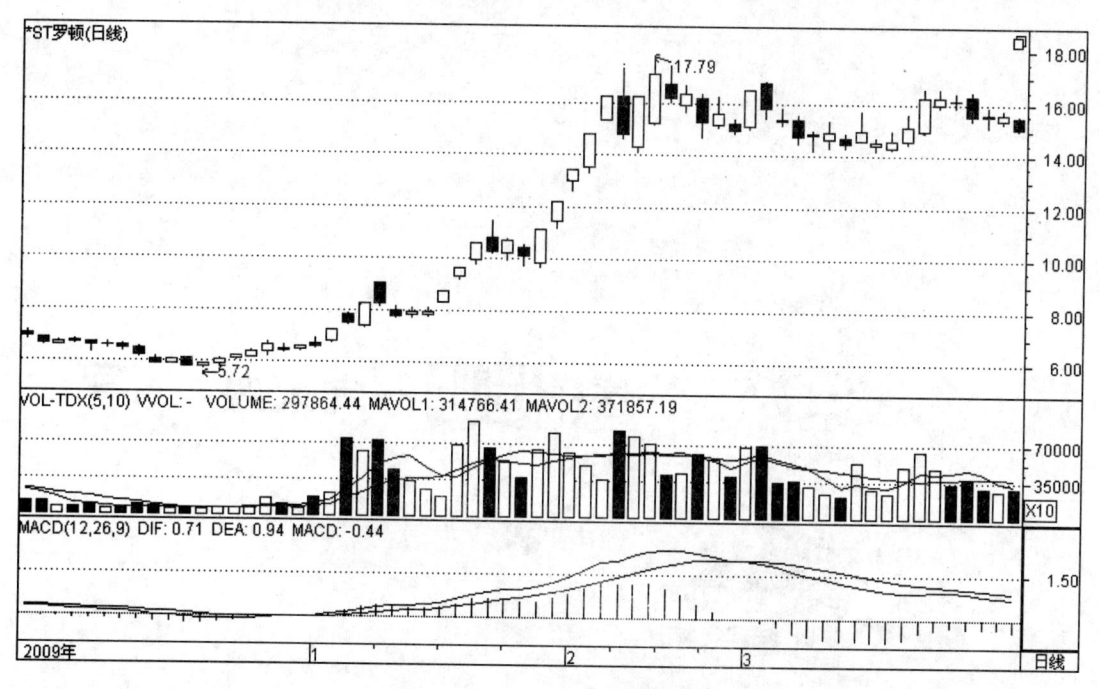

图7-10　ST罗顿日K线走势图

（2）主力运作题材的时间越长，成本也就越高。题材一旦兑现，主力势必大幅拉升，使股价迅速脱离成本区，向目标位挺进，投资者要沉住气持股待涨，没有大利不要轻易出局。

（3）类似题材个股在股价上有可比性。相同题材个股股价应相近，因此，投资者在确定手中个股的目标时，可参照同类题材个股股价来确定目标。

**选股点金**

投资者在选择题材股时，不要忽略了对发达国家股市题材的关注。这是因为国际股市尤其是美国股市是世界证券市场的风向标。因此，其股市流行题材对我国股市有着很强的牵引作用。如美国曾经发生的网络股火爆、生物制药股走红等，都引发了国内有关板块的活跃，因此，必须特别加以关注。

这样选股一定大赚

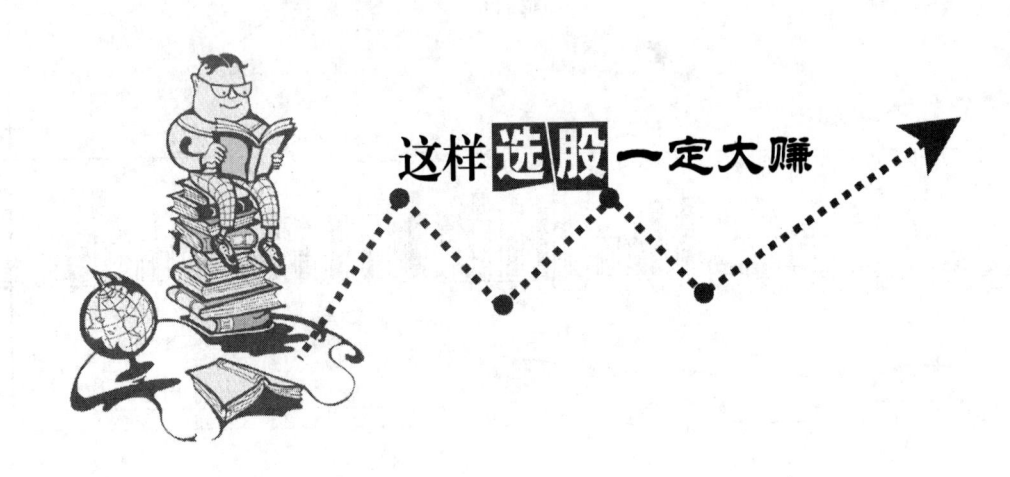

# 第八章
# 操控选股"过滤网"
## ——通过板块分析选股

在进行行业板块投资决策时，除了要关注要行业本身所处的生命周期和行业在证券市场的表现外，投资者还要特别关注国家产业政策的调整。新的利好政策的扶持，势必使具有较高成长性的行业板块如虎添翼。还有资源类板块是市场中永不寂寞的投机和投资板块。

所谓板块就是将一些在地域及行业上有关联关系或企业经营上有相同特征的股票组成一个有机的整体,当板块中的某只股票上涨后,投资者便以其为示范而跟着炒作板块中的其他股票,从而形成板块的联动效应。

# 一、行业板块分析选股

行业板块,顾名思义,就是以行业作为标准进行归总的板块。例如房地产板块、金融板块、农业板块、新能源板块、商业板块等。

投资者要准确地进行行业板块投资决策,也就是指投资者在某一时期或某一阶段,将投资重点放在哪个或哪些行业,或决定在其投资组合中列入哪些行业和每个行业所占的比重。在进行行业投资决策时,主要应考虑两方面的问题:

## 1. 行业所处的生命周期阶段及未来增长潜力

行业的生命周期分为幼稚期、成长阶段、成熟阶段和衰退阶段。一般来说,幼稚期风险较大,可能有大量公司熬不过这一阶段即已破产,但是,肯定会有一些公司在艰难的环境中脱颖而出。对于一些"高风险、高收益"的投资者来说,适当投资这类行业倒也不失为一种选择。但是,如果将全部资金投入到处于幼稚期的行业,将可能面临较大的风险。处于成长阶段的行业作为朝阳行业,未来增长潜力很大,是多数人的共同选择。成熟阶段的行业,行业利润率增长稳定,企业稳步成长但增长率不高。不过,由于公司的短期前景容易预测,风险较小,往往受到稳健投资者的关注,或被列入大资金的投资组合中。而处于衰退阶段的行业,如果不进行产业转型,其未来增长潜力几乎为零,因此,介入这类行业的公司应慎之又慎。

## 2. 所属行业在证券市场上的表现

仅考虑某一行业所处的生命周期阶段并不够，还应该考虑该行业在证券市场上的表现及价格，判断市场是否高估或低估了该行业的市场价格。例如：某行业也许显示出未来增长潜力很大，但是，该行业的股票价格过高，以致不能充分证明这些证券是可以购买的。相反，一些有着适度收入的行业，如果其股票价格很低，并且估计其未来收入的变动很小，那么这些股票是值得购买的。许多时候，市场上各方力量相互作用的结果，常使有些股票的价格过高或过低，远离其实际价值，这就出现了很好的市场机会。

在进行行业板块投资决策时，除了要关注行业本身所处的生命周期和行业在证券市场的表现外，投资者还要特别关注国家产业政策的调整。

新的利好政策的扶持，势必使具有较高成长性的行业板块如虎添翼。例如：《节能与新能源汽车产业规划（2011～2020）》，将确定从 2011 年到 2020 年十年间，中国新能源汽车发展目标和实现路径。《规划》确定了电动汽车作为汽车产业转型的重要战略方向，我国将最终实现插电式混合动力汽车和纯电动汽车的产业化，同时将加快研发燃料电池汽车技术，这一项目标就足以激发出股市资金对新能源汽车股的追捧。如图 8—1 所示。

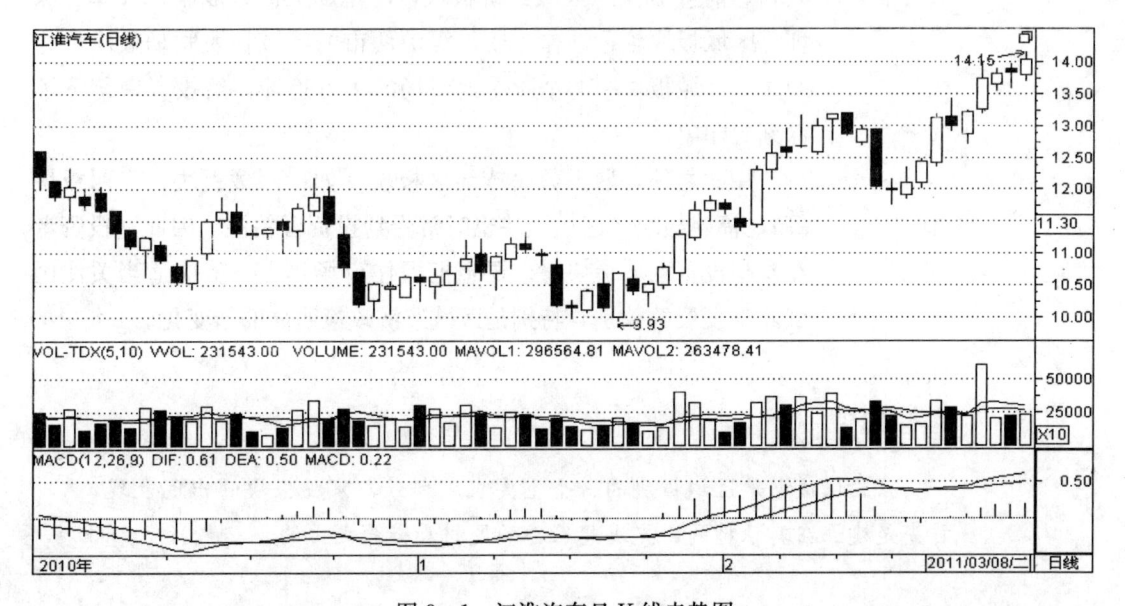

图 8—1　江淮汽车日 K 线走势图

**选股点金**

行业板块也是随着国家产业政策状况变化而经常性地转化的。投资者要把握行业板块转变的规律及节奏，就必须时常关注国家产业政策的变化及各行业发展的动态。只有对一个经济发展时期的行业发展重点与发展规律具有相当的敏感，才能长期保持行业发展的热点跟踪。

## 二、区域板块分析选股

区域板块是以上市公司所处的不同区域进行区分并将处于同区域的上市公司进行归总的板块，例如福建板块、深圳本地股板块、上海浦东板块、海南板块等。

区域板块的形成，是由于各地区经济经发展状况的不一样，政府部门对上市公司的态度及具体政策有差别以及有时市场主力刻意营造等原因，因此，在一定时期某一地区上市公司的走势会显示出很强的联动性，最明显的例子莫过于2010年的区域经济振兴利好消息引发的区域经济板块，海南、上海、成渝、天津、深圳等区域板块轮番炒作，使得深沪两市的区域板块联动效应十分明显。区域板块中的个股受到市场的多方追捧，给投资者留下了深刻的印象。

除此之外，如少数民族地区板块（如：西藏板块、广西板块等），福建板块等区域板块也时常受到投资者关注。因此，投资者在参与投资区域板块时，要想把握住市场热点，就应适当关注区域经济发展的差别，特别是区域经济政策明显的新变化。

**选股点金**

京股板块也是区域板块的一个重要组成部分，京股板块的出色表现首先是建立在其独特的、充满想象力的题材和概念之上的。

## 三、小盘股板块如何选股

由于小盘股流通规模小，又难以容纳大型资金的进出，所以，在变现时存在一定难度。小盘股有很多是处于成长期中，小盘股的经营风险和产品市场风险高于其他处于成熟期的企业。因此，容易导致小盘股产生较大幅度的价格波动。这些因素既增加了小盘股的投资风险，也增加了小盘股的投资机会。这些不利的方面给小盘股的投资带来了不良的影响。尽管如此，还是有一部分投资者不怕风险，勇敢应战。

是不是小盘存在着这些不利因素就让人望而生畏了呢？如果我们在参与小盘股行情时，若能注意五种选股策略，势头将大有改变。

（1）选小盘股时不仅要注意个股的股本数量，还要注意该板块的整体股本数量大小。

（2）参与小盘股行情时，重点要关注个股。

（3）在参与小盘股的投资时要注意把握介入时机和快进快出的操作技巧。

（4）投资者应重点关注与之行情的启动原因，从中选择出联动效应明显的中小盘股。

（5）就是要关注它的业绩和送配情况。

如果投资者在参与小盘股投资时，能好好把握以上五个选股策略，介入小盘股依然是很有前途的。

从太原刚玉、东方金钰、晶源电子等涨幅较大的个股看，小盘股与其行业景气、业务赢利模式也具有较大的关联度。因此，投资者在操作上可重点关注具有业务创新、知识产权等背景的小盘股。如图8—2所示。

### 选股点金

小盘股易受到资金的青睐，由于股本袖珍、业绩优良、发行价较

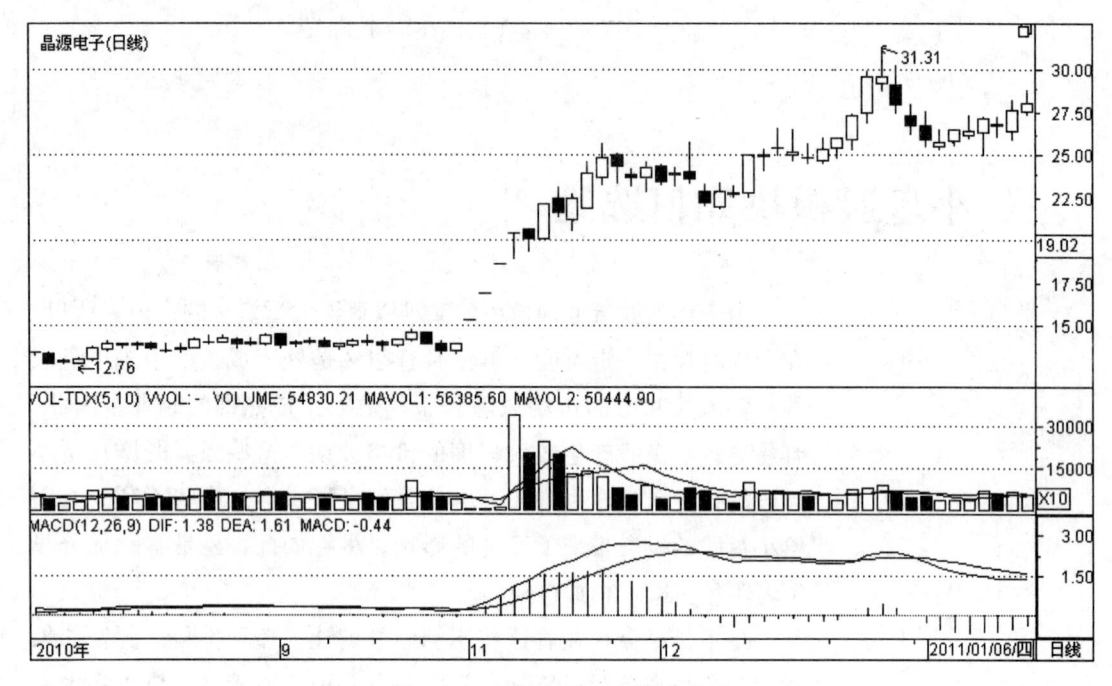

图 8—2　晶源电子日 K 线走势图

高，流通股股东具有较大的溢价贡献，具备较大的送股分红潜力。小盘股送股比例越大，就越有利于打开股价上扬的空间，使其赢利效应迅速体现出来。

# 四、金融板块的选股策略

　　金融股在 2006 年年末登上历史舞台，走势开始强劲，金融板块指数全年累计上涨了 175%，大大超过同期的大盘涨幅，站到了中国证券市场的巅峰，成为真正的龙头！券商龙头股出现了数十倍涨幅，参股券商概念也创造了乌鸦变凤凰的神话，在券商概念之后，参股银行概念再度浮出水面。

　　2006 年中国银行和工商银行的上市重新开启了上海市场的新格局，并且带领指数新高迭创，如果说 2006 年是大型银行上市年，那么，2007 年就是中小银行上市年。继中国银行、工商银行两大"金融航母" 2006 年相继上市后，2007 年 2 月 5 日，兴业银行挂牌上市；2007年4月27日，中信银行作为第二家A股和H股同步上市的中资企业，分别在上海、香港同时挂牌上市；交通银行也于5月15日上市；北京银行、南京银行、宁波银行、建设银行等也先后上市；2010年四大国有银行中最后上市的农业银行也于2010年7月15日登陆A股市场。

### 1. 金融板块受到国内外机构投资者的青睐

随着我国金融业不断扩大对外开放，金融资产越来越受到外资的青睐，并购题材迭出。在全球配置资产的视野下，以QFII为代表的境外投资者高度关注在该国具有本土优势的主导产业，其中金融业是最重要的板块之一。我国股市正在逐步转为全球性市场，国内机构的投资理念也会受到QFII的指引，故金融板块受到境内外机构的共同追捧。

此外，在人民币中长期升值的预期下，金融业是直接受惠行业，金融股凸显其独特的投资价值。而且，金融板块业绩优良，股本巨大，流动性强，在融资融券、股指期货、备兑权证等金融创新产品即将推出的背景下，金融股是两市最重要的股指期货标的品种之一，将成为主力机构调控股指的战略性筹码。因此，金融股是大机构必须配置的核心资产，并将获得权重估值溢价。

### 2. 银行业发展能力提升，中期成长有保证

深发展率先公布2010年年度报告，公司2010年全年实现净利润62.8亿元，同比增长25%；实现每股收益1.91元，较上年增长18%，基础赢利能力再获提升。同时，资产质量持续提升，不良贷款率持续保持在0.58%的很低水平。受益于国内宏观经济的良好态势，银行业2010年的利润增长形势也颇为喜人。预计2010年上市银行业绩同比增长28%。除赢利方面的支撑作用之外，此前内地央行提高利率，对于中资银行股而言，亦是一种正面因素。息率的提升在有利于中资银行股扩大净息差的同时，并不会改变这些股份的资产质量。对于息差收入在赢利来源中占有绝对比重的中资银行股而言，好处不言自明。

### 3. 新会计准则带来业绩飙升

随着限售股的解禁，持有银行股权的公司完全可以通过二级

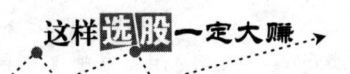

市场变现投资收益,而大牛市使银行股的股价大幅度提升。随着大量中小银行的上市,那些参股他们的公司也将获得巨大利润,在新会计准则下,这些公司的业绩将出现爆发性增长。

**选股点金**

专家认为,经过正常的调整,金融板块将积蓄能量,继续领涨,是值得投资者关注的。除了银行股外,参股银行概念也很有可能在下一阶段成为市场炒作的热点!

# 五、地产板块的选股策略

金融板块的走强将会直接影响姊妹板块地产板块的走强,2006年以来金融地产一直保持很好的联动,因此地产板块也有望成为市场热点。

除了这个联动因素,我们还有看好地产板块的五个理由:

## 1. 人民币升值因素,这是看好地产板块的最重要因素之一

众所皆知,人民币升值对地产、金融、航空、土地储备丰富的品种构成积极影响,2011年3月7日人民币对美元报6.5651,比3月4日上涨20个基点。在6.58处稍事盘整后,人民币新一轮升势明显,自2010年6月重启汇改以来,人民币对美元已经升值了4.03%,而自2005年汇改以来的累计升幅为23.53%。人民币后期将有望继续升值,地产板块的重组价值逐步提高。

## 2. 地产商融资需求

由于银行对房地产公司严格贷款,因此大股东房地产资产证券化的热情很高,资本市场逐步成为地产公司主要融资平台,特别是定向增发这种简便的资本运作为大股东提供便利,因此房地产公司的融资需求是最为迫切的。

### 3. 业绩释放

很多人担心调控挤压地产公司利润和房价，但是我们忽视了房地产公司建筑期很长，现在很多楼盘都是以前的成本，目前利润依旧非常高，而且产能也是大量释放，再者，即使价格有所回调，但是相对于3年前的房价，目前还是处于非常高的水平，赢利空间还是较大。

2007年，中央出台系列政策调控过热的楼市。

2008年，为应对金融危机，扩大内需提振经济，中央又为楼市"松绑"。

2009年，"抑制通胀，促进楼市健康发展"的大背景下，中央再次加大调控力度。从"抑制投资性购房"转向"遏制部分城市房价上涨过快的势头"，其间，营业税缴费年限，从5年转调回两年。

2010年4月17日，国务院发布了《关于坚决遏制部分城市房价过快上涨的通知》，即新《国十条》。9月29日，住建部各部委出台措施，巩固房地产市场调控成果。各商业银行暂停发放第三套及以上住房贷款，对不得提供两项证明的非本地居民暂停发放购房贷款；对贷款购买商品住房，首付款比例调整到30%及以上；对贷款购买第二套住房的家庭，严格执行首付比例不低于50%、贷款利率不低于基准利率1.1倍的规定；各大商业银行加强对消费性贷款的管理，禁止用于购买住房。10月20日，国家有关部门出台《关于调整房地产交易环节契税个人所得税优惠政策的通知》。通知规定，个人购买90平方米及以下普通住房，且属家庭首套房的，契税按1%收取；国土资源部也出台了19条土地调控新政。国土部在其网站公布了《关于加强房地产用地供应和监管有关问题的通知》，《通知》包含19条内容，明确规定开发商竞买保证金最少两成、1月内付清地价50%、囤地开发商将被"冻结"……土地新政可谓"刀刀见血"。

2011年，随着限购令全国推开，全国成交量下滑呈现由一线城市向二三线城市逐渐传导的态势，可以预见3月成交量将继续环比下滑。

目前市场对地产股的担忧已从政策面转向基本面，在持续的政策打压下，成交量萎缩将持续较长时间，下半年大幅下调赢利预测的可能性较大，从而使地产股继续下跌。从短期来看房地产板块本身是属于资金密集型的行业，它很大程度上是受制于国家的宏观调控政策的影响，在目前整个紧缩政策的氛围下，短期房地产的销量，包括房地产二级市场的股票都会受到明显压制。但从整体来看，整个房地产板块无论是行业还是个股估值都是在很低的低位，2011年动态市盈率为9～12倍，估值很低，估值修复存在合理性。

对于房地产板块投资建议："行业分化，精选个股"。如近期在消息刺激下一路飙升的苏州高新（600736）。如图8－3所示。

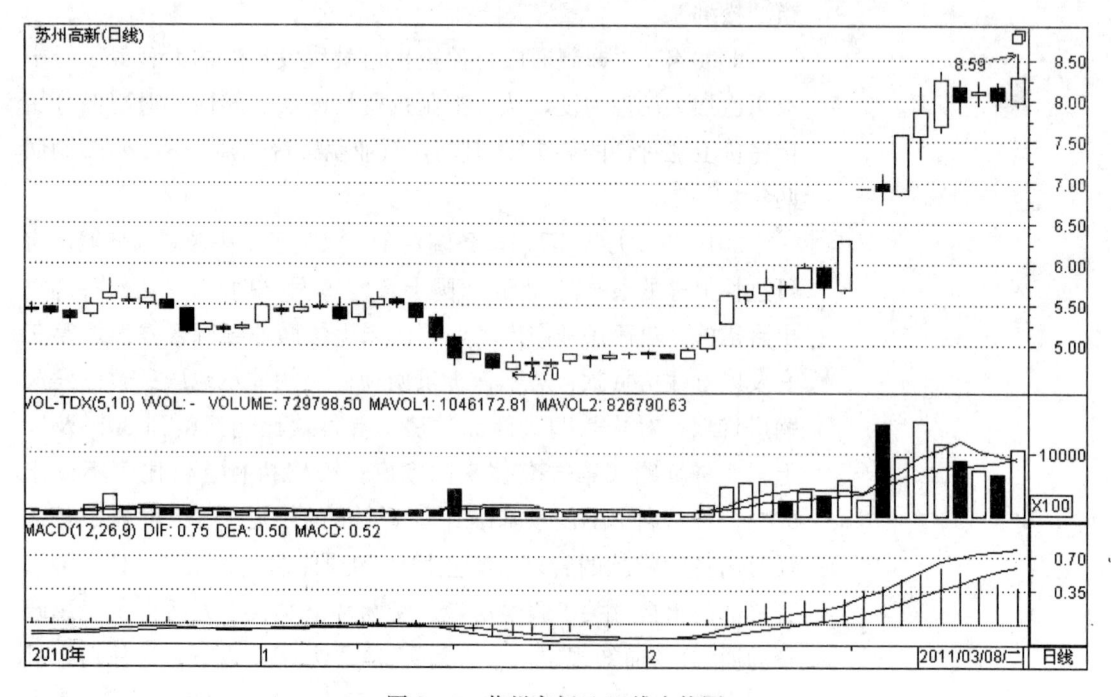

图8－3 苏州高新日K线走势图

### 选股点金

在选择房地产个股时，要优选区域龙头公司，它们承担着地方政府保障房的重任，加上盘子比较小，容易产生爆发性的上涨行情。

## 六、农业板块的选股策略

2010年1月31日，中央发布《中共中央、国务院关于加大统筹城乡发展力度进一步夯实农业农村发展基础的若干意见》，"三农"问题再度成为年度"一号文件"。这是自2004年以来，中央为指导农业、农村工作连续第七年发出的"一号文件"。也是改革开放以来第十二次以三农为主题的一号文件。尽管我们很难从数值上判断这些对农业的扶持政策会对农业上市公司带来多少收益，但我们认为连续四年的一号文件，表明政府对农业、农村和农民的高度重视，良好的政策支持有利于行业运行环境的改善，有利于上市公司的长远发展，同时也推动了市场中农业板块股票相对活跃的发展态势。

由于农业股板块的上市公司数量较多，涉及到农林牧渔类的公司有50多家，投资者要想从中选出黑马，就要注意以下个股：

### 1. 高科技投入的农业板块

据测算，如以蔬菜、药材、花卉、畜禽、鱼虾等作为研究与生产对象，当科技进步贡献率达到60%时，直接效益可提高1~2倍，投入产出比达到1:6以上，因此，我们分析农业板块个股时，要看其科技投入量以及它的实际效益。换一句话说谁在这方面做得出色，谁就可能是未来的黑马。

### 2. 位于粮食主产区的农业板块

近年国家逐渐加大了对粮食主产区的投入，将集中一定比例的国有土地出让金，用于支持主产区农业土地开发，国家用于直接补贴农民的资金也主要用于主产区，所以选处于粮食主产区的板块一定错不了，例如北大荒。

### 3. 属于种植业的农业板块

因为种植业价格提升无疑是解决农业问题的一个选择。越是接近于产业链上端的行业越能享受到价格上涨所带来的利润高成长,种植业就是如此。因此投资者要注意选择和种粮直接相关,并且能够直接收益的上市公司。

### 4. 属于种业的农业板块

在农业板块中,也要关注那些种业上市公司。其中主要包括:丰乐种业、隆平高科、登海种业、敦煌种业等。

当然,除了以上四种农业板块外,投资者还要注意那些资金实力雄厚、具有规模经营开发能力的个股。

从 2010 年 1 月 25 日以来,农林牧渔板块指数最大涨幅近 23.15%,而同期上证指数涨幅为 12.78%,成为 2010 年最强势板块之一。因此,随着农业上市公司质量逐步提高、政策环境更加有利且多数农产品价格稳步上涨,投资者应适当提高对农林牧渔行业板块的配置比例。如图 8-4 所示。

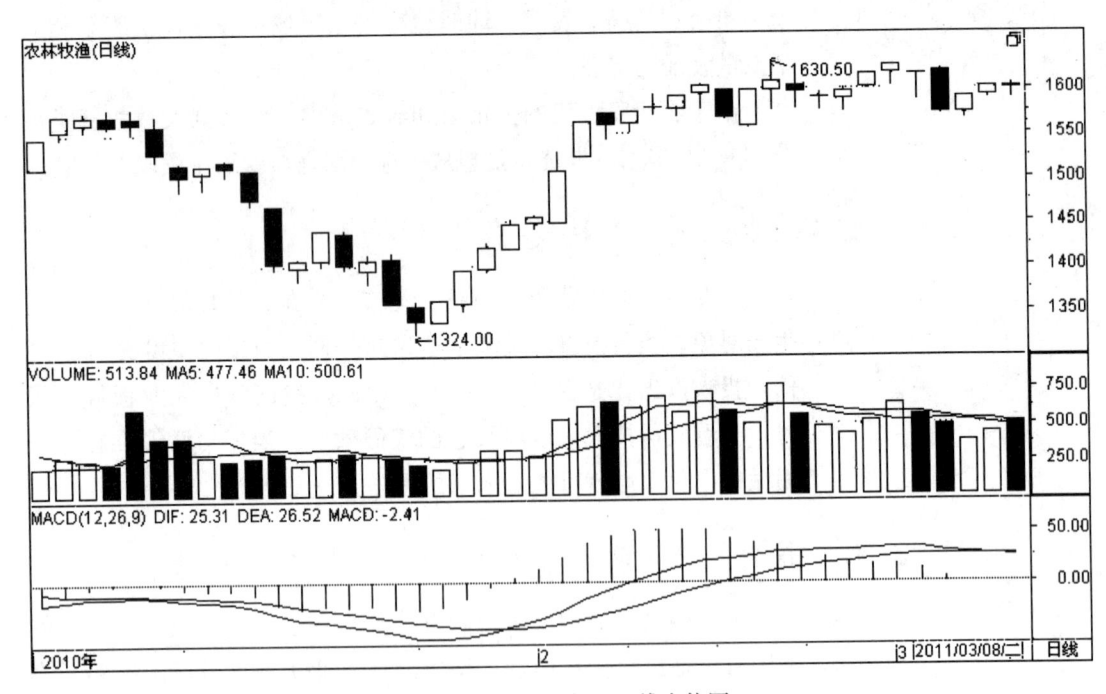

图 8-4 农业板块日 K 线走势图

**选股点金**

在农业板块中淘金，要选择科技含量高的公司，如种业类的上市公司，种子的培养到推广是要经过长期的科学实验才能成功的，所以这类公司进入的壁垒高，公司的毛利润就会较高。

# 七、科技股板块的选股策略

所谓科技股，简单地说就是指那些产品和服务具有高技术含量，在行业领域领先的企业的股票。综合来讲，科技股板块经过长时间的调整，大多已经具备一定的投资价值。每当大盘企稳之后，科技股常常会异军突起，走出强势上涨的行情。它的行情启动也并非是偶然现象。历史上有过最强劲的一次科技股行情，发生在1999年到2000年之间，2008年大盘创出新低之后，它就处于暗流涌动的状态。

科技股之所以在股市能频频走强是因为该板块占据了天时、地利、人和的先机。它既得到了政策方面的积极扶持，同时还能为投资者带来了惊人的效益，产生了深刻的影响。加上它又具有高度成长性的特点，因此，很受关注。

投资科技股时必须注意多方面的要点：

（1）在参与科技股的投资之前，投资者必须分清它的真伪，并不是名称中有了科技股的名称的股票就是科技股。如果投资者能懂得科技股所从事的行业和技术，对于投资科技股有很大的帮助。

（2）科技股板块的整体容量很大，即使在1999年科技网络股辉煌的时候，也不是每一只科技股都能得到充分炒作的。

（3）它比较容易受到消极面的影响，但有时还是会成为市场瞩目的焦点。

（4）从中长期角度而言，科技股行情存在着一些不确定因素。随着行情的进一步演化，科技股板块的分化是必然的趋势，大多数科技类个股仍然将演绎昙花一现的景象。在低价位区,投资者在参与科技股行情时要密切关注其中值得中长线投资的优良品种。

**选股点金**

投资者在参与科技股的炒作时还要注意投资的方式和方法,并选择正确的选股思路。投资者参与科技股行情时,不能把眼光仅仅局限于科技股的流通盘大小或股价绝对值的高低上面,最关键是要把握科技股行情的规律特征。科技股的启动通常是以普涨形势展开的,随着行情的发展,将会很快进入热点分化阶段,其中的一些强势品种将会得到充分的炒作。从科技股行情的市场表现来分析,其中,科技股中的超跌类科技股、物联网概念科技股、次新类科技股是最具有投资价值的板块。

只有掌握了投资科技股的方式和方法,才能在风云变幻的股市行情中赢利。

# 八、建材板块的选股策略

建材板块在股市行情中占据重要地位,是股票市场的重要组成部分,这个板块受固定资产的投资高速增长拉动,建材行业效益有显著提高。

在建材板块中最应该关注的是水泥、玻璃、陶瓷、新型建材和非金属新材料板块。

## 1. 水泥板块

水泥需求的高峰出现在2009年下半年和2010年上半年。受我国4万亿元经济刺激计划影响,各地对水泥需求在此期间达到了峰值,据相关统计数据显示,2009年6~10月,水泥产品的需求量增速均在20%以上。但随着基建投资增速的趋缓,水泥的需求明显回落,虽然房地产投资提高了水泥的需求,由于房地产占水泥下游需求的比例较低,因此水泥需求增幅放缓。

2010年10月,住建部等六部委下发《关于开展推动建材下乡试点的通知》，确定山东、宁夏为建材下乡的试点省份，以推动水泥产品下乡为主，探索各类推动建材下乡的具体措施、操作办法和工作模式，拉开了建材下乡的序幕。目前来看，2011年建材下乡有望在更大范围大规模铺开，这对于建材产业将形成新的拉动力。

水泥板块2010年的高景气度，使得深处其中的上市公司获利匪浅，海螺水泥等龙头企业纷纷传出高增长喜报。如图8-5所示。

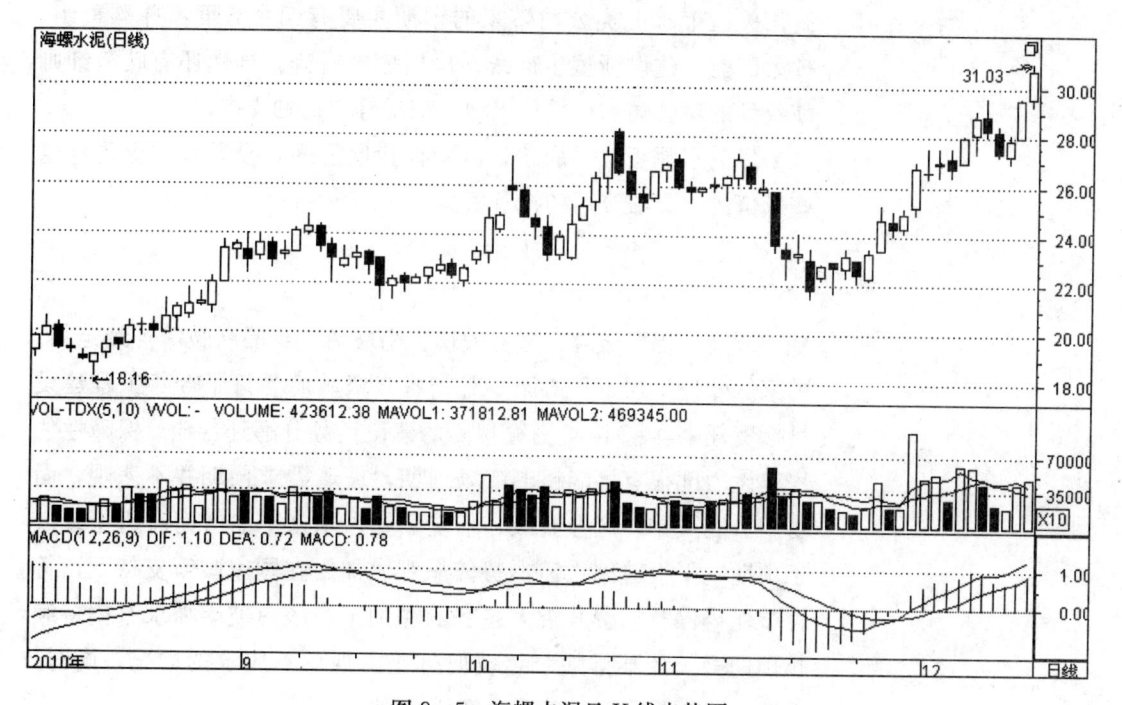

图8-5 海螺水泥日K线走势图

2011年是"十二五"开局之年，整个宏观大环境为建筑原材料行业提供比较宽松的需求空间。作为典型的投资拉动型行业，为保民生、保增长而采取积极的财政政策是利于投资的，多项长期重大工程项目开工建设，如：1000万套保障住房建设，国务院副总理李克强2010年2月24日在全国保障性安居工程工作会议上强调，今年要求建设1000万套保障性住房是硬任务，各地要抓紧安排开工，尽早建成投入使用。千万套保障房建设对水泥的需求在亿吨水平，这将直接刺激水泥市场需求量；此外未来10年每年近4000亿元的水利投资规模、8500亿元的铁路投资、为解决城市拥堵问题轨道交通建设加快以及区域振兴规划推出等基础设施建设等。这对水泥的需求也带来长期的利好刺激。未来几年，都是水泥市场的景气之年。

从板块来看，水泥行业二级市场表现突出，2010年我国水泥板块整体上跑赢大盘。进入3月春季开工，建筑原材料的助理行业水泥价格回调将放缓，最坏的时期已经过去，同时2011年一季度的业绩有望较去年同期有大幅增加，估值有望提升。

总的说来，水泥行业的状况在政策的调控下正在逐渐向好，给相关上市水泥类公司带来的预期主要有四个方面：并购重组、扩大产能、建设新型生产线、价格稳中有升。当然还有政策细则涉及到的对公司的项目、土地、信贷等方面的支持。

目前水泥板块的股价，以中低价股居多，投资者应更看好这些低价的水泥股今后的投资机会。

2. 玻璃板块

近期，福耀玻璃、耀皮玻璃、南玻A、金晶科技等连续走强。国家保障性安居工程协调小组与各省级政府签订了今年工程建设目标责任书，将1000万套保障房建设任务分解到各地。保障性住房建设力度很有可能超出市场预期，玻璃需求预期并不悲观，而由于节能减排、产业升级、信贷紧缩，未来产能增速有望持续低于预期，平板玻璃供需形势较乐观。加之在国家政策支持下，符合节能环保及消费升级大趋势的深加工、超白玻璃需求有望持续超预期增长。不排除今年玻璃行业出现供不应求的情况。同时，重油价格下降也对玻璃形成实质性利好。

结构性调整将改变深加工企业利润受行业利润波动明显影响的现状，深加工比率的提高将改变平板玻璃行业产品严重同质化的情况，最终将形成公司在浮法玻璃行业的市场竞争力将取决于公司在深加工的市场份额。因此投资者宜长期看好南玻、福耀等深加工能力明显处于行业前列的公司。

有关资料显示，部分用薄膜电池建造的太阳能电站其发电成本已经逼近甚至低于当地火电成本，发展空间非常广阔，而2011年将是高速增长的一年。薄膜电池的爆发性增长必将带动其原料：超白玻璃的快速增长。

此外，龙头与并购也是玻璃板块的两大投资主题。其一，主要投资机会还将存在于一体化综合实力较强，及具有节能概念和实质的龙头公司，建议重点关注福耀玻璃、南玻A。其二，基于产业政策和行业自身所处发展阶段，上游平板玻璃企业间的并购重组将有望加速蔓延，一些经营不善、基础资质不错的上市公司将成为外资和国内优势建材企业的并购对象（尤其在全流通的市场上），而一些规模较小、经营压力较大的企业也将成为市场整合的对象而被大企业所吞并，建议重点关注ST洛玻、方兴科技等。

### 3. 陶瓷板块

近年，由于建筑陶瓷行业产能过剩，行业内的绝大多数企业都举步维艰。陶瓷板块也几经震荡、重组，只剩下为数不多的几家，整个板块缺乏成长性。

在整个陶瓷板块不景气的背后，有部分个股仍然保持良好的发展势头和市场前景，投资者不应忽视。例如：ST四维（600145）、ST唐陶（000856）等。尤其是ST唐陶，在二级市场上复牌后就展开强势填权，量能快速放大，主力吸筹迹象十分明显，快速突破前期高点阻力，将上升空间充分打开。如图8-6所示。

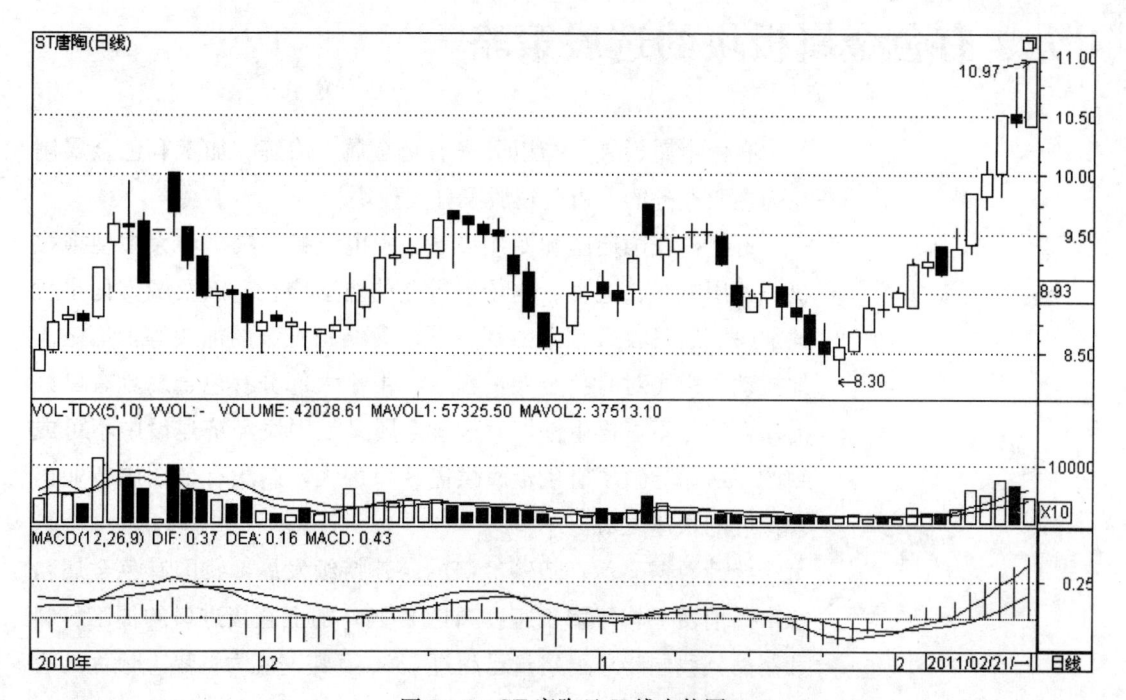

图8-6　ST唐陶日K线走势图

### 4. 新型建材和非金属新材料板块

门窗型材、石膏板、玻璃纤维行业虽然在建设节能社会和国际产业转移的背景下获得了长足的发展，但行业仍面临门槛较低、产能过剩严重、竞争无序等问题的困扰，而特种纤维及复合材料行业由于技术含量较高、附加值大、应用前景广而面临长期发展良机，但目前也存在产品分散、品种多、规模小、发展不规范等问题。节能和技术创新主题值得期待。

**选股点金**

在新型建材及非金属新材料行业处于快速成长及诸多问题并存的情况下，我们建议重点关注具有节能概念和实质的新型节能建材龙头企业，以及具有较高进入壁垒、技术密集和附加值大、行业集中度高的非金属新材料细分领域的龙头企业。

# 九、有色金属板块的选股策略

有色金属板块是指以开采有色金属，冶炼、加工有色金属制品为主营业务的上市公司股票分类板块。

近年，我国通用和专用设备、发电设备、汽车和大中型拖拉机、家用电器、电力、电子等行业的快速增长，以及城市化步伐的加快、居民收入水平的提高、消费结构升级的加快等，都极大地拉动了市场对有色金属的需求，由于大部分有色金属具有良好的保存性、不可再生性，而这些金属又是国民经济建设中不可或缺的，从而导致了有色金属供需缺口加大，刺激有色金属行业出现持续的快速发展。

统计数据显示，随着经济的高速持续发展，我国有色金属精炼产品消费平均年增长速度高达20%；加上直接进口的加工材料和制品，我国年总消费量已超过1300万吨，成为世界上最大的有色金属消费国。

多年以来，有色金属板块是A股市场中最具人气、最迷人的板块，是股性最活的一个板块，同时也是A股市场和国际市场接轨最为紧密的一个板块，也是机构和游资博弈最多的一个板块。有色板块中个股具有强烈的波动性，易出现暴涨暴跌走势，这些原因就造就了有色金属板块，拥有了独特活跃特性，从巴菲特到罗杰斯，世界级的投资大师们均不约而同地将目光锁定在中国的资源股上。而且从历史表现上看，有色金属板块历来黑马频出，如东方钽业、广晟有色、包钢稀土等。如图8-7所示。

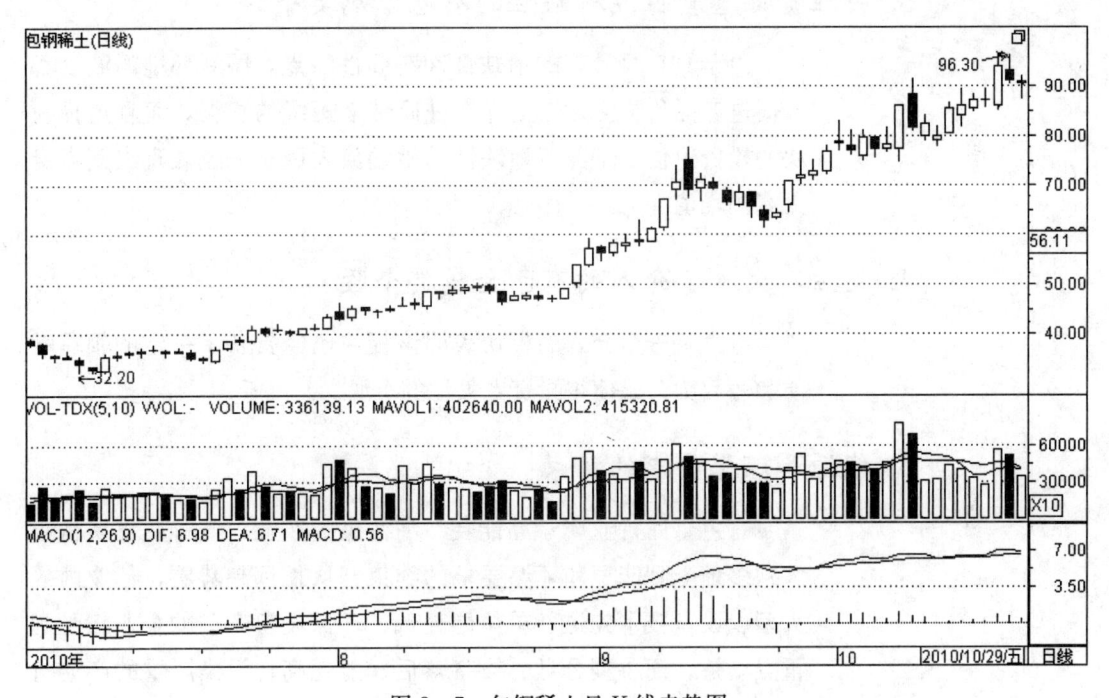

图8-7　包钢稀土日K线走势图

我们要参与这个板块中的投资，需要注意以下几方面的问题：

## 1. 投资有色金属股要区别对待

沪深两市属于有色金属板块的个股较多，如果按行业划分，大致可以分为铜、镍、铝、锡、铅、锌、黄金等几个细分板块。由于有色金属板块的容量相对较大，而且国际市场中各金属品种的表现也各不相同，反映到沪深股市中来，各类有色金属板块个股的表现必然有所差异。因此，投资者在选股时需要区别对待。

### 2. 关注具有多重题材的有色金属类个股

从市场行情研判，蓝筹股明显具有长线投资价值，而有色金属板块又具有中线投机价值，有的个股恰恰同时具有有色金属板块和蓝筹股的双重概念。如江西铜业，恰好同时属于有色金属和蓝筹股两个板块，该股既具有H股概念，同时又具有全国最大电解铜基地的概念。

### 3. 关注资源垄断性或稀缺性的有色金属类个股

由于其自身具有的稀缺性和垄断性特点，国际环境的波动都会促进产品价格突发性上涨，进而带来短线的机会，而且这种板块的投资价值，将随着稀缺性的被动放大而越来越表现出其自身无穷的增值潜力。

### 4. 关注有大资金介入的有色金属类个股

有大笔资金介入的板块表明该板块已经具备了一定的领军潜质和号召力，是值得投资者关注的个股。

### 5. 能源和环保要求的约束

有色金属行业属于高能耗、高污染的产业，该行业发展将越来越多地受到能源和环保要求的约束。从长远趋势看，行业内的大型、设备技术先进、单位能耗低、环保设备齐备的企业将受到重点支持，而小型分散、设备落后、能耗高、污染严重的产能将受到越来越严格的限制或强制淘汰。

### 6. 受国际期货行情影响

有色金属板块很大程度上和国际期货行情紧密相关，因此关注国际有色金属期货行情，就成为了选择有色金属股票的必修课。

**选股点金**

权威人士指出，21世纪前20年将是矿产资源消耗的高峰期，这是由这一时期的经济特点决定的。到2020年我国经济将在2000年的基础上再翻两番，达到35万亿元人民币，要达到这个目标，年均GDP增速要保持在7.2%左右。经济高速发展离不开矿产资源的支持,据统计,92%以上的一次能源、80%的工业原料、70%以上的农业生产资料都来自矿产资源。这一时期,大宗矿产品的消费弹性系数都将大于1,也就是说矿产品消费增长要快于国内生产总值的增长,我国重要矿产资源供不应求的局面将在未来20年进一步加剧。

我国人均矿产资源占有量很低,只有世界平均水平的58%,排在世界第53位。45种主要矿产资源人均占有量不到世界平均水平的一半,铁、铜、铝等主要矿产资源储量只有世界人均水平的1/6、1/6和1/9。同时,我国有色金属人均消费量仅10公斤,居韩、美、法、澳、加、日、意之后,人均消费量相对较少。为了维持经济高速发展,即使人均有色金属消费进行小幅提高,其总需求量也将发生巨大增长,有色金属进口总量和费用将直线上升。

因此,有色金属行业的发展在未来几年内,前景依然看好,一些稀有品种,比如黄金、锌、铅、铝、镍、铂、钛、钨灯仍将出现供给缺口,价格依然会维持盘升或高位运行,有色金属相关上市公司仍旧面临极好的发展机遇。

# 十、钢铁板块的选股策略

钢铁工业是国民经济的重要基础产业。改革开放以来,我国钢铁工业取得了长足发展,已成为世界上最大的钢铁生产和消费国,为国民经济持续、稳定、健康发展做出了重要贡献。但是,近年,我国钢铁工业出现了盲目投资、低水平扩张的现象。钢铁板块也一直备受忽视。从市场全部的行业板块分析来看,钢铁板块无疑是两市中市盈率最低的行业,平均价格偏低的板块。然而,从市场见底以来,钢铁行业的走势明显落后于其他板块,这与市场对钢铁板块的关注度不高,与钢铁行业的经营情况不无关系。

2011年,经济恢复遭遇通胀压力,货币政策由"松"变"紧",全球各国为应对金融危机而实施的积极财政政策和宽松货币政策,一方面扭转了全球经济下滑的势头,另一方面也导致了超发货币带来的通胀压力。货币政策将发生转变，由"宽松"变成"稳健"，传统以投资为主的发展模式已经难以为继，转变经济发展方式、培育战略新兴产业已经成为"十二五"规划发展的重点。在国内货币收缩的大环境下，长期依赖投资拉动的钢铁行业整体仍是高产量、高库存、高成本、低需求的"三高一低"特点，将致行业仍难摆脱惯性造成的过剩压力，行业整体面临转折。更为重要的是，如果国家"十二五"期间致力于推动经济转型，未来几年钢需增速将明显受限，赢利将不容乐观。

  2011年钢铁基本面继续恢复但变化不大。但政策和整合将是2011年最大的催化变数。无论是节能环保还是清理产能，都能改变行业生态。我国钢铁产量虽然连续十年居世界第一，但行业发展现状和钢铁大国的身份不符，主要体现在：缺少国际性的钢铁龙头、高端产品自给率不足、行业集中度偏低、对原材料议价能力不强等方面。在国内政策鼓励和国外环境压力下，目前国内企业之间自觉进行联合重组的积极性在增高。建议关注在并购整合中有望通过外延式增长，成长为具有国际竞争力的钢铁巨头：宝钢股份、武钢股份、鞍钢股份、首钢股份等。而价格低廉、地理位置优越、资产质量优良的钢铁企业容易成为收购对象，建议关注：包钢股份、柳钢股份、重庆钢铁、韶钢松山、三钢闽光、马钢股份等。

  钢铁板块在经历了2010年的大涨后，今年受制于供需状况和成本上升。由于调控政策作用，今年钢材出口将在去年基础上继续大幅回落，铁矿石、焦炭等成本上升压力也在加大，供需矛盾亦形成制约。目前钢铁产能仍高于实际需求，随着宏观调控力度适度加大，今年建筑、机械、汽车、集装箱、家电等下游主要用钢行业需求大部分预计持平或放缓，导致整体钢铁需求增速下滑。因而，未来钢铁板块的机会不是来自成长和估值提升，而主要是来自超跌、并购及其他结构性机会。因为国家大力发展战略新兴产业也对钢铁消费提出了新的需求，所以未来钢铁子行业中特种钢、新能源用钢、高端制造业用钢及城市基础设施改造用钢等将明显受益。

## 选股点金

投资者在选择钢铁股时要注意以下几个问题：

（1）要十分关注钢铁板块的市盈率水平。市盈率是投资者所必须掌握的一个重要财务指标，亦称本益比，是股票价格除以每股赢利的比率。很多投资者选择钢铁股时比较关心该股曾经上涨了多少，其实，有过大幅度上涨的个股，并不表示以后就一定不能涨。

（2）要注意选择那些业绩比较明朗化的公司，钢铁股的投资要强调业绩、成长性等真实的投资价值。

（3）要注意选择那些大型的钢铁公司。

（4）要选择那些生产高端产品的钢铁公司。

# 十一、电力板块的选股策略

电力是国民经济的基础产业，电力的增长首先取决于国民经济的发展。我国国内需求强劲，经济依然保持了较高的增长速度，国民经济平衡较快的发展有力地带动了用电需求的增长，用电需求继续保持了增长势头。由于经济发展超出原来预期，受经济形势向好的带动和影响，电力需求增速预计将超过去年，尽管电力装机容量近年超速发展，但局部地区供需矛盾依然突出，广东、华东等地区局部供需紧张的现象并没有彻底消除，电力行业前景比较乐观。

同时，通过国电资源拆分，促使电力市场上的垄断被打破，新组建的发电集团公司必然选择一两家上市公司作为自身在国内资本市场的融资窗口，不断注入优良资产，提高上市公司的经营业绩和增强其在资本市场上的融资能力，同时也树立了良好的市场形象。规模较大与实力雄厚的电力上市公司将占领更多市场份额，资产规模较大、机组质量较高的大型发电企业必然具有竞争优势，如华能国际、国电电力、申能股份、粤电力、华银电力等公司。

进入发电集团的上市公司，必将成为各发电集团资源融资平台，通过集团内电力资产的整合后，逐步将优质电力注入各上市公司。比较典型的范例就是华能国际通过收购华能集团的优质资产，实现了发电规模的不断扩张和市场布局的调整。因此，此次并入发电集团原有资产规模相对较小的上市公司具有较大扩张空间，如桂冠电力、国投电力、华电能源和漳泽电力等上市公司，可以作为未来投资重点关注。

**选股点金**

总体而言，电力板块整体业绩较差，今年大部分地区电价出现不同幅度的上调，给电力公司带来更多的收益，但电煤的大幅上涨吃掉了电力企业的大部收益，有些火电企业甚至出现了亏损。由于国家宏观调控政策，目前一些清洁能源题材开始热度上升，如风力发电、太阳能发电、核电等。

# 十二、板块联动的选股技法

股市中，经常会发生这种现象，某类有着相同特点的股票齐涨齐跌。这些相同的股票有以地域为标准的，也有以行业为标准的，还有以各种概念为标准的。这些具有相同特点的个股组成板块，当其中的部分个股首先启动后，往往就会拉动其他部分的个股行情，这就是我们所说的板块联动效应。板块联动效应既与政策、经济因素有关，也与市场心理因素有关。

2011年3月7日，最具有板块联动走势的就是煤炭板块，如中国神华、兖州煤业、盘江股份、冀中能源、潞安环能等相继涨停，当日沪深股市共16只涨停个股，煤炭股就占了8只。还有相当多的个股涨幅超过5%，上涨势头丝毫不弱，成为增量资金的追捧目标。如图8—8所示。

这次煤炭板块的联动上涨的原因主要有：一是较宽松的资金面预期，使估值优势明显的煤炭股成为新增资金关注的焦点。二

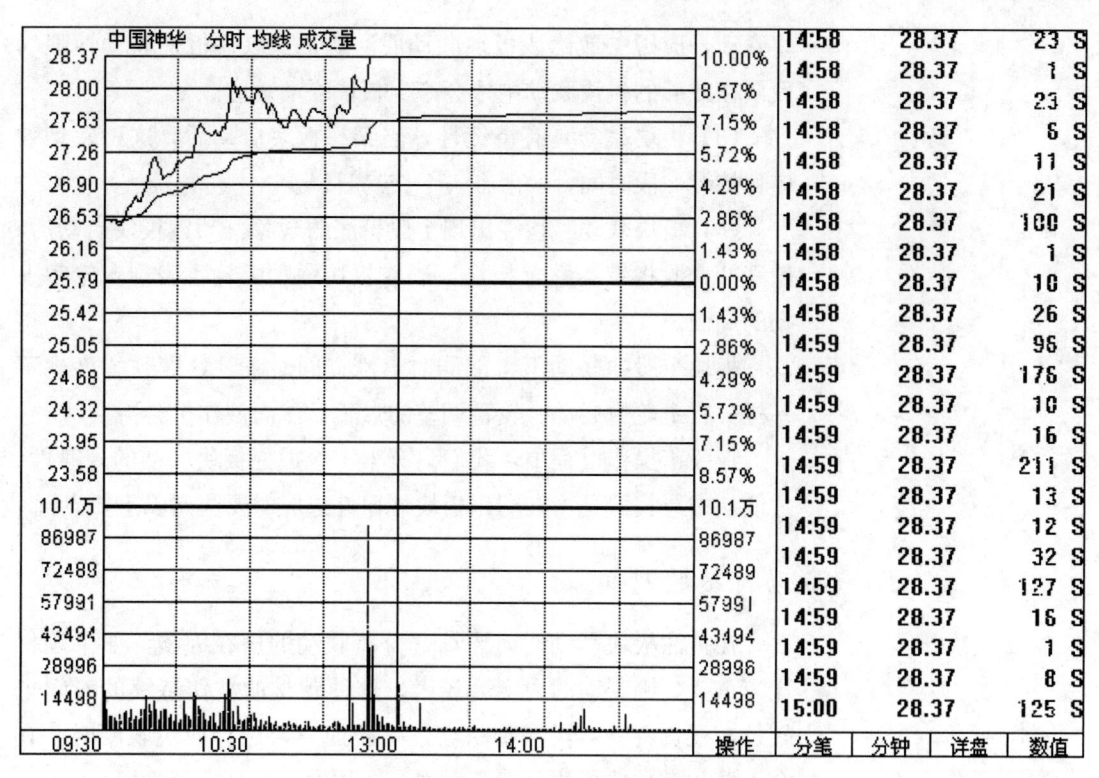

图8—8 中国神华2011年3月7日分时走势图

是国际油价的涨升，为煤炭价格的大幅飙升提供了良好预期。目前澳大利亚的煤炭价格远高于当前秦皇岛的煤炭价格，说明国内煤炭价格的确存在涨升空间。三是钢铁行业的景气度有所回升，这必然诱发对焦煤等煤炭行业需求的乐观预期，从而推动煤炭行业景气度的迅速回升。这三大因素的存在，自然吸引了各路资金竞相认可煤炭股。但煤炭板块中的一批个股涨幅并不大，具有补涨的潜力和可能，为中线投资者迎来了难得的建仓良机，因此从稳健的角度看，现在介入可谓投资投机两相宜。

板块联动具有较强的规律性，这种规律性体现如下：

（1）当某一板块成为热点时，该板块中的个股将先后陆续上扬，整体走强；当某一板块走弱时，该板块中的个股将先后下挫，整体走弱。

（2）当某只个股领涨大盘时，与该股同一板块的个股将整体走强；当某只个股领跌大盘时，与该股同一板块的个股将整体下挫。

应该注意的是，并不是同一个板块中的所有的个股都产生板块联动,应历史地确认板块联动股。通常,以往板块联动性强的股票在此后的板块联动中才会产生板块联动效应。

(3) 板块联动具有持续性,当某一板块启动后,这种联动效应将持续一段时间,一般在三个交易日以上。

(4) 板块联动时往往出现个股轮涨的现象,当该板块启动后,轮涨的个股将带动整个板块,形成板块联动、轮番表现、轮番上扬的局面。

板块个股的联动不可能同时上涨、同时下跌,涨跌幅度也不一样,有个轮番启动、轮番调整的过程,然而炒作机会恰在其中。

在股市操作过程中,我们只有牢牢地把握板块联动的规律性,才能从中寻找黑马。在利用板块规律性选股时要注意以下要点:

## 1. 看联动持续的时间

在关注板块联动时,要认真分析联动的内在因素,如果题材比较重要,则联动的力度会较大,这种题材的炒作持续的时间也较长,投资者就容易捕捉机会。一般而言,选择板块联动时,宜介入温和走强的板块,持有时间在一周到一个月之间为好。

## 2. 看联动上涨的力度

板块联动上涨的力度有基本面因素和市场因素两种,有时板块联动是因基本面变化而形成的,如美伊战争之前,不确定因素多,使国际原油价格大幅上涨,造成了石油板块的炒作,由于开战后,国际能源格局重新定位,所以油价将逐渐回归正常水平。有时板块联动并不需要基本面的配合,仅仅只是市场行为,这种行情往往都是昙花一现。一般而言,市值较小的板块炒作的力度较大,而市值较大的板块炒作力度较小。

## 3. 看联动龙头股的获利空间

当一个板块中出现龙头开始向上拉升,市场板块联动之势刚起时,对于先启动的个股,投资者如认为股价涨幅已高,不愿介入,可介入同一板块中其他成长性好、形象较佳、尚未启动或者刚刚启动、涨幅不大的个股。利用板块联动的时间差获利。

### 4. 看联动发展的大势

参与板块联动的炒作，一定要关注大势，关注领涨板块、龙头股的走势，要有风险意识。当龙头股大涨后回调，而且有量放出，则表明主力已逢高派发出局。此时，如果投资者不看龙头股走势，还盲目地往里钻，那么承担的风险是巨大的。板块个股都大涨了，该板块风险自然也大了。

**选股点金**

投资者在选择介入联动个股时还要注意，应该选择走势形态较佳的个股，同时也要注意优先选择流通盘小的个股，以确保上升概率的最大化，形态好表明有资金介入，而盘子小又便于主力拉升。

此外，请投资者一定要记住，板块联动打的就是市场的时间差，要有提前介入的思想，对联动性并不明显的板块要放弃，对联动性大的板块也要放弃，对联动性完全市场化的板块更要放弃，选择那些突发性的、题材性的联动板块果断介入方为上策。

这样选股一定大赚

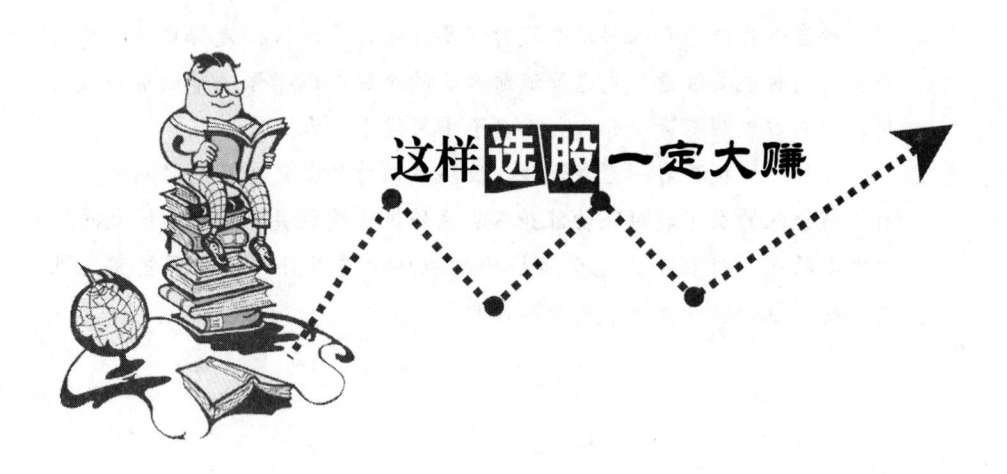

# 第九章
# 把脉选股"瞄准星"
## ——跟庄选股

> 主力资金和持仓变化是判断主力进出的最可靠方法,如果你从盘面上看不出来,可以借助第三方网站,网上搜一下就知道网址了,上面的实时资金流向和持仓明细已经成为炒股选股的必备工具。

"庄家"一词源于旧时，众人赌博时参与并抵制赌局的人，现在这种恶习早已摒并。虽然时过境迁，但"庄家"一词却还沿用下来，尤其股市中还常常有人习惯这么叫。

在我国的股票市场上，活跃着一批股林高手，他们都是跟庄的高手，是真正的股市赢家，因为他们都已经经历过残酷的磨炼、百炼成钢，他们都是有着聪明的头脑和勤奋习惯的一类人，不以物喜、不以己悲是他们的最高境界。他们冷静、沉默，从不为自己的失败找借口，因为他们深信股票只是赚钱的工具而已，在这里，他们懂得在股市中生存的秘诀，那就是跟庄，这一章里，我们就从下面几个方面来与投资者一起学习如何跟庄选股，希望人人都能成为股林高手。

# 一、认识庄家

庄家是从赌博中引进的概念，具备通吃通赔的资金量与众人赌博者称之为庄。庄家是与众人为对手的以赢利为唯一目的的大赌棍！证券市场中的庄家是一个引申概念，其借用赌博是庄家的名称，与通常所称的机构、券商等同，他们拥有资金、人才、信息、技术、场所、关系、渠道等多方面的优势。相对于市场中的散户而存在，在市场竞局中处于绝对的优势，散户投资者与他们竞技，就如同与庄家在博弈。

人们往往认为资金量大，持仓量大就是庄家，那是不对的。庄家需具备以下特征：

（1）有能力控制一段时间内的股价走势。

（2）与上市公司等有关部门有较好的配合关系，能制造市场炒作题材。

（3）有意识地进行与目前股价走势的反方向操作。即要买入时，还得不时地卖出以稳定股价；要卖出时，还要买入以拉高股价。

(4) 在市场低位以现金转换筹码，在市场高位以筹码转换现金。

市场中常常听到人们把庄家与主力等同起来，混为一谈，这是不合理的。庄家是指实力雄厚并能控制股价的团体。主力则是指市场中的主要力量，他们能在某一个短暂时段影响股价，但其最终不可能控制股价的走势。

庄家可以从多种角度划分，根据操作时间的长短庄家可以分为短线庄家、中线庄家和长线庄家；从坐庄手法划分，庄家可以分为善庄和恶庄；从操作主体划分，庄家可以分为金融机构庄家、券商庄家、基金庄家、上市公司庄家和杂牌庄家；从操作阶段划分，庄家可以分为新庄家、老庄家和被套庄家。

不同类型的庄家，操盘手法是不同的。短线庄家、中线庄家和长线庄家的跟庄手法本书后文中将有详细介绍，我们这里只重点讲讲从操作主体划分的庄家。

## 1. 金融机构

金融机构主要是非银行的信托投资公司。信托投资公司曾经是股市重要的主力之一，但随着证券投资基金以及其他机构投资者的大举入市，已渐式微。金融机构主力的特点如下：

(1) 融资渠道多。

(2) 以追逐利润为主要目的。

(3) 在操作时间周期上以短线为主。

(4) 在操作手法上激进凶悍。

一般在底部起动，大市向好时吸货，然后猛拉猛抬，进入高位后大肆砸盘，令跟风者措手不及。

## 2. 券商

所谓券商，即证券公司做自营的运作。一些大证券公司都是在股市中呼风唤雨、兴风作浪的主力炒家。

券商运作的特点如下：

(1) 运作的时间不太长，一般为3个月左右，最长半年。

(2) 信息灵通。

(3) 目的不同，有的是为了完成全年创利指标而大举介入；有的是接受上级指令而入市护盘。

（4）券商常年与股市打交道，经验丰富，其操作水平自然高于其他庄家，拥有高水平的从业人员，专业水准高。

判断某只庄股是否券商运作，一看价格是否反复波动，成交量是否特别大。二看该公司是否公布配股，配股价与现在该公司二级市场上股价关系是否接近。若是，则肯定是券商。

### 3. 基金

基金往往须担负一定的稳定大盘的使命，但主要是以赢利为目的。这种主力较多地体现为个股主力的角色。证券投资基金的特点：

（1）崇尚绩优，注重价值，通常投资发展前景好的热门行业，选择股票时，绩优股以及科技股所占比重较大。

（2）利用政策和地位的特殊，具有对上市公司的信息（业绩、送股和题材等）的把握和价值再发现的优势。

（3）以组合投资、分散风险、力求资金的安全为原则。

（4）与原所在券商有千丝万缕的联系，在选股上亦有较大的契合性，利益相关，故赢利做不高。

（5）套牢不能割肉，不能往下做，只能靠优先配售新股来补偿损失。

（6）持股时间相对较长，最近资料显示平均持股时间为220天。

（7）在操作手法上，与通常庄家操盘手法并无二致。

### 4. 上市公司庄家

上市公司庄家，就是上市公司自己坐庄，炒作本公司股票。如果上市公司炒其他公司的股票，就不属于上市公司庄家，山东渤海公司，就是曾以一天拉抬渤海股票上升102%，而名震中国股坛的。

上市公司用自有资金、拆借资金或者通过某种渠道将上市募股资金用来坐庄，活跃了股性，获取了暴利，也维护了公司在二级市场的形象。有的公司为了配合内部职工股上市或顺利进行配股而采取行动，也有的公司纯属为了获利而兴风作浪，自我坐庄。

上市公司庄家的特点：

（1）根据需要制造消息，编造题材，随心所欲。

如公司放出风声，年报有高比例送股，散户得到消息后纷纷跟进，庄家则乘机大量派发，当货出尽，公司通过股东大会否决分配预案，结果散户竹篮打水一场空，庄家却笑看云起。

（2）巧做亏本生意

为维护公司形象，上市公司会出来护盘，不惜冒被套风险，将上挡抛售筹码接在手中。

（3）抗跌性强

上市公司坐庄的股票，在大盘下挫的过程中，通常比其他行业或其他个股下跌幅度小，主要是由于庄家的护盘行为所致，但此时一般不会有上涨的表现。

识别上市公司庄家，主要是看过去该股是否下跌幅度比同类、同板块股少。若是，则表明该公司有自己坐庄的习惯。这种股票在盘整或上升市道里，若发现庄家在收集筹码，即可能将有利好公布，可以考虑跟进。在下跌市道中，庄家收集筹码，会是护盘，不要跟进。

## 5. 杂牌庄家

这类庄家主要有其他一些机构投资者、私营投资顾问公司和个人超级大户等，我们把他们归类为杂牌庄家。

这类庄家相对前述庄家实力较弱，但具备某一方面的优势，如资金优势或技术优势。他们往往与券商或将要炒作的上市公司联手坐庄，然后利润分成。

偶尔也有机构投资者（如国有大企业）单独坐庄，它提供资金和信息让其相关的企业、下属公司或是亲朋好友做跟庄者，一起哄抬股价，在达到目标价位时，通知相关跟庄者先出货，而后坐庄者与相关的跟庄者均可获利。万一出货不利，国有企业庄家宁可受困，也要让一些相关企业和跟庄者出货赢利，因为庄主所压的资金是国家的钱，而赢利的则是公司高层管理人员及相关的个人。

这类庄家一般都采取短线操作，要求速战速决，见好就收。

### 选股点金

无论庄家的类型是什么，其本质都是一样的，就是追求利润的最大化。坐庄过程中，庄家需要调动巨额资金，发挥大量的人力、财力、物力，付出的成本相当高。有些资本金是拆借来的，成本的费用更加高昂。花费如此高的代价，庄家不可能是图名、好玩、为开心，而是为利而奔波。

庄家坐庄一只股票，首先要在市场低位以现金转换筹码，在市场高位以筹码转换现金，这样才能赚大钱。庄家比散户知道兑现的重要性、紧迫性、客观性，所以，只要散户跟牢庄家，跑在庄家前面出逃，就能获得不菲的报酬。

## 二、看看庄家如何选股

关于选股，有许多说法，市场上流传着一句很有名的话叫做：选股如选妻。这种说法当然是很不全面的，但是它毕竟在一定程度上反映了选股的重要性。大多数中小投资者大多数时间的操作基本上是冲动性的、无序的、盲目的，介入个股也有很大的随意性，一些人道听途说、自以为是、一厢情愿、轻率跟风等等，都是常见的现象。而庄家则往往有一套较为严格的标准和方法：

### 1. 看股价

这里的股价指的是绝对概念，由于我们市场目前还没有做空机制，只有买进股票之后拉高出货才能获利，虽然有时庄家也会通过低抛高吸、故意打压而洗筹或降低成本，但主要的获利手段还是高位了结。因此，庄家赢利的大小和是否能获利的前提条件是要求股价偏低，越低越好。

### 2. 看流通盘

流通盘是评估和决定股票投资价值及二级市场中股价的最重要的参与指标。上市公司行业好，成长性佳，业绩优良，分配能力强，流通盘较小，股本扩张潜力大，经过不断的分红送配，股本扩张，以良性循环的方式来推动股票价格的上涨，这是庄家一种非常理想的运作模式。

我国上市公司的壳资源很值钱，尤其是那些流通盘较小，总股本也较小的双小盘个股，很容易被重组。

### 3. 看题材与概念

在市场中，庄家很喜欢运用题材、概念来激起炒作兴趣。独特的概念、非凡的题材往往是形成市场热点的重要原因。我国股市整体上是一个投机市场，炒股炒未来，庄家利用投资者对未来虚幻的想象，在市场中不失时机地制造题材、概念，引诱市场投资者追赶。例如，我们每天都可以在各种媒体上看到或听到各种各样题材和概念，什么高科技、什么稀缺性资源、什么成长性绩优、什么垄断性行业、什么迪士尼概念、什么新生的重组等等不一而足，这些都是市场中被庄家充分利用炒作的工具。

例如：北京旅游（000802）在2008年的熊市之中，借助于奥运概念，从2008年6月20日开始一路拉升，直至2008年8月8日创出新高29.79元。如图9－1所示。

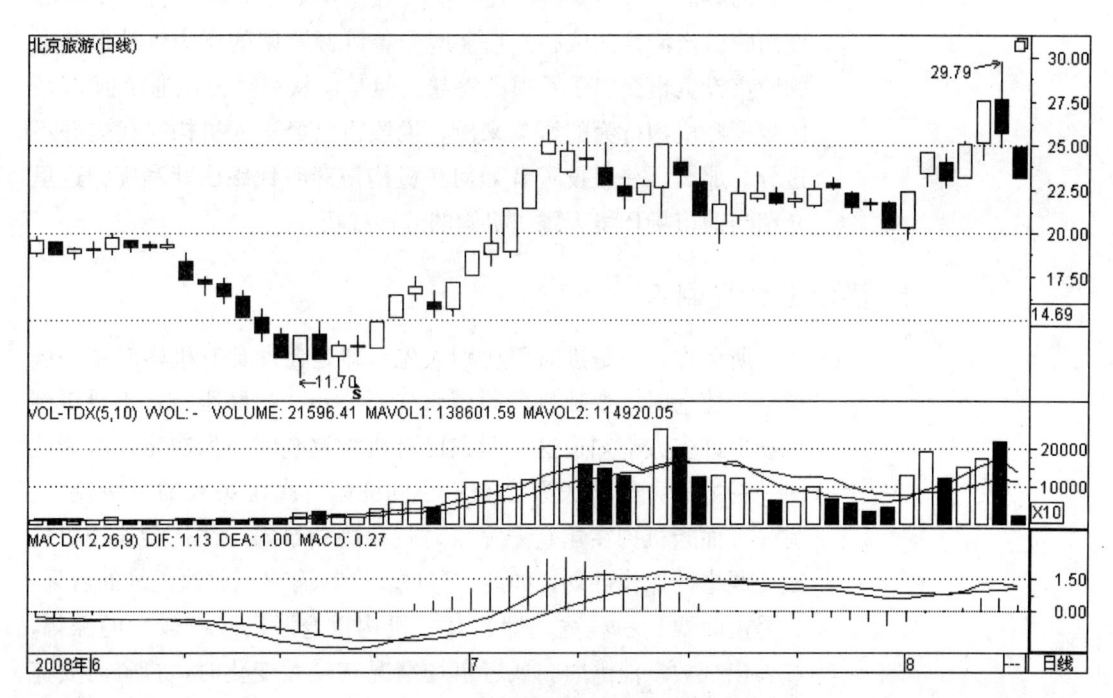

图9－1 北京旅游日K线走势图

除了以上选股标准外，庄家还非常青睐于那些近期没有被爆炒过的个股，如果个股被爆炒过，一般也会要有2～3年的调整。

**选股点金**

在股市上，不管好股孬股，只要是能赢利的就是好股。哪些股属于"良种股"呢，从外观上很难区分，因此，选股时不能单从个人喜好出发，而应首先看看庄家喜欢什么样的股票，亦即是了解庄家的"择偶条件"才能有的放矢地与之"恋爱"，否则，只能一辈子单相思。

# 三、跟庄的技巧

机构庄家猎捕在股市中也是一项重要的内容。如果说从2005年起证券市场已经或正在迈进机构时代，你可能不会相信，因为那时的券商、基金等机构在忍受着股市不断下跌的煎熬。不少券商面临破产清算的威胁，基金遭受着巨额赎回的压力，社保基金的股市投资也交出了亏损的答卷。但是，从那时占流通市值35％的规模和机构行为的影响来看，说股市已经进入机构时代也并不过分。那么，一般投资者如何在机构博弈时代跟庄获利呢？这里介绍当前市场环境下跟庄机构的五种技巧。

1. 要学会先发制人

所谓先，一是进时要比别人先。即是在发觉有机构对某一股票逐步建仓时，要比别的投资者先行一步，果断跟进，不要等到市场上许多人都知道这一股票已有机构重仓时再做决定。因为此时：一方面可能该股票已有不小的涨幅，高位买入的风险较大。另一方面当机构在建仓未完成时行动迹象暴露，往往会迫使机构改变原来的操作计划。如此，买进者会有偷鸡不成蚀把米的后果。二是出时要比机构先。即当某一机构重仓股已经有较大的涨幅，或者出现放量滞涨时，或者市场情况有较大变化时，投资者要克服贪心，要比机构先期离场，避免机构出逃后被深度套牢。

2. 要学会听声辨音

在市场低迷、或个股价格较低、或是新机构刚入场时，机构对个股的宣传往往较为可信。因为此时机构的选股，首先考虑的是风险因素较小，有比较绝对的把握。

同时机构刚入场时要取信于市场，要找一两只股票树立自己的威信。如 QFII 刚入市时对上港集团和中兴通讯等个股的高调介入即属如此。当然机构也会声东击西，不过机构刚进货时的声东击西肯定会流露出它的本意，或者会重仓进入高调宣传的同类个股的另一只，而对所宣传的个股作象征性建仓。

### 3. 要学会量能第一

根据量为价先的原则，个股股价的变化总是先要通过量的变化反映出来。在基本面分析的基础上，当股价在底部区域有持续的放量或者是放量震荡，或者是放量小幅上升，一般都意味着有大资金在建仓。而当个股股价有较大的升幅后，出现持续放量滞涨，或者成交量突然大幅放大，如超过 8% 或 10% 以上，此时表明庄家有出货的可能。尽管该个股仍有最后大幅拉升的机会，但为了安全起见，投资者还是早点清仓为安。

### 4. 要学会随机应变

这里的"机"，一是指机会，二是指机构。在目前市场中，根据"胜者为王"的说法，由于老机构伤痕累累，难在短期有较大的作为，因此跟庄入场的投资者胜算要大些。随机应变的另一含义是：投资者可根据自己的喜好和不同机构的投资特点，有选择性地进行跟庄。

### 5. 要学会急流勇退

在跟庄时，投资者除了要关注上述列举的市场特征和变化情况外，还应关注媒体的宣传报道。一般来讲，在市场低迷时，个别媒体对机构介入业绩和成长性良好的个股的报道往往不被投资者所重视，而当该股股价有一定的涨幅，特别是涨幅较大时，媒体的报道甚至鼓噪越来越多，此时你要当心，股价处于高位时的大肆宣传，往往是主力出货前的引诱或烟幕弹，也许大肆宣传之后接着的就是大幅的下跌。

**选股点金**

当然，投资者可根据自己的喜好和不同机构的投资特点，有选择性的进行跟庄。如在短线操作方面技巧较高并特别追求短期回报的投资者，可以选择跟随对流动性有较高要求的庄家。

# 四、短线如何跟庄

短线庄家是股市上数量最多、最常见的庄家。不仅在上升单边市中见到他们活跃的身影，就是在反弹中、盘局中，甚至是盘跌中，仍然可以见到他们在股海大显身手的足迹。短线庄家之所以数量最多，首先是由于坐庄的机会多，这些机会包括大市、个股超跌的反弹，大市、个股的各种利好消息。其次短线庄家需要的资金不多，有三五百万元，甚至更少，都可以坐一把庄。而有这样资金量的机构、个人大户也有许许多多，也就是说，潜在的、有资格坐庄的人众多。

此外，短线庄家的操盘技术比较简单，容易学习，一两次实践就可以基本领悟。会做短线的人多，这类庄家自然也就比较多。

短线庄家特点如下：

（1）对长期走势信心不足，只敢从事短线操作。

（2）收集筹码少，通常为流通股的10%左右，收集时间短，1~5天就建仓结束。

（3）主要以技术面为依据（辅以概念、消息），侧重于猛拉，以大量突破压力位，或深跌后强力反弹。

（4）升幅有限（一般10%~30%之间），基本上打一枪就跑。

（5）这种庄家出货速度很快，无论是否赢利（甚至亏损），短期内坚决清仓。

短线庄家吃进筹码少、时间短，加上庄家总是绞尽脑汁隐瞒收集动机，不容易被发现。常用的寻找庄家的方法看成交量，哪只个股成交量突然放大，即认为可能有庄家。这种技巧有两个致命弱点。其一,准确率低,不少成交量突然放大,是被套庄设下圈套。其二,太迟了,当成交量显著放大时,庄家已暗渡陈仓完成收集,开始拉高了,你稍一犹疑,或者就在分辨真假中,股价已蹿上去了。如果在庄家收集之前就捷足先登,就是最理想的了。若要这样,首先应清楚庄家的操作思路和步骤。

短线庄家操作步骤是:一是发现短线时机,二是悄悄收集,三是做大成交量吸引小散户的注意同时拉高,四是派发。其中最关键的是找到短线投资时机。因为股市不是任何时候坐庄都有利可图的,只有当趋势具备转跌为升、转盘为升的条件,庄家杀入才能有所收获。如果逆市而为,庄家同样也有被套牢的风险。

发现短线庄家的最佳方法是寻找短线投资机会。当发现大市或个股有获利机会后,再留意成交量,若成交量轻微放大,即可跟进。有短线投资机会就肯定有一定的升幅。成交量轻微放大,表明庄家已出动,这时跟进胜券在握。判断近期短线机会主要有以下五点:

(1) 超跌有反弹要求,包括热门股,二三次探底后止跌企稳的个股。

(2) 超跌的个股,14 日 KDJ 在 10 左右,RSI 在 20 以下。

(3) 股性十分活跃,明显走上升通道的个股。

(4) 前期大盘盘整中明显强于同等类型的个股。

(5) 有业绩利好等消息或题材出现的个股。

只要这些机会存在,没有庄家股价也一样会升,庄家只是在其中推波助澜,令涨势更可观、更诱人。

例如:随着 2011 年中央一号文件出台,水利行业将迎来黄金十年。1 月 25 日财政部,发改委和水利部联合发布了《水利建设基金筹集和使用管理办法》,明确中央和地方水利建设基金的来源以及使用方向。未来 5 年,全国水利建设总投资规模约 2 万亿元,其中中央投资 1 万亿元左右。受此利好消息刺激,A 股的水利板块集体连续异动,水利概念股集体走强,三峡水利(600116)俨然成为其中的龙头股,表现尤其突出,在 6 个交易日收出 5 个涨停板。如图 9—2 所示。

一般来说,散户跟短线庄家比较难,在跟时要注意:

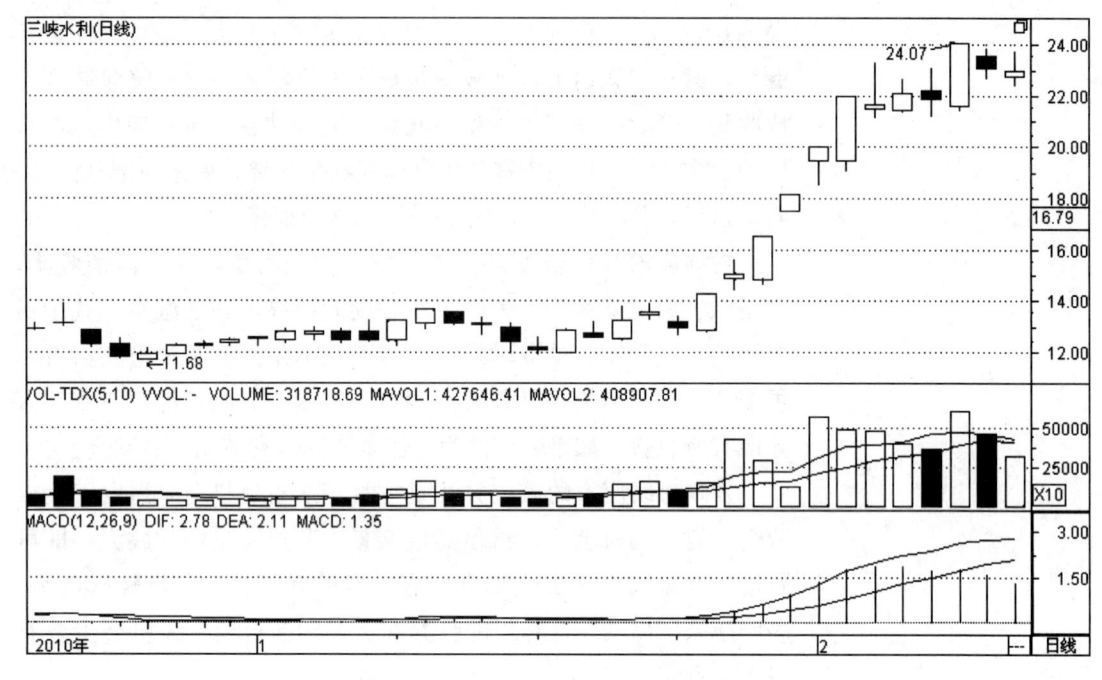

图9-2 三峡水利日K线走势图

## 1. 不要追求买最低价，也不要在行情发动前的底部买

对于庄股，一般不要在底部买，主要原因是你没法判断这个底部是不是真的底部，很多庄家在吸筹阶段盘出一个底来，还可以再盘下去，再探一个底。很多机构就是通过这样的盘底方式来完成建仓，然后拉高，最后再突破，使抄底的股民悉数被套。所以，跟庄的原则是能够确认庄家开始上拉之后再介入。而此时股价一般都有10%～20%左右的涨幅。把这10%～20%的甘蔗头让给别人，这叫做"掐头去尾吃中段"，是跟庄的基本原则。当然，如果是长期做一只股票，波段性操作的时候，能够判断出股票底部的，那就可以选择合适的时机在底部买进。

## 2. 不要在第一次买进就重仓

任何时候、任何股票都不要一次性地重仓介入。如果资金量较大，比如在20万以上，应该先少量试探一下，先买2万元试一试，看出苗头之后再逐渐增加。少量试探是做股票的一个原则，它可以防止你由于思路跟不上，盲目地陷进去。如果资金量在10万元以下，也必须要分2～3次介入，每次买1/2左右或1/3。分批介入的原因是大部分的短线操作都不可能一下子买到最低价,许多股票在大幅度上涨前会有"二次下探"过程。如果投资者是从少量试探到重仓介入,就可以避免"二次下探"造成的被动局面。

### 3. 不要害怕股票的价格高

投资者在买股时常常认为涨幅大的庄股风险也大,不适宜参与;而涨幅小涨得慢的个股后劲足,安全性高。这实际上是一种误区。股票涨幅大并不意味着风险就一定大,有的股能一涨再涨,原先自己不敢买的"高价"最后被证明是底部价,有的自认为是安全的股却始终原地踏步甚至下跌。判断某只股票值不值得参与,关键是看在目前价位庄家有无出局的迹象,看在目前价位股票还有无上涨可能,而不是看它涨了多少。如果一个股出现缩量涨升,很难说它已经没有上涨空间了。

### 4. 不要盲目听从"消息"

当个股报出利好消息时,如年报业绩优异、重大合同等消息,并配合股价大涨时,投资者应当小心。因为股价是市场上信息表现,若年报业绩优异,其实大多情况下,早已体现在股价上,当听到"消息"时为时已晚,如果买入,很可能被套牢。

**选股点金**

总之,短线跟庄的成功关键只有一条,只要选对股票就能在最短的时间赚到不错的利润。请投资者牢记,短庄选股标准是两低:股价低、位置低,股价处在历史最低位。此外,短庄还特别喜欢选择在利空打击下,短期极度超跌的个股。

## 五、中线如何跟庄

中线庄家就是整个收集、拉抬、派发时间在半个月以上,半年之内的庄家,操作时间不少于半个月以上,在一段行情中影响最深的庄家就是中线庄家，也是最被投资大众关注的庄家。中线庄家的特点一般如下：

（1）有明显的收集迹象。因为收集筹码多，动用资金往往以数千万元计，所以收集时间比较长，在K线图上，往往会见到庄家收集的痕迹，主要表现在：在接近底部时大市继续下跌而该股不再下跌；大市盘整时，它却盘升，成交量温和放大。

（2）升幅可观，起码达50%以上。这是因为中线庄家吸筹较多，易于拉动股价，而且正因为吸筹多，将来出货也难，故而必须要有较大升幅，才能保证将来出货时价格下跌而还能有相当赢利。

（3）往往采取波段式操作，因为要有较大升幅，因而每拉升一段要充分洗盘，让散户手中部分筹码换手，当然，洗盘时又不致破坏上升趋势线。

（4）中线操作必须有一个良好的炒作题材，以便庄家拉抬时师出有名，比如业绩题、送配股题材、购并题材、资产重组题材等。中线庄家往往借助于朦胧状态的题材，采取大涨小回的方式拉抬，并运用技术面加阻力位、支撑位、移动平均线、RSI等操作，这种操作方式，由于符合技术走势，因此比较容易获得认同。

（5）出货时间长。由于手中筹码多，派发时间自然比较长，而且，由于持筹成本低，拉高幅度大，因此，庄家不但高位派发，中位甚至低位也仍然派发。

中线庄家的一次操作往往是苦心数月经营，没有丰厚的利润，庄家根本从一开始就不会去进行操作。正是由于中线庄家操作的升幅大，所以不少跟庄者都十分热衷于跟这类庄家。而作为机构只要有条件，也都会尽可能做中线庄，以图获得丰厚的利润。

中线庄家的上庄方式主要有提前式和调整式两种。

## 1. 提前式庄家

提前式就是在高于底部一二个台阶处，庄家以黎明前的黑暗做掩护，悄悄入市收集。发现提前式上庄的庄家的技巧是：比较两个月内大市个股的走势图。若发现以下几种情况，即为庄家股：①大市急跌它盘跌，大市下跌它横盘。②大市横盘它微升；大市双底，第二个底低于第一个底，个股却第二个底高于第一个底，或者根本没有第二个底。③若大市最近曾反弹，个股反弹幅度明显大于大市，成交量也显著增加。个股与大市背道而驰，完全是庄家资金杀入的结果。

跟进提前式庄家的技巧：

(1) 发现庄家上庄后，切忌匆忙跟进。原因是：其一，庄家收集的筹码多，持续时间长，过早跟庄对耐性是一个严峻考验。其二，庄家入市后，股价仍会下跌。其三，庄家为打实底部，会反复进行严厉的震仓，心理压力甚大。

(2) 跟进的最佳时机是，大市以大成交量冲破重要技术关口，一波行情扑面而来时，中线庄家的拉高，绝大部分都是配合中线或大行情进行的。

(3) 跟进后要敢于持股，敢于赢尽，要经受得住庄家的洗盘。如果发现庄家收集的时间特别长，成交量特别大，收集的筹码特别多，庄家拉高的幅度将更大。我们持股时间可以更长。

### 2. 调整式庄家

调整式上庄方式是庄家利用大市调整，中小散户纷纷抛售之机，狼吞虎咽地吃进筹码，达到收集目的。发现调整式上庄的庄家的技巧是，在调整中密切注意以下的情况：①大市第二三次创新高，并且出现价量背驰的情况，个股却没有价量背驰。②某个股价格比同类股、同板块股要坚挺。人家回落它横盘，人家回落得快，它回落得慢，并且伴随着大成交量。③大市二三次探底，一个底比一个底低，个股却一个底比一个底高。④调整幅度明显小于大市。

以上这些情况，均有可能是庄家进场的表现。

跟进调整式庄家的技巧是：

(1) 一定要判断大市是调整还是回落，是中级行情还是大行情。大势未明，不要轻举妄"跟"。

(2) 当大市以大成交量创新高，尤其是有成交量配合的跳空而上，就可以跟进了。

(3) 跟调整式上庄的庄家股，相对比提前式预期值要低一些，持股时间要短一些，毕竟大市已经上升了一大浪，风险增加不少。

**选股点金**

中线庄家的派发短则十天八天，长则几个星期，我们切莫因股价已经从高位回落，就掉以轻心。如大势呈现盘跌状态，应设定止损点，暂离场观战，不可恋战，不可死死抱股不放。

# 六、长线如何跟庄

长线庄家资金实力大、底气足、操作时间长，在走势形态上才能够明确地看出吃货、洗盘、拉高、出货。长线庄家往往看中的是股票的业绩，他们选中的是业绩有很大改观的或业绩连续几年大幅增长的股票，在吸纳筹码时耗时较长，也不太计较几十个价位（几毛钱）的成本，往往采取台阶式收集方式。

长线庄家往往把筹码锁定，炒作周期半年至一年，控盘程度（流通股）50%以上，盘面特征为：

（1）形成较长期的上升通道；如图9-3所示。

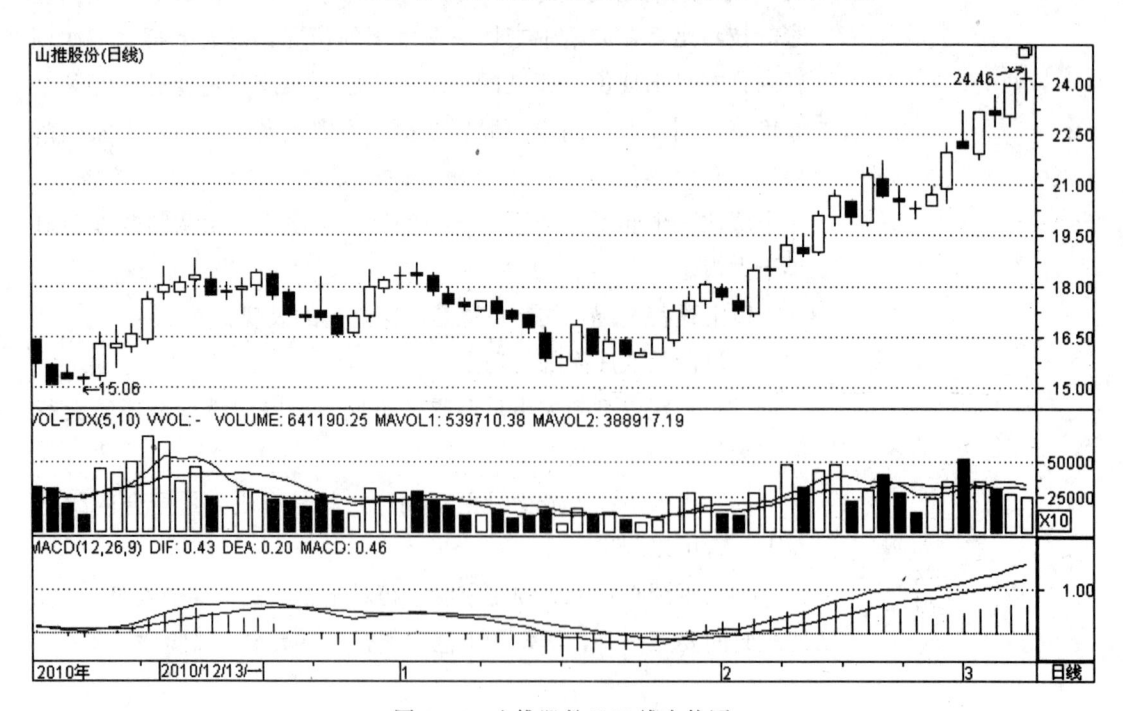

图9-3 山推股份日K线走势图

（2）一般选业绩有较大提高潜力的成长股，拉升空间100%

以上，获利目标一般为100%以上。

由于在选股上往往是在经济周期的底部附近，又有股票业绩做支撑，因此庄家往往心存高远，股价在不受特大突发性利空的打击下，形成较长时间的上升趋势，一个周期下来，涨幅惊人。

跟此类庄家，不要为小幅升跌而患得患失，不要太过于留意于中途的波折，唯有当经济周期顶峰到来，股市狂热得丧失理智时，庄家才会抛出手中股票，你也已获利颇丰，此时才应出货。

### 选股点金

长线庄的一个最重要的特点就是持仓量。由于持股时间非常长，预期涨幅非常大，所以要求庄家必须能买下所有的股票，其实庄家也非常愿意这样做。这样，股价从底部算起，有时涨了一倍了，可庄家还在吃货。出货的过程也同样漫长，而且到后期时不计价格地抛，这些大家都应注意。

# 七、如何跟踪快庄

大家对快速反映部队应该并不陌生，快速反应部队就是"由陆海空三军部队组成，队员经过严格挑选、强化训练，能够快速部署使用的备用部队"。

股市中也存在着快速反映部队。这是一种快速坐庄模式。整个坐庄经历的时间过程很短，一般只有几天，庄家将建仓、洗盘、拉抬、出货等所有的操盘手段几乎放在同一时间内完成，采用边拉边出的手法，迅速地完成整个坐庄过程。等到投资者有所醒悟时，庄家早已逃得不知踪影了。

跟这种快庄，关键是讲究一个"快"字，眼明手快，快进快出，做个股市的快枪手。要想成为一个股市中的快枪手，基本条件就是要有专业知识，这种知识不仅是理论上的，更主要是要有经过多次切肤之痛的失败经验。这就要求投资者不但要有良好的心理素质、对大盘的趋势认识清楚，还要非常到位地把握买卖点。

首先,要求投资者要有很好的心理素质,要做到自信而不盲目,每一次交易都要有充分的理由,在关键时刻能果断地做出如何处置的决定,同时能及时发现自己的失误并加以改正。

其次,对大盘的总体趋势认识比较清楚,但同时又不拘泥于短时间的涨涨跌跌,对市场的热点转换有敏锐的感悟,即使大盘出现缓跌,也能把握好个股行情。

再次,对买卖点的把握非常到位,不浪费时间,同时又能做足波段。进场时间为刚拉升阶段,而出货时间正是调整前期,这种功夫是长期的实践经验所积累。

在跟庄操作技巧上,应把握以下几点:

(1) 买入股票要相对集中,最多不超过3只,这样便于管理。不要满仓,沽出时收益也应该不错,若满仓风险太大。

(2) 紧扣市场热点,不要惧怕追涨,低位突然放量时应赶快跟进。一般不作基本面分析,只要有量就行,因为既然庄家要炒作,就一定会有题材。

(3) 股价上涨20%时就沽出。如果没有重大变故发生,庄家炒作第一步的最低目标是20%～50%,但作为跟庄散户绝对不能贪高,应及时获利了结,取得现实成果。

(4) 设立止损点。因为再精明的投资者都有看走眼的时候,所以,设立止损点是防止长线被套的重要措施,对于散户更为重要,止损点一般以10%较为合理。

(5) 操作上应坚决果断。无论是买进还是卖出,都不要拖泥带水,尤其不要计较几分钱的差价而延误战机。

## 选股点金

投资者在介入快庄时应该清醒地认识到:在股价启动初期,放量是件好事,但也不能过分乐观,如果量能过分放大,投资者就需要提高警惕了。一旦股价启动时量放得过大,很明显是庄家仓促式建仓,而其建仓程度不深,资金性质也多属于炒一把就走的过江龙资金,个股行情也常常是那些个短线热点行情,犹如昙花一现,后来就会渐渐沉寂。

而且个股放量过度,往往会极大地消耗该股做多的能量,使短期后继资金无法及时接力,个股的上涨将缺乏持续性的动力,必须通过股价的反复调整,才能积聚新的做多能量。因此,短期放量过于巨大的个股,其股价上涨往往一步到位,强势行情的持续时间较短,投资者在参与时一定要注意采用快进快出的投资原则。

## 八、如何在庄家的震撼声中选股

2003年的伊拉克战争中,美国运用了其1996年提出的"震撼与威慑"的新理论:强调运用猛烈的火力,震撼性打击对手,不分前沿和纵深,全方位迅速地对敌人进行打击;空中与地面行动同时展开,目的是摧毁对方的意志,使其政权崩溃,从而达到不战而屈人之兵的目的。从战争的结果来看,美国的新战术理论取得了重大成功。

这种战术同样被运用于股市中。主流资金为了收集廉价筹码,也同样会采用各种"震撼战术",震撼的手法有很多:

### 1. 利用利空信息

(1) 将亏损一次性集中公布,便于一会计年度顺利实现业绩的扭亏为盈。当亏损严重的业绩公布后,很容易将投资者的廉价筹码恐吓出来,当公布业绩扭亏为盈时,股价早已高高在上了。

(2) 公布不理想的分配方案。

### 2. 利用"黑嘴"宣传

在电视上、杂志上、报纸上,这些股评专家不是在帮助股民朋友"指点迷津"、"点股成金"吗?谁料想,抬你上轿的人竟有不少都是"托儿"!他们往往与恶庄联手,或故意引用不合国情的理论,或重创行业龙头股,或假意推荐"黑马",或散布谣言,或指鹿为马,总之,其险恶用心只有一个,就是在想方设法骗取股民的钱。

### 3. 利用技术图形

庄家把坐庄的股票图形做得非常具有震撼性,要么连续性阴跌,通过长时期连续性的阴跌走势,摧毁投资者的持股信心,达

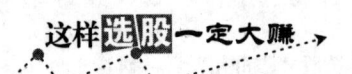

到骗线的效果；要么采取接近跌停板的暴跌来恐吓意志不坚定的投资者，表现在K线形态上是一根或连续多根的较长实体阴线的快速暴跌；要么是构筑头肩顶、圆弧顶、M形顶、尖顶等各种顶部形态，达到震撼投资者出局的目的。

4. 对关键性的技术支撑位进行瞬间破位击穿

这些关键支撑位包括：
(1) 技术指标的支撑位。
(2) 均线系统的支撑位。
(3) 上升或下降趋势线的支撑位。
(4) 各种技术形态的颈线位，如头肩顶或圆弧顶等头部形态的颈线位。
(5) 上升通道的下轨线。
(6) 大型缺口的下边缘线。
(7) 前期密集成交形成的支撑区。

庄家通过对这些支撑位的瞬间有力击穿，促使投资者以为股价已经破位，后市下跌空间巨大，使投资者在震撼性破位走势中做出错误的投资决策，将手中的股票低价斩仓卖出，庄家从而达到顺利建仓的目的。

**选股点金**

尽管庄家震撼的手法千变万化，但庄家震撼行为背后隐藏的目的只有一个：那就是一种强烈的拉升欲望，是一种势在必得的坐庄行为，震撼的背后就是一种难得的投资机遇。投资者需要根据庄家震撼行为的种种特征，识别出庄家的内在用意，选择庄家发动震撼行为时股价较为低廉的机会，积极介入，坐享庄家拉升的成果。

# 九、在庄家的"疲劳战术"中如何选股

在两军坚壁对垒的持久战中，有时真刀真枪的直接进攻根本解决不了问题，反倒是连续不断、虚实相间的疲劳战术反倒能拖垮敌军。我国古代有一位名将，就非常善于使用这种"疲劳战术"。每当两军对垒时，这位将军就连续不断地派出小股部队乘着夜色，靠近敌营，擂鼓呐喊。敌军以为遭到偷袭，赶紧整装迎击，结果，往往是虚惊一场。敌军经过这样连续不断的骚扰后，逐渐习以为常，再听到战鼓声响时，都不愿起床。于是，这位将军率领主力部队突然夜袭敌营，敌军猝不及防，被杀得落花流水，大败而归。

股市如战事，股市亦同样有"疲劳战术"，我们应该谨慎对待，以防万一。庄家使出这种手段的目的无疑是让投资者在疲惫不堪中最终选择放弃。而庄家在投资者麻痹大意时，就会很容易突然发起强劲的拉升行情。

庄家的"疲劳战术"主要有两种表现形式：阴跌和横盘，有时庄家也会将两种方式综合起来加以运用。庄家使用"疲劳战术"的研判要点：

（1）能让庄家运用"疲劳战术"的个股，通常是具有一定投资和投机价值的个股，有的甚至价格已经严重背离其价值。因为，这类个股往往容易吸引散户投资者的注意力，给庄家建仓造成一定障碍。

（2）庄家采用横盘方式时，股价静如止水般的沉寂。当大盘上涨时，该股不会跟随着同步上涨，当大盘下跌时，该股也跌幅不深，股价始终在某一极小价格区间以窄幅波动，使投资者缺乏炒作空间。

（3）当庄家采用阴跌方式时，股价调整幅度未必有多深，但所有买入的投资者都不能获利，而且每天的市值处于不断消减中，使投资者的持股信心受到影响。

（4）庄家使用"疲劳战术"时，盘整的时间跨度较长。庄家往往通过长时间的调整摧毁投资者的持股意志，使投资者持股信心趋于崩溃，最终选择低价抛售。

（5）股价在底部区域时，会有比较明显但又温和的放量迹象，庄家使用"疲劳战术"的根本目的是为了建仓，但放量建仓，又会引起投资者的警觉，因此，常常会采用控制节奏的温和建仓方式。

通过以上几种情况的分析，我们可以看到：当一个庄家在选中一只业绩较好、具有投资价值的个股而这只股票又同时被其他投资者看好的时候,庄家如果试图打压建仓,唯恐被别的庄家逢低买入,如果想大举建仓,难度又不小。这时,庄家就往往会采用"疲劳战术"。

庄家玩"疲劳战术"时会将股价横盘在某一价格区间内,或使股价处于长时间的缓慢阴跌中,即使大盘上涨,该股也不跟随上涨。

下面的例子就能看出庄家是多么善于实施这种战术了:

如:东方金钰(600086)从2009年6月始终处于阴跌状态中,直到9月止跌后围绕10元左右作横盘窄幅整理,庄家的"疲劳战术"使许多投资者失去信心,绝望的在底部区域斩仓。而该股在2010年7~8月期间,有比较明显的温和放量迹象,随即展开强势行情,至12月初,该股已经上涨达200%。如图9-4所示。

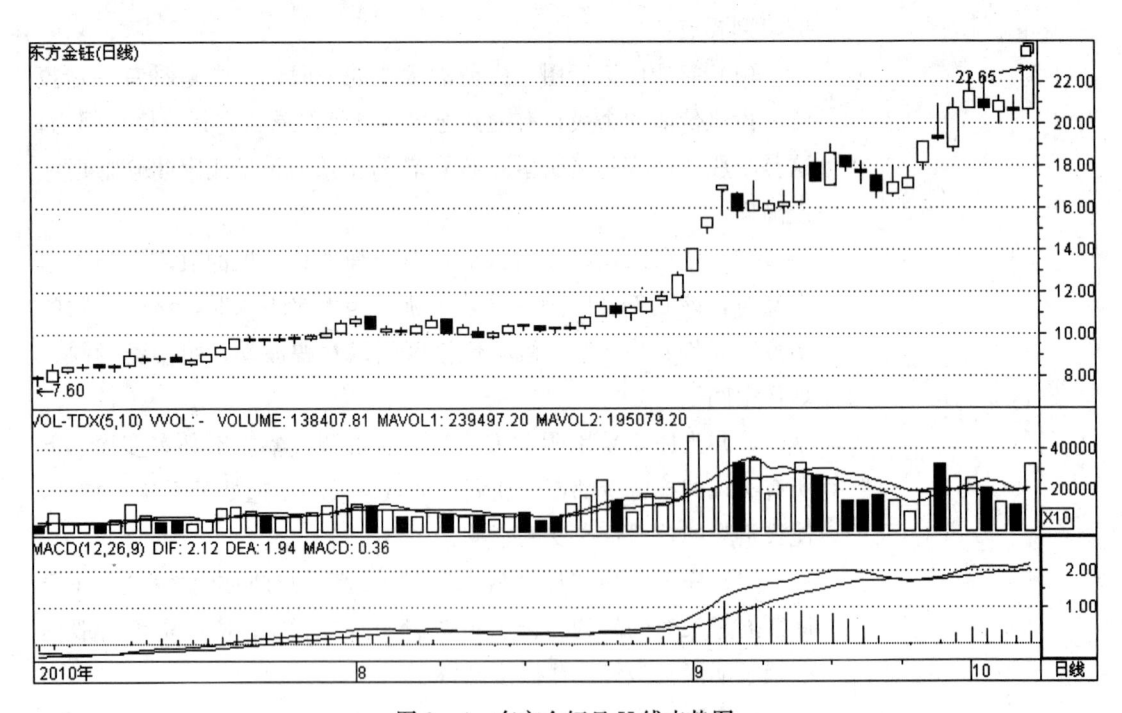

图9-4 东方金钰日K线走势图

**选股点金**

庄家运用这种"疲劳战术",唯一的目的不过是想使买进该股的投资者无法获利,并用时间来消耗投资者的炒作热情,让他们在疲惫不堪中最终选择放弃,这时,如果能识破庄家的伎俩,就不要轻易地放弃。

# 十、在庄家的"烟幕弹"中如何选股

在市场中有较多散户主要是依靠消息炒股,以消息来作为自己投资的决策依据。这样,发布消息为庄家利用消息坐庄提供了市场。为了牟取暴利,引诱散户投资者上当,庄家便会利用真真假假、假假真真的消息麻痹投资者,千方百计让散户上当受骗。

庄家在发布消息时是很讲究的,其懂得在什么时间、在什么价位、对什么人发布什么消息,并预知其市场的影响力的大小。

正常情况下,消息发布有以下几个层次:

(1) 亲戚朋友。庄家在已经完成建仓工作、拉升股价之后,发布消息是要让散户都跟进来。既然你可以跟,他可以跟,当然自己的亲戚朋友最先跟进。

(2) 各方面的关系,如上级、关系客户等。

(3) 大户和股评人士。

(4) 散户。

(5) 各种传媒。

(6) 在股票低价循环圈内发布利空消息,并且消息越坏越好。

(7) 在股票高价循环圈内发布利好消息,并且消息越好越佳。

这里有一套庄家制造的"烟幕弹"是否真实的绝技,方法如下:

(1) 对任何消息均先进行有罪推定,即把所有消息先认定为不真实的,这样可使投资者提高警惕从而不会发生盲目买入股票导致的被套情况。

(2) 一般来说,消息均是好坏参半,因此,鉴别消息所推荐的个股，应成为投资者的首要任务，投资者可参考本书中有关基本面选股、技术指标选股、K线分析选股、题材选股、均线选股等内容去评判所荐个股是否符合买入条件，凡是不符合买入重要条件的，均可暂缓考虑买入，待观察一段时间后，再行决定是否买入。而那些不符合买入条件却十分符合卖出条件的个股，应该坚决不买入，在对上述两类个股进行推断评判之后，剩下的股投资者可考虑择优逢低介入。

（3）当技术面支持的评荐股被挑选出来后，投资者还应以基本面再验证一下，重点观察该股的财务指标，如获利率是否高、成长性是否好、偿债能力是否强等等，重点观察每股收益、净资产收益率、速动比率与流动比率等等。另外，对该股的行业特征、产品竞争能力以及有无重组、并购、外资介入等题材也要关注。

（4）投资者通过分析上述多种因素并结合当时的股价所得出的结论，便足以使投资者确定股评家们推荐的股票是否具有可买性，得来的一些消息，是否真实可靠。

### 选股点金

为免中庄家埋伏在暗地的"烟幕弹"，知道上述关于庄家发布消息的一些特点，在市场中获得个股消息时，投资者要从股价所处阶段和自己能获取消息的层次，审视市场消息的真实性、可靠性、价值性。

# 第十章
## 启动选股"避雷针"
### ——避开风险走出选股误区

在股票操作中,知识不是力量。知识只有通过非常艰苦和痛苦的训练转化为实战操作水平才是力量!在达到这个层次之前,自以为是的知识和经验是你成为井底之蛙的守护恶神,它可以阻止你任何思想上的更新和进步,使你永远成为亏损的投资者,并不断重复下去。要避开风险走出选股误区,你就要开启选股"避雷针"。

# 一、不为股评专家遮望眼

在变幻无穷的股票市场，主力机构使尽阴谋、手段，设下恐怖陷阱，往往让投资者无所适从，这时，投资者介入股市时如果不会思考选股技巧和策略而盲目跟从或者轻信股评，不但不会赚到大钱，可想而知，赔钱也就在所难免。所以，投资者在选股时一定要注意一些主客观方面的因素，千万不要被一些陷阱所迷惑。

若股评家每次都能"股评天下"，那么他们将不会再做证券分析师，而是去做索罗斯或者巴菲特了。

一般来说，新入市的股民一般都较依赖于股评，不论是报纸上刊载的、还是广播和电视里播放的，基本上是逢股评必听，且还依葫芦画瓢、照章操作。结果呢？不该套牢的套牢了、不该踏空的踏空了，投资收益不甚理想。究其原因，主要是股民对股评缺乏正确的认识。在股市中，常见的股评现象有以下几种：

## 1. 股评者鱼目混珠

在这些被称为"专家"的队伍中，专业水平参差不齐，上至硕士、博士，下至中小学基础，真可谓是鱼目混珠。所以，股民在收听、收看股评时，首先应对股评家的水平有所了解，以免受到错误股评的误导。

## 2. 股评缺乏客观公正性

股评需要股评家具有实事求是和客观公正的态度和精神。可实际上，我国的股评者基本上都与股市有染，他们或自己炒作股票，或是机构大户的操盘人，所以，其言论往往也就有失公允。

## 3. 股评不是免费的午餐

由于有一些股评者就是以写股评挣点儿稿费谋生的，他们与企业有密切的联系而与股民没有什么利益关系。所以，股民就很难从他们那里得到很好的投资建议。

### 4. 股评是事后诸葛亮

股价变化是不规则的，如果股价的运动真有明显的规律可寻的话，那么掌握规律的人将必定且永远都可以做股市的大赢家了。可事实上，股市中所有的规律都是在后来才总结出来的，都是一些阶段性或者实效性的东西，所以，多数股评家也不过是事后诸葛亮而已。

### 5. 从股评中摄取信息

尽管股评中存在着很多弊端，但也并不是一无是处。一方面股民至少可以从他们那里获得一些股票投资方面的必要信息。毕竟，股评消息比较灵通，他们得到的信息往往比一般的股民要多、要快。另一方面，股民可以通过他们是机构大户的操盘人的身份来了解其他股民的心态，进而对自己有效的投资增加一层保证。

虽然股评有很多弊端，但至少股评有一点是正确的，就是股评推荐的股票，肯定是有主力关照的。所以关心股评的人们总有这样的感觉：现在正在疯涨的股票，都似曾相识，好像以前的股评中提过，后来没什么动静，也就不关心了。其实，这个道理很简单，就是为什么股市里总是少数人赚钱。现在的主力资金入驻时间长，手法相当诡秘，有什么风吹草动，便长期蛰伏下来。当然初入股市的投资者，完全可以利用股评来普及学习证券市场知识或者在众多股评中培养"眼熟"的股票。

所以，在股票投资中，股民如果根据所摄取的信息来预测股票将来的走势，进行投资的决策的话，就会为了造成一种对自己有利的局势，无论是空头或是多头都乐于制造或传播一些流言来影响股价走势。对于股民而言，除了辨别流言的真伪以外，最关键的就是要区分信息的性质是利多还是利空。

那么我们应该怎样看得股评呢？下面的事实给了我们最好的答案。

有心人统计了一下，央视"股市天气"预报栏目预测错误的概率超过90％，大多数分析师看涨的时候，大盘准跌；当专业人士都悲观看空的时候，大盘往往神奇上涨。据说，央视"股市天气"预测，准确度约为新闻联播后"气象预报"的30％！

从客观方面来说，预测股票走势的难度要远远超过预测天气，

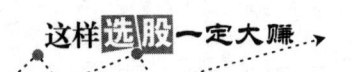

因为投资者千千万万，影响因素也是异常复杂的，如果谁能编套系统预测大盘准确率超过 70%，恐怕发明家就能夺得诺贝尔奖了！

天气预报是每天都必须要看的，而股评文章还是少读为宜。这样说，并不是低估我们的股评人士而贬低了他们的水平，而是股票本身就是这么一个不可捉摸的东西，想预测准确，的确是很难！所以，不要盲目地相信股评，也不要盲目地相信股评家。

**选股点金**

其实，我们的股评人士与气象专家有着太多相似之处，股评家以预测大盘走势为饭碗，气象专家靠分析天气变化谋生计。既然是预测，就难免会判断错误，二者不同的是，气象专家的准确度略高，而股评家预测错误是家常便饭，反而偶尔预测准确的时候倒令人格外不适应。

# 二、如何发现企业存在的各种重大问题

一般来说，投资者在参与股市之前，都要对投资公司的基本情况进行分析，确定公司股票的合理价格，进而通过比较市场价位与合理定价的差别来确定是否购买该公司股票。在分析公司的基本情况时主要从以下几个方面入手：

（1）公司所处行业和发展周期。
（2）公司的竞争地位和经营管理情况分析。
（3）从公司财务分析开始了解其内部实力。
（4）公司未来发展前景和利润预测。

在选股时，除对公司其他各方面情况进行详细分析外，我们还必须通过对其他各类披露信息的分析，发现公司存在的或潜在的重大问题，及时调整投资策略，回避风险。

由于各家公司所处行业、发展周期、经营环境、地域等各不相同，存在的问题也会各不相同，我们必须针对每家的情况作具体的分析，没有一个固定的分析模式，但是一般发生的重大问题

容易出现在以下几方面:

## 1. 公司生产经营存在极大问题,甚至难以持续经营

公司生产经营发生极大问题,持续经营都难以维持,甚至资不抵债,濒临破产和倒闭的边缘。

## 2. 公司发生重大诉讼案件

由于债务或担保连带责任等,公司发生重大诉讼案件,涉及金额巨大,一旦债务成立并限期偿还,将严重影响公司利润、对生产经营将产生重大影响,对公司信誉也可能受到很大损害。更为严重的公司还可能面临破产危险。

## 3. 投资项目失败,公司遭受重大损失

公司运用募股资金或债务资金,进行项目投资,由于事先估计不足,或投资环境发生重大变化,或产品销路发生变化,或技术上难以实现等各种原因,使得投资项目失败,公司遭受重大损失,对公司未来的赢利预测发生重大改变。

## 4. 从财务指标中发现重大问题

从一些财务指标中可以发现公司存在的重大问题。

(1) 应收账款绝对值和增幅巨大,应收账款周转率过低,说明公司在账款回收上可能出现了较大问题。

(2) 存货巨额增加、存货周转率下降,很可能公司产品销售发生问题,产品积压,这时最好再进一步分析是原材料增加还是产成品大幅增加。

(3) 关联交易数额巨大,或者上市公司的母公司占用上市公司巨额资金,或者上市公司的销售额大部分来源于母公司,利润可能存在虚假,但是对待关联交易需认真分析,也许一切交易都是正常合法的。

(4) 利润虚假,对此问题一般投资者很难发现,但是可以发现一些蛛丝马迹,例如净利润主要来源于非主营利润,或公司的经营环境未发生重大改变,某年的净利润却突然大幅增长等,随着我国证券法的实施及监管措施的愈加完善,这一困扰投资者的问题有望呈逐渐好转趋势。

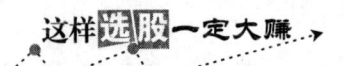

例如：在沪深股市赫赫有名的"琼民源"证券欺诈案，"琼民源"全称海南现代农业发展股份有限公司，曾经是中国股市1996年最耀眼的"大黑马"之一，股价全年涨幅高达1059％。1997年因虚假年报严重误导投资者，大批股民高位套牢，构成中国证券史上最严重的一起证券欺诈案。

**选股点金**

股市中上演过不少上市公司制造虚假利润从而使股民遭受巨大资金损失的个案。假如当初投资者对此类公司进行细致分析，将其列入问题公司行列敬而远之的话，结果将不会这般惨痛。投资者在选择上市公司股票时必须持慎之又慎。

## 三、如何识破主力的阴谋

股票市场上，操纵股市的人是主力，主力都会制造花样繁多的阴谋来迷惑人心。对投资者来说，若想取得很大的收益，不但要走出股市投资的误区，更重要的是，要学会识破主力的阴谋诡计，以避免陷入股市的泥潭之中，具体而言，应注意以下几点：

### 1. 切勿成为"一日大户"的牺牲品

在股票市场里，常会出现这样的大户，他们往往在第一天买进股票，第二天、第三天就跑掉了。因此，喜爱追逐大户消息的投资人，应提高警惕，注重分析和观察市场的动向，避免在跟进大户的过程中吃亏。

### 2. 要提防大户的"引玉抛砖"阴谋

在股市中，有些大户以小额买卖的方法，连续操纵多次，以损失少量金额达到压低或者抬高股票价格，当引诱大众者跟随高价买进而使股价真的攀高之后，则大量地抛出。

作为一般的投资散户对付这种操纵手法的办法是：要注意观

察大户，如果看到某大户在短期内不断地以小额抛出或买进同一种股票时，投资者就千万要小心。当投资大户不断以少量股票抬价买进，应看准时机尽快把同类股票抛出。而当投资大户以少量股票压价购进时，你不妨也买进些同类股票。这种浑水摸鱼中，只要运气好，或许能摸条大鱼。

### 3. 慎防技术"骗线"

在股市上，很多股民主要靠技术分析中的线图来判断股票的买卖时机，这些人被称之为"线仙"。骗线就是主力人为地制造一些股票价格，而这些价格正是根据一般的线形规律所判断出的该买入或该抛出的价格，从而中计。骗线之所以得逞，就是在于"线仙"们过于依靠图表，当图表显示使他们认为股票即将出现新的高价时便大量买进，以待上涨，而其实制造这种错误的主力机构却在出货。反之，投资者若能识破主力"骗线"之计，利用时间差进行坐轿，其收益也会必然不小。如图10-1所示。

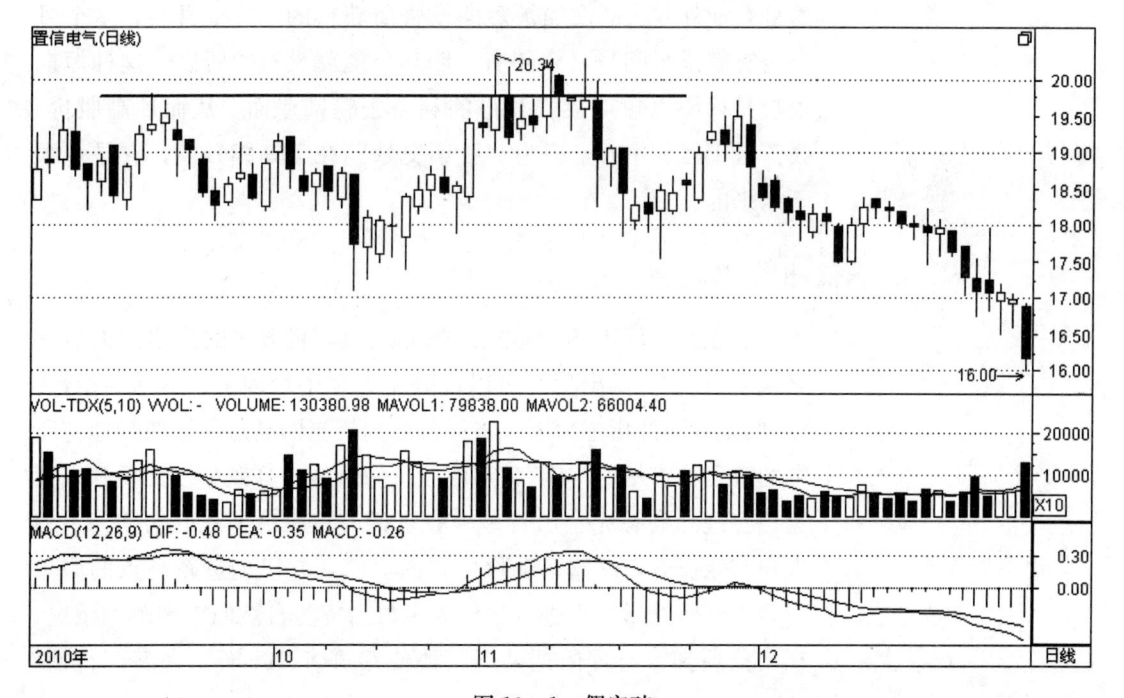

图10-1 假突破

## 4. 不要为"障眼法"所蒙蔽

在股市里，即使是确确实实的数字，或者是亲眼所见的事实，也不一定是真的，在充满陷阱的股市里，大户为了炒作股票，吸引投资者跟进，经常会使出一些花招，如果投资者不能明确地加以分辨，难免吃亏上当。一些喜欢短线投资的人，非常重视市场里的"多空"态势，尤其是自称有观察市场形式能力的人，很容易被炒手们玩弄的障眼法所蒙蔽。所以，投资者一定要明确分辨炒手的障眼法，以免掉进陷阱之中。

## 5. 短期投资也会设陷阱

有些发行公司的老板为了支持本公司股票的股价，不惜以公司的名义参与股票市场中的短期投资，赚取短期投机所带来的利益，然后把短期投资赚来的钱作为公司的营业外收入，这样公司的营业外收入一增加，该公司的股票价格必然会上涨。问题是，这种营业外收入的增加是短期投资所获得的，这个月有，下个月是否有就是个问号，今年有，明年可能就没有。所以，这种短期投机是存心以短期投资获得的利益去粉饰账面，从而炒高股价。投资者千万要小心，因为"股票奥妙"在于其能升值，它是着眼于未来的。

## 6. 压低出货露花招

建立在"反市场"心理的基础之上，将股票的价格由高点一路杀下来，"压低出货"可以说是主力手中最凶狠、毒辣的招数。"压低出货"意指主力大户将股价炒到相当的高点后，使劲地把所有的筹码往市场上"倒"，逼使股价像直线一样跌，以无反弹、无盘挡整理的姿态完全出货。一般来说，在股价上涨的初期，主力大户有意拉升，线路呈现阶梯式的盘涨，并以创造新高点的假象引君入瓮，然后在跟进者误认为主力出货为自然回挡调解的情况，在"抢反弹"心理的诱使下，致使跟进者"牢套"在高挡行情，这就是"压低出货"的陷阱。这一陷阱主要是因为市场趋于盘涨的走势，致使新手也会预防不及。即使是技术分析的"线仙"，也会认为主力出货的回挡为自然的现象而落入圈套。所以，投资者必须小心谨慎为好。如图10-2所示。

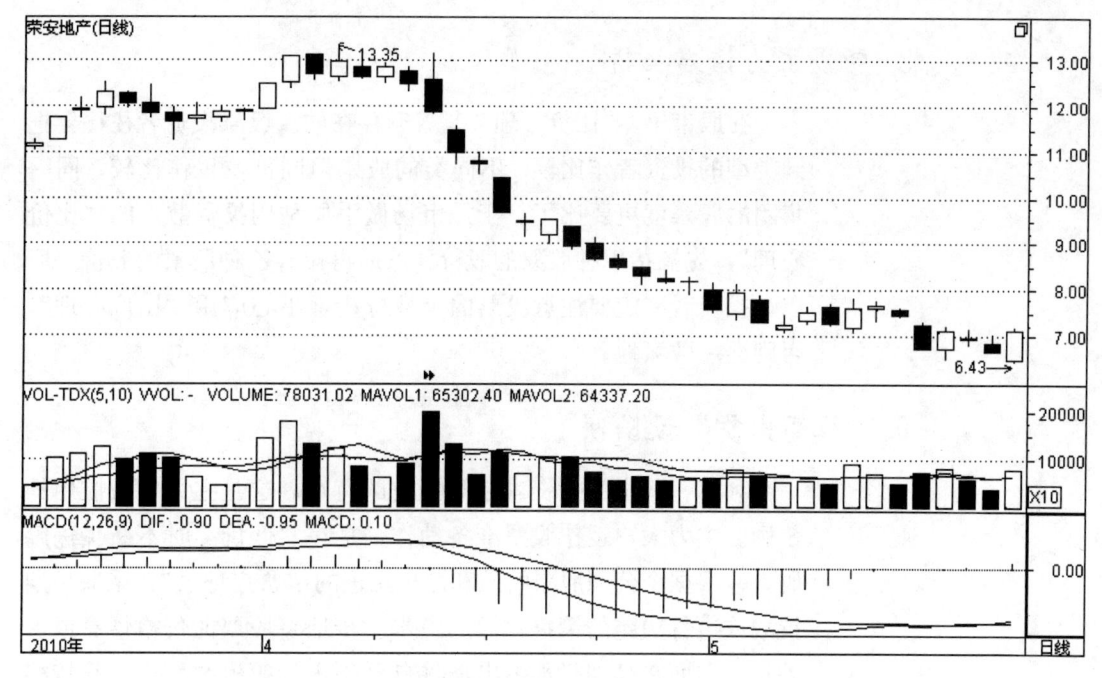

图 10-2　压低出货

### 7. 警惕主力"拔挡子"

"拔挡子"一般是小额投资者在套牢时，先寻求松绑再伺机解套的方法，是投资者在股价下跌降低成本的方法，同时也是一种将损失尽量减少，甚至有可能转败为胜的方法。但是主力大户在股价涨势中，有时也会利用这种方法。主力大户喜欢在股价看好的过程中，运用"拔挡子"作为技术性调节操作。主力大户在股价涨至某一价位时，以"拔挡子"的手法，将手中握有的股票先卖出一些，给上升的股价降点，使之冷却下来，等股价回低后，再予以补回。在这一过程中，要运用高度的智慧和技巧，主力一路吃进的最大目的也是要将股价炒热，但如果只顾一味抬高股价，不但过于明显外露，跟进者也可能会发现其中有蹊跷而中途退去，对有心炒作的主力，坐起轿子来就很不安稳，操作的成本在无形中也增加了许多。所以，主力通常会在炒得过热的股票上来一点技术性上的"拔挡子"。由此可见，投资者在股价一路攀升时，应警惕主力暗中"拔挡子"。

### 8. 警惕主力诱君抬轿

在股市里,"比价心理"是普遍存在的。股票投资者往往会把同类型的投资者作比较,不同类的股票但同价位也作比较,同一集团的股票就更要比了。于是市场做手便利用投资散户的"比价心理",先拉抬甲种股票的股价,然后再拉升乙种股票的股价。所以,投资者一定要注意股票的个性分析,小心应用"比价心理",否则会一败涂地。

### 9. "拉高出货"设陷阱

利用一些小额投资者追高抢进的特点,这是主力们最惯用的伎俩。主力大户运作股票准备动作,是在"低价"时不断买进筹码,并根据个公司股票特质和散户跟进的"票户记录",采取长期抗战或边打边跑的策略,然后一步一步地将股票的价格炒高或者炒热。继而在高挡行情中出现将自己买进的筹码"传递"给接棒者。作为投资者,切勿盲目追高,以免坐上轿后不下来,从而招致损失,同时,还要了解大户的动向,做到知己知彼,这样才能获利。如图10—3所示。

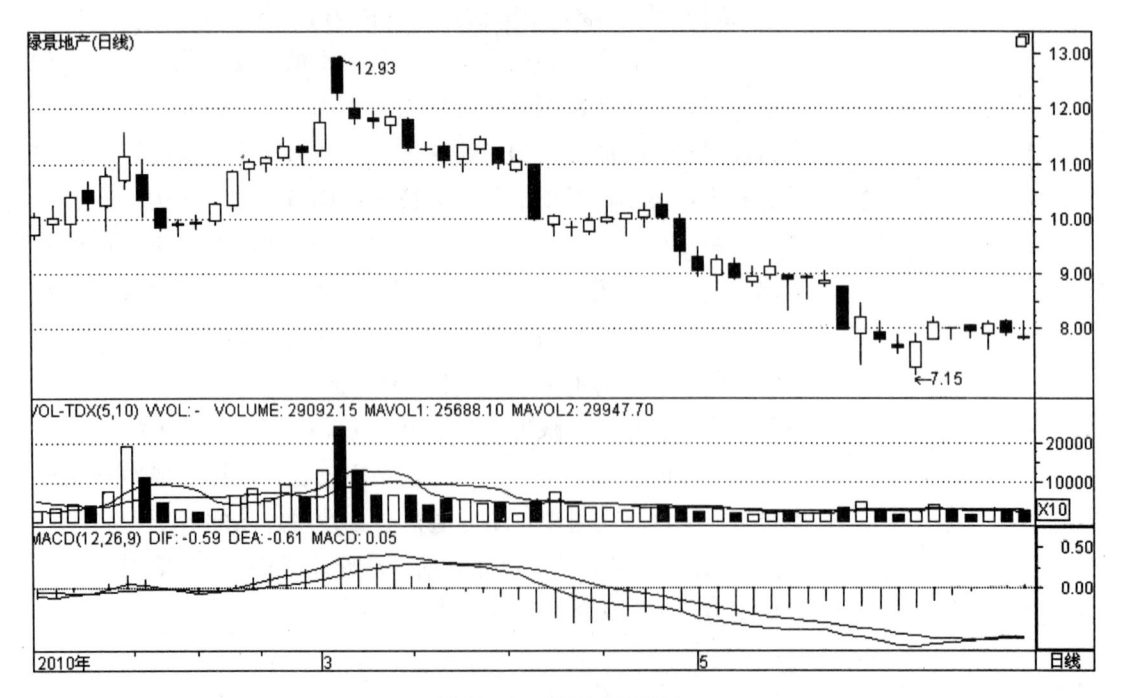

图10—3 拉高出货陷阱

### 10. 莫入"轧空"的圈套

轧空是主力大户利用市场预期回挡的心理，对付市场空头，或与之作对的各种经纪人、上市公司董、监事，所使出来的杀手锏。一般主力长期操作一只股票，拉升至相当幅度后，必然会略作整理，"回挡"让意志薄弱的"短多"下轿，蓄势发动另一段行情。轧空就是针对这种预期的回挡心理，设下"陷阱"。

**选股点金**

股市，是一个逐利场，出入股市绝非一帆风顺，而是处处有陷阱，时时有阴谋，主力的阴谋变化多端，我们需要时时刻刻警惕他们的伎俩，以免陷入无法自拔的地步。

# 四、如何控制选股风险

众所周知，股市是一个风险与收益共存的竞技场所。只要你买入股票，便存在风险，也存在收益。一般地说，利益越大，风险也越高，低风险则常常预示着低收益。那么，实际操作中能否在低风险、少风险甚至无风险下买到高收益的股票呢？一般做法有：

### 1. 不低不买

什么叫低位？有的人认为，跌到历史低位的股价叫低位。有的人认为，在 W 底、圆弧底、大盘底的股价叫低位。无疑，上述这些位置的股价都属低位。问题在于这样的股票或三年难逢，或难以捕捉。我们这里所说的低位便是在每一波的行情中没有下跌空间或下跌空间很少的股票。这从许多技术图形，如 MA、MACD、RSI、KDJ 和 BOLL 等日线和周线上都可以清楚地看到，它们的股价或处于极低位置，或股价与技术指标连续出现"底背驰"，甚至长时间在低位"钝化"。在低位选股买入，风险比较低。如图 10—4 所示。

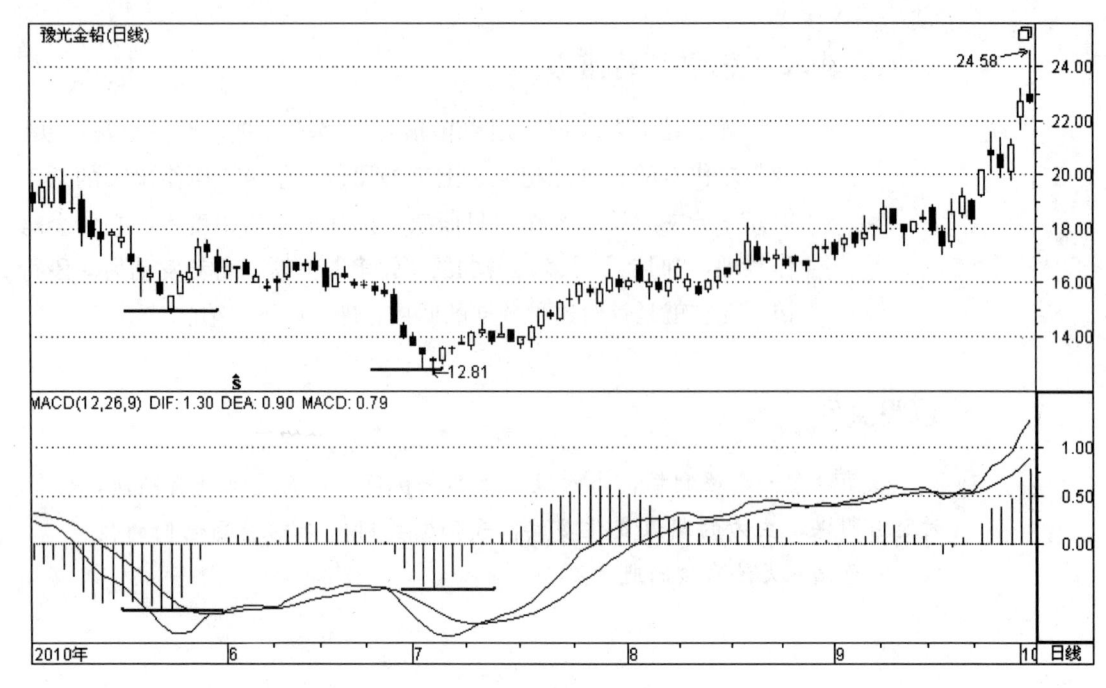

图 10—4　MACD 指标底背离

### 2. 暴跌之后买入

股票暴跌的原因很多，或因出现特大利空、或因主力刻意打压、或因大盘急速回调等，每次大市或个股暴跌，都是一次绝佳的中短线入市机会。当股票暴跌时，一般不宜在连续大跌前三天买入，最好等到第四天逢低开时买入，往往能买到更低的价位。特别是在大市向好，只是个股利空消息导致股价暴跌时买入，效果更佳。在技术上可同时参考一些指标及图形的走势，如乖离率（BIAS），其与 10 日平均线的乖离率到达 －8％ 以下时，是个很好的买入时机。此时，KDJ 与 WR 等指标亦都严重超卖。

### 3. 买熟悉的股票

在股票市场上，强调要买熟悉的股票是十分正确的。"不熟不买"已成为股市的一条低风险操作格言。买熟，不仅是对该上市公司的各种情况了解，更由于对个股股性熟悉从而减少了风险。如有的股票，每当冲破布林（BOLL）线上轨时就回调，每当跌破布林线中轨时就反弹，每当跌破布林线下轨时往往反转。根据这一股性，配合大市和其他指标，在正常情况下，当股价跌破布林线中轨或下轨时买入,往往风险较少,收益较好。

当你对熟悉的股票研究得非常好,有巴菲特般的投资眼光,那么就可以集中投资该只股票。这种做法一般集中于投资某些稳定、成熟的行业。反之,投资者最好还是进行分散投资的好。

**选股点金**

其实,股市中的风险是无处不在、无时不在,并没有任何绝对的方法能够完全回避。作为投资者,应该随时具有风险意识,并尽可能地将风险降至最低程度,而买入股票时机的把握是控制风险的第一步,也是重要的一步。在买入股票时,除考虑大盘的趋势外,还应重点分析所要买入的股票是上升空间大还是下跌空间大、上挡的阻力位与下挡的支撑位在哪里、买进的理由是什么?买入后假如不涨反跌怎么办?等等,这些因素在买入股票时都应有个清醒的认识,就可以尽可能地将风险降低。

# 五、如何走出个人选股误区

股市中,如果股民在选股时走进一些误区,往往让其得不偿失。在操作过程中,投资者常常存在的误区和盲点有以下几个方面:

(1)只顾着低头选股,而忘记了大势的基本趋势。一般来说,持股还是持币是优先于选什么股票的问题。只有当大市或个股的趋势允许持股时,才可考虑去选股,这是个不可以颠倒的顺序。

(2)认为只有买到黑马股或者白马股才能赚钱。其实并不是这样,赚钱与否,还需要看投资者操盘是不是得当。

(3)误认为吃进预亏股和绩差股便定要亏钱,便是投机行为。常常也会出现相反的情况。预亏股,ST股和PT股涨势凌厉,使投机此类个股的投资者大获丰收,满载而归。存在总有其合理的因素,绩差股持续上扬,一方面是因为前期股价已经下跌得面目全非,屡创新低,股价低廉。另一方面是因为有重组预期,有扭亏为盈的希望，有壳资源。穷则思变，本身就蕴含了许多机会。

（4）不习惯运用多种评估工具和不同视角选股，采用一种选股方法和单向思维来评估预测股价的未来走势。还应该明白的是：每种分析工具都有其局限性、不能发挥效用的盲区。所以，投资者在操作时最好综合运用各种工具，如技术面分析、基本面分析、盘口分析等方法，进行全面权衡之后可得出一个较符合未来趋势的观点。

（5）喜新厌旧，频繁换股。这种类型的股民，十之八九是要两头挨巴掌的，他们不是吃力不讨好就是套牢资金和时间。

（6）不管热点的转换，只去选定某一特定类别的个股。冷热点本来就是更替的，板块本来就是要轮动的，三十年河东，三十年河西，识时务者为俊杰。投资者一定要适时变更选股的思路，善于在不同的市道中，选择合适的股票作为投资对象。

（7）选股没有扬长避短，没有坚持做熟不做生的原则。涉足股市的时间一长，投资者都会形成自己所擅长的选股方法，熟悉特定的投资领域。切不可贸然采用自己不熟悉的选股技巧。如果自己不懂，最好不要去碰，只有这样才能很好地避开选错股票的风险。

以上几点是股民在投资时经常会碰到的误区和盲点，所以，在实际操作时一定要引起特别注意。

## 选股点金

选股实际上就是投资者投资理念和投资价值观的综合反映。一个投资者选什么样的股，在很大程度上就决定其投资成功与否。不少人认为，选股仅仅是有空仓资金的投资者需要掌握的技巧，重仓深度套牢的就可以不用选股了。其实，有套牢股票的投资者，更要注意细心选股。这类投资者要根据市场环境和热点的不断转换，及时更新投资组合。将一些股性不活跃、盘子较大、缺乏题材和想象空间的个股适时卖出，选择一些有新资金入驻、未来有可能演化成主流的板块和领头羊的个股逢低吸纳。只有把握时机，积极选股和换股，更好地组合自己的持股结构，才能取得跑赢大势的收益。